晴海 신태범 회고록

청해, 푸른 바다를 넘어

통영중 제1회 졸업(1946.6)

결혼(1952. 4)

대포리호 재취항(1962.10.20)
좌: 청해, 우: 김경천 기관장

대포리호 선상(1962. 10.20)

보리수 호 요코하마 입항시(1970년 경)
양원석 선장(좌측 두 번째), 청해, 이윤수 도쿄주재원(우)

가족(1974)
뒷줄 좌: 차녀(신혜옥), 뒷줄 중: 장남(신용각), 뒷줄 우: 장녀(신복연) 앞줄 좌: 차남(신용화),
청해 부부, 앞줄 우: 삼녀(신혜숙)

로얄 레인보우(가와사키중공업) 명명식(1975)

제6회 해운의날 동탑산업훈장 수훈(1982.3)
중: 박건석(범양상선 회장), 우: 박효원(조양상선 부사장)

제6회 해운의 날 기념연회(1982.3)
좌: 홍세주, 중: 청해

거창대성여고 교문 앞에서
홍세주-좌측 끝, 양재원-중앙, 박재혁-우측 두번째

대한상공회의소 정기의원총회 기념(1984. 2.16)

신고려해운 대표이사 회장(1987)

KCTC 창립 15주년 기념식(1988)

박재혁 부부와 함께(1987.2)

청해 부부(1989)

회갑기념 가족사진(1989)

김영삼 대통령 취임 직후(1993. 2.)

고려해운 창립 40주년 기념식(1994)
강동석(좌), 청해, 박현규 이사장(중), 이동혁(우)

좌측부터 청해, 손태현, 이준수, 정희정(1995)

후원회장 재임 중 이강두 의원과 함께(1995.10.12.)

백두산 폭포에서(1996.5)
박현규 이사장(좌), 이상문(중), 청해(우)

백두산 천지에서(1996.5)

대한상공회의소 임원들과 함께(1996. 10.18)
정수창 두산그룹 회장(우측 네 번째), 김상하 삼양그룹 회장(우측 세 번째), 양대길 영우통산 회장(우측 끝)

정수창(중), 김상하(우) 회장과 함께(1996)

김상하 회장과 함께(1996년경)

고희(古稀) 기념 가족들과 함께(1997)

한국해양대 명예경영학박사학위 수여식(2001)

해사문화상 수상(2004. 2.13)
시상자 – 오세영 회장(좌)

팔순기념 가족 사진(2007)

미수(米壽) 기념 KCTC 임직원과 함께(2016)

해운계 명사들과 함께(2024.5.3)
왼쪽부터 임기택(9대 IMO 사무총장), 청해, 정태순(한국해운협회 회장),
박신환(스파크인터내쇼날 대표)

흉상 제막 후 가족과 함께(2024. 5.3)

한국해양대학교 교명탑 앞에서
(2024. 5.3)
좌측부터 박정석 고려해운 회장, 박현
규 명예이사장, 이화숙, 청해, 신용화
고려해운 사장

국립한국해양대학교 앵커스피릿 테마공간 오픈 기념(2024.5.3)

김영삼 대통령이 선물한 친필병풍(2000)

정영훈 국회의원이 선물한 백자(1992)

정영훈 국회의원이 선물한 백자(1992)

발간사

내가 살아온 백년에 가까운 세월은 글자 그대로 격동의 시대였다. 식민지, 태평양전쟁, 6.25, 4.19, 5.16, 광주민주화운동, 촛불혁명. 이처럼 보통 사람이라면 살아남은 것 자체가 기적에 가까웠을 험난한 세월이었다. 그럼에도 불구하고 나는 비교적 평탄한 삶을 살아 온 것 같다. 전쟁이 계속되었던 식민 통치 말기에 초중등학교를 다녔음에도 무탈하게 학업을 마칠 수 있었다. 해방 후 해양대학에 진학에 진해와 인천, 군산으로 전전(輾轉)하는 동안에도 잘 견뎌내어 최고의 직장 중 하나인 대한해운공사에 입사했다. 입사 직후 전쟁이 발발했지만 승선 중이어서 무탈하게 전쟁을 넘길 수 있었다.

대한해운공사에서 육상직과 해상직을 번갈아 가며 근무하면서 나는 선박운항과 해운경영의 노하우(know-how)를 배웠다. 그 발판 위에서 계획조선을 통해 조선업과 해운업을 동시에 발전시킬 아이디어를 상공부에 제안했고, 그것을 직접 맡아 성공시켰다. 이로써 우리나라 최초의 계획조선이 알려지게 되었고, 이후 법제화되어 우리나라 조선업과 해운업 발전의 밑바탕이 되었다.
개인적으로도 계획조선을 통해 나는 고려해운의 창업자 중의 한 사람이 되어 견실한 기업으로 성장시키는 데 일조했다. 그 과정에서 투자자들이나 동업자들과 이렇다 할 마찰없이 오늘날까지 사업을 성공적으로 영위해 오고 있다. 특히 박현규 이사장과 동문애와 파트너십을 평생 이어온 데 대해서는 감사할 따름이다.
그동안 여러 사람들로부터 자서전이나 회고록을 내야 한다는 권유를 많이 받아 왔다. 내 인생에서 가장 중요하다고 할 수 있는 계획조선에 대해서는 구술담(한국해운60년 재조명 구술기록)과 책(『개천에서 난 용들이 바다로 간 이야기』)으로 이미 세상에 나와 있다. 나는 그것으로 충분하다고 생각했기에 회고록이 넘쳐나는 세상에 한 권 더 추가하고 싶은 마음이 전혀 없었다.

그렇지만 해가 거듭할수록 내가 겪었던 배와 해운, 그리고 경제에 대해 후손들과 후배들에게 뭔가를 남겨주는 것도 의미가 있겠다는 생각을 하게 되었다. 왜냐하면 내가 살며 겪었던 일들을 내가 기록해 놓지 않는다면 영원히 묻혀 사라질 것이기 때문이다.

이 회고록은 바다와 함께 평생을 살아온 내가 겪었던 일들을 '있는 그대로' 남겨두기 위한 기록이다. 후대의 역사가들이 내가 살았던 시대를 기술할 때 참조가 될 자료가 되기를 바라는 마음으로 세상에 내놓는다. 특히 슬하의 2남 3녀의 자녀들과 종손들이 이 회고록을 읽고 나와 나의 선조들이 어떻게 살아왔는지를 기억해 주기를 바라는 마음 또한 없지 않았다.

이 회고록이 후손들과 후배들에게 삶을 살아가는 데 참고나 지침이 된다면 더 바랄 것이 없겠다. 장녀 복연과 맏사위 김웅한, 차녀 혜옥과 둘째 사위 김대규, 삼녀 혜숙과 셋째 사위 문병도, 장남 용각과 큰며느리 이정화, 차남 용화와 둘째 며느리 손혜경이 가족간의 우애를 다지며, 화목하게 살아가기를 진심으로 바라마지 않는다.

끝으로 귀도 어둡고 말도 어눌한 나의 회고담을 듣고 사실을 확인하느라 나와 오랜 시간 동안 논의하는 것도 마다하지 않으면서 회고록을 정리해 준 김성준 교수와 이윤수 부회장, 윤민현 박사에게 감사의 마음을 전한다.

2024년
KCTC 회장 신태범

賀書

우선 청해 신태범 회장님의 회고록 출간을 진심으로 반기
며 축하드린다.

신태범 회장님은 나보다는 연상이지만 1970년대 후반부터 약 10년간 지속되
었던 한국해운의 격동기를 함께 해 온 오랜 지인으로 한 세대를 함께 한 해운
인이자 원칙, 정도와 윤리 경영을 고수하며 질곡의 한국해운 70년을 몸소 겪
어온 해운사의 산 증인이다.

한국해운의 성장을 위한 기초를 닦는 과정에서 해운행정을 책임지고 있었던
나는 국제해운시장의 동향이나 일선 현장의 흐름에 대해 의문이 있거나 조언
이 필요할 경우 주저하지 않고 신 회장님에게 전화를 드렸다. 그때마다 신 회
장님은 기업인의 입장보다는 한국해운을 걱정하는 해운인의 입장에서 격의
없는 조언과 함께 때로는 고언도 마다하지 않았던 분이다.

한국해운사에서 전무후무한 해운산업의 대개혁이라 할 수 있는 '한국해운산
업합리화' 여정을, 한 사람은 정책의 책임자 입장에서, 한 사람은 정책의 기본
방향을 따라야 하는 기업인의 입장에서, 때로는 이견을 조율하며 소통하는 과
정에서 겪어본 신 회장님은 난관에 직면하더라도 은근과 끈기 그리고 은인자
중하며 출로(出路)를 찾아내는 지혜를 가진 무겁고도 부드러운 경영자였다.

한국해운 초창기에 많지 않은 자금을 동원해서 큰 자본을 요하는 해운기업을 설립하기란 당시 우리 경제규모에 비춰볼 때 쉽지 않은 기획이자 위험을 수반하는 도전이라고 할 수 있다. 그럼에도 불구하고 신 회장님은 상호신뢰를 바탕으로 지인들의 자본을 모아 고려해운을 창업하였는가 하면, 자신의 주선과 당국의 주도하에 입안된 우리나라 최초의 계획조선 제도에 의거 최초의 외항선 신양 호를 발주하였다. 이어 고려해운 이학철 회장과 제휴해 3척의 외항선대와 함께 2인간 파트너십을 구축했는가 하면 이어 대학 동문이자 대한해운공사 동료였던 박현규 이사장과 손잡고 고려해운 제2 창업의 발판을 마련하였다.

거의 70년에 가까운 풍상을 겪어가며 척박한 기업환경하에서 부자간에도 성공하기 어렵다는 동업을 일사분란하게 이끌어 온 저변에는 창업의 주역들간의 성실과 상호신뢰 그리고 배려와 양보를 통한 끈끈한 인간관계가 오늘의 고려해운으로 성장시킬 수 있었던 원동력이었다는 점은 해운계 모두가 인정하고 있는 사실이다. 내가 신 회장님을 존경하는 이유는 바로 그러한 한결같은 믿음과 의리를 지켜왔기 때문이다.

신태범 회장님은 누구 못지않게 해운을 사랑하는 사람이자 스스로 해운인임을 자랑스러워하는 분이다. 특히 '고려해운'이라는 회사에 대한 자부심도 강하신 분이다. 해운산업 합리화란 역경을 비교적 순탄하게 마무리할 수 있었던 것도 임원진들을 포함한 고려해운인들의 일사분란한 노력과 상호간의 강한 신뢰감이 있었기에 가능했다는 점을 늘 주변인들에게 자랑하는 분이다.

신태범 회장님은 주변 사람들에 대해 엄격하면서도 일단 신뢰하면 그 믿음을 오래 가지고 가는 분이다. 신 회장님과도 교분이 있는 사이로 내가 한때 공직에서 모셨던 분이 해외로 부임하게 되자 본인의 차량을 운전했던 당시 20대 중반의 오강택 씨를 신 회장님에게 부탁했던 것으로 기억한다. 그런데 그가 최근 70대 초반의 나이가 되었음에도 불구하고 아직도 신 회장님 곁에서 조력자의 역할을 하며 신 회장님을 보필하고 있음을 알고 새삼 신 회장님의 따스한 일면을 보고 잔잔한 감동을 느꼈다. 지인의 부탁으로 가족관계나 친족관계도 아닌 사람을 곁에 두고 반평생을 함께 할 수 있는 경우가 그렇게 흔하지는 않을 것 같다.

신태범 회장님도 무거웠던 짐을 내려놓고 해운계의 차세대들이 경영하는 한국해운과 고려해운을 거리를 두고 지켜볼 수 있게 되었다.

다음은 모 애국지사가 즐겨 낭송하였던 시다. 한국해운의 개척자 중 한 사람이었던 신 회장님의 항적을 되돌이켜 볼 때 차세대 해운 후세대에게 신 회장님이 전하고 싶은 당부가 아닐까 생각되어 여기에 인용한다.

踏雪野中去(답설야중거) 不須胡亂行(불수호란행)
今日我行跡(금일아행적) 遂作後人程(수작후인정)

눈 덮인 들판을 걸어갈 때는 함부로 어지럽게 걷지 말라.
오늘 내가 남기는 발자국은 훗날 뒷사람의 이정표가 되리니

이제는 한국해운과 함께 했던 주마등과 같은 80년의 여정을 음미하면서 후학과 후배들의 활동을 지켜보시는 여유를 즐기시기를 기대한다. 다시 한번 신태범 회장님의 회고록 발간을 축하드린다.

2024년 봄
해운항만청 제5대 청장 정연세

賀
書

청해 신태범 회장님의 회고록 출간을 진심으로 축하드립니다.

청해 신태범 회장님의 백년 일생은 마치 대하드라마를 연상케 합니다. 신 회장님의 삶은 대한민국 해운·조선·물류분야의 초창기부터 현재까지의 발전상을 그림처럼 한눈에 보여 주는 삶이셨습니다. 이 회고록에는 해방 이후 해운·조선 관련 정부 조직의 변화와 함께 어떤 분이 어느 위치에서 어떤 역할을 하셨는지 등 당시의 상황을 상세하게 기록되어 있습니다. 뿐만 아니라 세부 정책이 어떻게 결정되었는지 알 수 있어 사료로서도 가치가 큽니다.

무엇보다 청해 신태범 회장의 인생에서 가장 중요한 모멘텀(momentum)은 1962년 초 한국 최초로 정부에 계획조선을 건의한 것이었습니다. 이는 단순한 건의로 끝난 것이 아니라, 정부의 정책으로 채택되고 제안자 자신이 직접 사업수행자가 되어 해운과 조선산업의 병행발전을 위한 초석을 놓았습니다. 그 사업적 성과를 확인한 정부에서는 이후 계획조선제도와 해운산업 지원정책으로 법제화해 오늘날 한국의 조선산업과 해운산업이 세계적 수준으로 성장하는 밑거름이 되었습니다.

지금 전 세계에 원양해운을 영위하는 국가는 국제해사기구(IMO) 175개 회원국 중 20여개국에 불과하며, 원양해운과 국제조선업을 함께 영위하는 국가는 손에 꼽을 정도의 소수에 지나지 않습니다. 이를 고려하면 대한민국의 해운산업과 조선산업의 기적적인 발전 이면에는 정부와 업계의 각고의 노력과 함께, 신 회장님의 선도적인 해운 개척정신이 또한 그 바탕이 되었다고 생각합니다.

세계 주요 해운국에는 선박운항경험과 전문지식을 바탕으로 해운업을 일으키고 수백 년간 대를 이은 성공적 경영으로 국가경제에 크게 이바지하고 있습니다. 한국도 이와 비슷하게 해운역사를 창조해 나가고 있어 크게 다행이라고 생각합니다.

지금 세계해운계는 IMO가 수립하는 해운탈탄소화정책(Maritime Decar-bonisation Strategy)을 실행해 나가고 있습니다. 이는 재생가능 선박연료유의 도입뿐만이 아니라 선박디지털화와 자동화가 동시에 진행되는 특별한 변화를 맞이하고 있습니다. 한국해운도 기후변화 정책에 보조를 맞추어 세계해운계를 선도적으로 이끌어 나가야 하는 큰 과제를 안고 있습니다.

이러한 상황에서 신태범 회장님의 회고록이 출간된 것은 시기적으로도 매우 마침맞을 뿐만 아니라 내용적으로도 시사해주는 바 큽니다. 그의 도전과 개척정신은 한국의 해양산업계의 경영자와 정책결정자들에게 한국 해운 및 조선산업이 앞으로 나가야 할 방향을 제시해 주고 있기 때문입니다. 해운물류산업계 경영자와 종사자, 정책결정자, 학자와 연구자들이 이 책을 통해 교훈과 시사점을 얻기를 바라마지 않습니다.

청해 신태범 회장님이 앞으로 한국해운업계의 등대로 오래 우리 옆에 계시기를 희망해 봅니다.

2024년 봄
국제해사기구 제9대 사무총장 임기택

차례

1장
유년기

거창 황산마을에서 나다

나는 1928년 거창군 위천면 황산마을에서 부친 신창성(愼昌晟, 1899-1986)과 모친 조순갑(趙順甲, 1899-1983) 사이에 5남 1녀 중 삼남으로 태어났다. 본적상으로는 거창군 위천면 대정리(大亭里)로 되어 있다. 대정리라는 지명은 식민기에 정자와 정자나무가 많다 하여 명명되었으나, 1995년 거창군 조례에 의해 황산리로 바뀌었다.

부 신창성   모 조순갑

맏형 신경범(1917-1946)이 나보다 열한 살 위였고, 누님 신신복(1923년생)은 다섯 살 위, 둘째 형 신시범(1924년생)은 네 살 위였다. 내 밑으로 신웅범(1936년생)과 신문범(1940년생) 두 남동생이 태어났다.

부친은 자기 소유의 논과 빌린 논을 경작하는 자작농이었다. 우리 집은 거창 신씨 집성촌의 가장 바깥 쪽에 위치해 있었다. 벼 수확량은 1년에 70석으로 제법 많았지만, 가족이 많아 살림이 그리 넉넉하지 않았던 지 집성촌 중에서 유일하게 초가집이었다.

우리 집이 식민기를 겪으면서도 밥을 굶지 않고 살 수 있었던 데에는 할머님(임정동)의 공이 컸다. 나는 옛날 일을 생각하면 항상 제일 먼저 할머님에 대한 생각이 우선한다. 할머님 나이 스물여섯 살이었고, 아버지 나이 일곱 살이었던 1908년 할아버님(신종현)께서 돌아가셨다. 가정을 돌보아야 한다는 책임감에 할머님은 매일 초롱불에 의지해 길쌈을 하셔서 돈을 모아 논을 조금씩 사서 모으셨다. 대대로 자손이 귀한 집안에 우리 5형제가 태어나자 너무도 기뻐하시고 예뻐해 주시던 모습이 지금도 눈에 선하다. 먹을 것도 입을 것도 변변치 않던 시절에 할머님의 노력으로 재산이 형성되었다. 교육에 대한 남다른 철학을 갖고 계셨던 아버님은 그것을 바탕으로 해 우리 5형제 모두 대학교육을 받게 해 주셨다.

거창(居昌)은 크게 일어날 밝은 곳, 매우 넓은 들, 넓은 벌판, 즉 넓고 큰 밝은 들이란 뜻에서 거열(居烈), 거타(巨陀), 아림(娥林) 등으로 불려 왔다. 신라 경덕왕 16년(757)에 '거창'으로 처음 불린 후 주변 영역과 분할, 합병되면서 여러 지명으로 불리다 오늘에 이르고 있다.[1]

황산마을은 덕유산의 경상도 자락 원학골에 자리잡고 있다. 원학골은 기백산과 금원산으로 둘러싸여 있는 첩첩산중이었다. 그러나 지금은 달빛고속도로와 대전-통영간 고속도로가 가까이 지나고 있어 교통이 편리해졌다. 고향인 황산마을은 2013년 '한국에서 가장 아름다운 마을' 제7호에 선정될 정도로 고즈넉한 마을 전경이 주변의 풍광과 잘 어우러진 곳이다.

'가장 아름다운 마을 운동'은 작은 농촌마을의 아름다운 경관과 문화유산을 알리기 위해 1982년 프랑스에서 시작되어 이후 이탈리아, 벨기에, 캐나다, 일본 등으로 확산되었다. 이어 2020년 국제조직으로 '세계에서 가장 아름다운 마을 연합회'가 조직되었다. 우리나라에서도 2011년 8월에 '한국에서 가장 아름다운 마을 연합회'가 창립되었다. '한국에서 가장 아름다운 마을' 제1호

---

[1] 거창군 홈페이지, at https://www.geochang.go.kr/ portal/Indexdo?c=WW0601010000 (2020. 3.10 접속)

는 2011년에 선정된 산청군 남사예담촌이다.

거창의 제일 명소는 2008년에 국가명승 제53호로 지정된 수승대(搜勝臺)다. 수승대는 삼국시대 때 백제와 신라의 국경지대였다. 조선시대 때는 안의현에 속해 있다 식민기에 거창군에 편입되었다. 조선시대에 안의현은 지금의 함양군 안의면, 서하면, 서상면과 거창군 마리면, 위천면, 북상면에 해당하는 지역을 관할하였다.[2]

수승대는 백제와 신라가 대립할 무렵 백제에서 신라로 사신을 떠나 보내던 곳이다. 사신이 돌아오지 못할 것을 근심(愁)하며 떠나 보낸(送) 곳이란 뜻으로 '수송대'라 일컬어져 왔다. 불교적으로는 속세의 근심을 잊을 정도로 경치가 빼어난 곳이란 의미로 해석하기도 한다. 그 뒤 조선 중종 대에 거창 신 씨의 13대조인 신권(愼權) 선생이 1540년 수승대 바로 옆에 구주서당(龜州書堂)을 짓고 후학을 양성하였다. 수송대의 바위 모양이 거북 같다 하여 암구대(岩龜臺)라 하고, 그 일대를 구연동(龜淵洞)이라 하였다. 신권 선생은 퇴계 이황 선생과도 교류했는데, 이황 선생으로부터 요수(樂水)라는 아호를 받았다.[3]

퇴계 이황과 수승대

퇴계 이황이 거창과 인연을 맺은 것은 그의 장인 권질(權礩, 1483-1545)이 유배지에서 풀려나 처가인 거창군 마리면 영승리로 옮겨 살게 되면서부터였

---

2   https://ko.wikipedia.org/wiki/안의면.

3   구연서원, at https://blog.daum.net/kieury/11300584 (2022. 3. 10)

수승대

다.[4] 당시 퇴계는 사헌부에 근무 중이어서 여러 지역을 암행 감사하느라 바빴다. 장인 권질이 퇴계에게 '자신이 자주 찾는 정자의 이름을 지어 보내달라'는 편지를 보냈다.

얼마 뒤 장인의 회갑을 맞아 거창의 처가를 찾게 된 퇴계는 처외숙인 사락당(四樂堂) 전철(全轍)의 호를 빌려 정자의 이름을 '사락정'이라고 지었다. '사락'이란 시골에서 누릴 수 있는 네 가지 즐거움, 즉 농사짓기, 누에치기, 나무하기, 물고기 잡기를 일컫는다. 퇴계는 또한 원래 '영송'(迎送)이었던 마을 이름도 '영승'(迎勝, 빼어난 경치를 맞는다)으로 고쳐 부르게 하였다. 퇴계는 가까운 수송대를 마을 선비들과 함께 구경하기로 약조하였다. 그런데 빨리 입궐하라는 전갈이 내려오는 바람에 수송대를 구경하지 못하고 한양으로 올라갈

---

4   퇴계의 장인 권질은 부친 권주가 갑자사화로 인해 처형되었고, 자신도 이에 연루되어 3년간 귀양살이를 했다. 거창군사편찬위원회, 『거창군사』, 1997, p.446.

수밖에 없었다.[5]

얼마 뒤 퇴계는 갈천(葛川) 임훈(林薰)에게 편지 한 통을 보내 '수송대'를 '수
승대'로 고쳐 부르게 하라면서 시 '기제수승대(寄題搜勝臺)'를 보내 왔다.[6] 이
를 전해 들은 임훈의 매제[7]인 요수 신권 선생이 바위 면에 새긴 데서 '수승대'
란 명칭이 비롯되었다.[8]

기제수승대(寄題搜勝臺)

퇴계 이황

수승명신환 搜勝名新換 : 수승이라 새로 바꿔 이름하노니

봉춘경익가 逢春景益佳 : 봄을 만난 경치가 더욱 아름답구나

원림화욕동 遠林花欲動 : 멀리 숲속의 꽃은 피어나려 하고

음학설유매 陰壑雪猶埋 : 응달의 눈은 녹으려 하는데

미우수심안 未寓搜尋眼 : 수승대를 찾아 구경치 못하니

유증상상회 惟增想想悔 : 상상만 늘어 가는구나

타연일준주 他年一樽酒 : 훗날 한 동이 술을 마련하여

거필사운애 巨筆寫雲崖 : 커다란 붓으로 구름과 벼랑을 그리려네.[9]

---

5   당시 퇴계의 일정은 계묘일록에 기록되어 있는데, 1542(중종 37)년 12월 20일 서울을 떠나
    의령에 머물던 장모를 찾아 뵙고, 연말에 단성에 갔다가 1543년 1월 설날 단성을 떠나 산음
    에 이르렀다. 1월 3일 함양 안읍을 거쳐 거창 영승에 도착하여 1월 4일 장인의 회갑을 축하
    하고 사락정 시 등을 짓고, 1월 7일 거창을 떠났다. 『거창군사』, pp.446-447.

6   이상 유영봉의 역사문화산책, 비화공주와 선화공주이야기(2), 〈새만금일보〉, 2016.1.7., at
    http://www.smgnews. co.kr/122596 (2022. 3.20)

7   요수 신권의 장인이 석천 임득번이고, 임훈은 석천 임득번의 아들이다. 성팽년, 정인홍, 신권
    이 모두 석천 임득번의 제자다. 거창군사편찬위원회, 『거창군사』, pp.444; 755-757; 766.

8   거창군 홈페이지 및 금원산산림자원관리소 홈페이지 at https://www.gyeongnam.go.kr/
    index.gyeong?menuCd =DOM_000000602005000000 (2022. 3.10 접속)

9   『거창군사』, p.448.

요수(樂水) 신 권(愼權, 1501-1573)

자(字)는 언중(彦仲), 호(號)는 요수(樂水)로 본관은 거창이다. 연산군 7년부터 선조 6년까지 살았다. 선교랑(宣敎郞) 훈도(訓導)[10] 직을 받았으나 고향에 은거하였는데, 이는 당시의 정치적 상황과 관련이 있었다. 거창 신 씨는 조선 초에 권문세가로 기세를 떨쳤다. 신승선(1436-1502)은 세종대왕의 넷째아들 임영대군의 장인으로, 임영대군이 수양대군의 집권을 도운 덕에 탄탄대로를 걸었다. 딸을 연산군에게 시집 보낸 신승선은 연산군이 왕으로 즉위하자 영의정까지 오르며 '거창부원군'에 봉해졌다. 그의 아들 신수근도 딸(단경왕후)을 진성군(후일 중종)과 혼인시켰다. 그러나 중종반정이 일어나자 신수근은 물론, 아우인 신수영과 신수겸이 역적으로 몰려 처형당하고, 단경왕후도 폐비 신씨로 전락했다. 조정 내에서 거창 신 씨에 대한 견제가 상당히 심해지자 요수 신권은 명예직인 훈도를 끝으로 벼슬살이에 나서지 않았던 것이다.[11]

요수(樂水) 신권과 구연서원

요수 신권 선생이 돌아가신 뒤 인조 연간에 후손 신경직(愼景織)이 석곡(石

---

10 문관직으로 500호 이상의 고을에 명망높은 학자에게 임명했던 명예직. 신시범 역, 『역주 황고선생집』, 도서출판 선비, 2012, p.16 각주 12.

11 장희자, '조선 선비들의 버킷리스트 경남 거창 요수정', 〈시니어매일〉, 2020. 10. 22, at http://www.senior maeil.com/news/articleView.html?idxno =24998(2022. 3.15 접속)

산고수장 비(碑)

谷) 성팽년(成彭年, 1540-1594)[12]의 후손 성경창(成慶昌) 등과 함께 중종 35(1540)년에 사우(祠宇)를 건립하고 신권과 성팽년을 향사하였다.[13] 숙종 20(1694)년에 사림들이 선생의 학문과 덕행을 추모하기 위해 구주서당 자리에 구연서원(龜淵書院)을 짓고 두 사람의 위패를 모셨다. 1808년에 황고(黃皐) 신수이(慎守彝, 1688-1768)를 추가 배향하고 선현 배향과 지방교육의 일익을 담당하였다.[14]

구연서원 마당에는 '산고수장(山高水長)' 비가 서 있는데, 요수 선생의 학문과 덕이 산(山)처럼 높고(高) 물(水)처럼 길다(長)는 의미다. 유학계에서는 흔히 '무황고(無黃皐) 무요수(無樂水)'라고 말하는데, 이는 황고 신수이 선대가 없었다면 요수 신권이 없었다는 뜻이다. 그만큼 황고 신수이 선생의 학문으로 인해 요수 신권 선생까지 높아졌다는 의미다.

8대조인 황고 신수이 선생은 율곡 이이의 성리학을 이어받은 도암(陶菴) 이재(李縡, 1680-1746)의 문하생으로 영남 유학 학맥의 중심에 있었던 선비였다.

---

12   본관은 창녕, 호는 석곡으로 안음(현 함양) 출신이다. 임진왜란이 일어나자 고령, 거창, 현풍 등에서 의병을 일으킨 김면金沔을 도와 안음에서 기병유사起兵有司로 창의문倡義文을 발통하는 등 의병활동을 하였다. 시문과 글씨에 뛰어났고, 의약醫藥·복서卜筮·산경山經·지지地誌 등 유학 이외의 분야도 두루 섭렵하였다. 지평에 추증되었고, 문집으로 『석곡집石谷集』이 있다. 한국민족문화대백과사전, '성팽년', at www.daum.net.

13   한국역대인물종합정보시스템, '신권', at http://people. aks.ac.kr/front/dirSer/ppl/pplView.aks?pplId=PPL_ 6JOb_A9999_1_0018153 (2022.3. 10 접속)

14   신시범, '구연서원중건기,' 위천면지편찬위원회, 『위천면지』, 1998, pp.426-427; 한국민족문화대백과사전, 구연서원, at www.daum.net.

황고 신수이 선생이 용인 한천까지 찾아가 이재의 문하생이 되었다. 이재의
외증조부가 당대 유명했던 서예가인 동춘당(同春堂) 송준길(宋浚吉, 1606-
1672)인데, 송준길의 증손자의 아들 역천(櫟川) 송명흠(宋明欽, 1705-1768)
역시 이재의 문하생이었다. 송명흠은 은진 송씨인데, 해운계에는 도선사협회

관수루(구연서원 정문)

구연서원

장을 지낸 송정규가 있다. 거창 신씨와 은진 송씨는 같은 학맥을 공유한 사이로 나는 송정규 회장을 친척이나 다름없이 가깝게 여기고 있다.

조상 모시기

구연서원은 13대조 요수 신권 선생이 제자들을 가르치던 구주(龜州)서당이 있던 자리였다. 대원군의 서원철폐령으로 고종 5년(1868)에 훼철되었고, 1945년에는 본당이 소실되었으나, 이듬해 본당이 재건되었다. 요수 선생의 후손들에 의해 사당 복설이 추진되었으나 뜻을 이루지 못한 채 1990년 초까지 서원 출입문인 관수루(觀水樓)[15]와 본당, 그리고 몇 개의 유적비만 덩그러니 남아 있었다.

경앙문(景仰門)

조상을 모시는 재각이 낡아 안타깝게 생각해 오던 나는 소요경비를 출연해 종

---

15   관수루는 영조 16(1740)년에 당시 현감 관아재 조영석이 지었고, 부사 김인순이 누액을 썼다. 『거창군사』, p.217.

친들과 뜻을 모아 후손 신영범이 공사감독을 맡아 빈터만 남아 있던 사당(祠堂)과, 신문(神門)인 경앙문(景仰門)을 재건하고 경내를 정비한 뒤 1990년 3월 27일 선생의 위패를 봉안하였다. 이를 통해서 후세에 조상에 대한 의미를 되새길 수 있도록 하였다.

의정부의 수락산에 17대 조인 참판공 신기(慎幾, ?-1460?) 할아버님을 모신 재각(齋閣)인 장수재(長水齋)가 있다. 참판공 신기는 호는 경재(景齋)이며, 덕기가 있고 역학에 정진하고, 성리학에 깊은 조예가 있어서 이름이 높았다. 신기 할아버님은 1411(태종11)년에 문과에 급제해 벼슬은 관찰사에 이르고 증직은 참판이다. 종친회원들과 함께 재각을 방문할 기회가 있었는데, 마침 비가 내리고 있었는데 재각이 누수되어 비가 세고 허름해 조상님께 죄송한 마음이 들었다. 그 뒤 종친인 대한교육보험 신용호 회장에게 이야기해 우리 후손들이 뜻을 모아 재각 개수작업을 하기로 했다. 이때 신용호 회장이 소요비용의 2/3을, 내가 1/3을 출연하고 후손 신장재가 공사감독을 맡아 새로 재각을 지어 보존하게 되었다. 그리고 비석도 낡고 글자도 알아보기 어려울 정도였다. 이번에 대대적으로 정비를 하기로 하여 아버님(慎昌晟, 1899~1986)께서 신일범씨와 함께 직접 충청도에 가셔서 석재를 마련하시고 우리나라에서 서예로 유명하신 강호 송승용선생의 글을 직접 받아 각인하여 묘비가 분명해지고 앞으로 보존상태가 잘 유지될 수 있도록 하시는데 많은 힘을 쏟으셨다. 종친회에서 그 공적을 높이 평가하여 1978년 아버님을 참판공종친회 초대회장으로 모시고 1981년까지 활동을 하셨다.

祝辭

우리 居昌慎氏(거창신씨)의 始祖(시조)이신 恭獻公(공헌공)께서는 중국 宋代(송대)의 大科(대과)인 進士試(진사시)에 합격하였고 의학에도 정통하였다고 전합니다.

1068년 고려 文宗朝(문종조)에 송나라의 사신으로 오셔서 歸化(귀하)하시여 左僕射(좌복야) 守司徒(수사도)의 顯官(현관)을 지내시고 朝庭(조정)에서 恭獻公(공헌공)이라는 諡號(시호)도 받으셨습니다. 시조께서 남기신 이 崇文尊德(숭문존덕)의 정신은 후손들에게 잘 계승되어 가문의 전통으로 자리잡아 麗鮮王朝時代(려선왕조시대) 어느 곳에서나 先祖宗親(선조종친)들께서는 品度(품도)를 지켜 존경받는 집안을 이루고 명망높은 顯祖(현조)가 끊이지 않아 우리 신씨는 동방의 명문으로 들게 되었습니다.

특히 李朝中期(이조중기), 恭獻公(공헌공)의 十五世孫 章成公(장성공)께서는 과거에 壯元及第(장원급제)하고 拔英試(발영시)에 합격하여 벼슬이 臣人(신인)으로 정상인 領議政(영의정)을 지내시고, 아드님 信度公(신도공)께서는 벼슬이 左議政(좌의정)에 이르셨습니다. 그리고 燕山王(연산왕)의 妃位(비위)가 章成公(장성공)의 따님이시고 그 아들 信度公(신도공)의 따님께서는 중종의 元妃(원비)가 되셔서, 우리 신씨는 政丞班列(정승반열)에 오르고 두 분의 왕비를 세운 名門巨族(명문거족)으로 더욱 추앙받는 광영을 입게 되었습니다.

이번에 章成公派宗親會(장성공파종친회)에서 章成公(장성공), 信度公(신도공) 兩位(양위)의 祠宇(사우)를 이렇게 훌륭하게 重建(중건)하시고 중건을 축하하는 이 자리에서 축사를 드리게 된 것은 참으로 영광이 아닐 수 없습니다. 이에 다시금 두 분 할아버님의 위대하신 행적을 살피며, 章成公派 宗親 여러분의 崇朝情神(숭조정신)에 경의를 표하고, 傍後孫(방후손)의 한 사람으로서 감사를 드리고자 합니다.

살펴보면 兩位(양위)께서는 우리 가문에 영광을 안겨 주셨을 뿐아니라 이 나라 靑史(청사)에 길이 빛날 행적을 남기셨습니다.

인륜의 大本(대본)인 修身齊家(수신제가)에 엄격하고 公事(공사)에는 德義(덕의)로 다스려 當世(당세)에 朝野(조야)의 신망이 매우 두터웠다고 전합니다. 특히 章成公(장성공)께서 사위인 燕山王(연산왕)이 즉위하자 자청하여 領相(영상)의 자리에서 물러나 은거하셨음은 高邁(고매)하신 품성의 발로이며, 信度公(신도공)께서는 반정 주체들이 사위이신 진성대군의 왕위옹립에 동참을 청하자 不事二君(불사이군)의 대의를 들어 불응하고 화를 입었음은 신명을 바쳐 충절을 지키셨습니다.

中宗反正(중종반정)의 소용돌이 속에서 信度公(신도공)과 그 형제분들께서 화를 입으시고 두 분 왕비께서 폐출되시는 비운을 맞았으나 선비들의 잇따른 상소로 아무런 허물이 없음이 판명되어, 약 삼백년 가까운 세월이 지나 英祖(영조)께서 中宗의 元妃(원비)를 端敬王后(단경왕후)로 追復(추복)하고 信度公(신도공)의 충절을 위로하여 領議政(영의정)의 贈職(증직)을 내리셨으니, 事必歸正(사필귀정)이라 참으로 다행한 일이 아닐 수 없습니다.

이 위대하신 두 분의 先祖(선조)를 기려, 章成公(장성공)派宗親 여러분께서 물심으로 힘을 모아 추모하고 祭禮(제례)를 드리는 典堂을 장엄하고도 아름답게 새로 꾸미신 데 대해 다시금 충심으로 축하를 드리고자 합니다.

충절과 의리를 평생의 신조로 실천하셨던 兩位(양위)의 영혼이 안식하시는 이 전당은 우리 종친 후세에게는 긍지를 안겨주고 만백성 後來者(후래자)에게는 역사는 언제나 정의의 편임을 깨우치게 할 것입니다.

2002년 4월

傍後 孫 泰範

대종회장으로서 거창신씨 대종회 주관(1994.11)

황고(黃皐) 신수이(愼守彝)

자는 군서(君敍), 호는 취한당(就閑堂), 황고(黃皐) 선생이라고도
한다. 도암(陶菴) 이재(李縡)에게 학문을 배웠다. 영조 13(1737)
년에 경상도 감사 민응수(閔應洙)가 인재를 천거하면서 신수이
는 학문과 행실이 정밀하고 독실한 데다가 재능도 갖추고 있다
고 하였다. 영조 25(1749)년에 동몽교관(童蒙教官)에 임명되었
으나 받지 않았다. 영조 43(1767)년에 아들 신인명(愼認明)이 시
종관이 되자 왕이 신수이에게 통정대부의 품계를 제수하고 첨지
중추부사에 임명했으나 나가지 않았다. 영조 44(1768)년에 자인
현감(慈仁縣監)으로 있던 아들 신인명에게 갔다가 그곳에서 병
으로 사망하였다.[16]

---

16   디지털거창문화대전, '신수이', at http://geochang. grandculture.net/geochang/dir/
      GC06300845 (2022. 3. 10 접속).

황산마을은 50여호가 모여 사는 거창 신씨 집성촌이다. 거창 신씨는 고려 전기 송(宋)에서 귀화한 신수(慎修)를 시조로 하고 있다. 조선 태종 때 신기(慎幾, 문과, 監司)와 신전(慎詮, 문과, 監司) 두 형제가 출사하면서 가문이 크게 번성하였다. 고려 때 거창을 기반으로 호장직(戶長職)을 세습해 온 이족(吏族)[17]이었던 우리 가문은 조선 초기인 15세기부터 재경 관인의 사족(士族)으로 크게 번창하였다. 신전의 자손에 신 승선(慎承善)과 수근(守勤) 부자가 각각 연산군과 중종의 왕비를 배출하였다.[18] 그러나 중종반정 이후에는 정계에서 견제를 받아 향촌에 머물며 학문에 전념하였다.

할머니는 손이 귀한 집안에 손자 다섯이 태어난 것을 매우 기뻐하셨으며, 우리 다섯을 사랑으로 키워주셨다. 당시에는 중학교에 진학하는 것이 매우 어려운 시기였으나, 할머니의 노력과 아버지의 교육열로 인해 우리 형제 다섯은 모두 중학교에 진학할 수 있었다. 당시 현실은 국민학교를 졸업하면 면 소사로 들어가 5년 정도면 서기가 되고, 45세 무렵에는 면장으로 승진하는 것이 일반적인 직업 경로였다.

내가 통영중학으로 진학하지 않았으면 아마도 거창의 면장 노릇을 하는 것으로 그쳤을 것이다. 지금까지 내가 제대로 사회생활을 할 수 있는 기초가 마련된 것은 전적으로 할머님 덕분이라고 생각하고 있다. 나는 이런 할머니를 위해 할 수 있는 일을 생각하다가 마침 할머님과 함께 지내던 그 집터에 할머님의 택호(정동댁)를 딴 집을 지어 손자가 할머님에 대한 고마움을 영원히 기억하고자 한다.

---

17 조선 시대 양반의 대부분은 고려 이후 이족吏族으로부터 분화 및 형성된 역사적 배경을 지니고 있다. 이훈상, 『조선 후기의 향리』, 일조각, 1990, p.175.

18 이수건, 『영남사림파의 형성』, 영남대학교출판부, 1979, p.131.

양재원과 인연을 맺다

나는 1936년에 가까운 위천보통학교에 입학하였다. 위천보통학교에는 2년 밖에 다니지 않았지만, 인생에서 중요한 인연을 만났다. 당시 위천보통학교는 학생 숫자가 적어 1학년과 5학년을 합반해 선생님 한 분이 30분은 1학년을 가르치고, 나머지 30분은 5학년을 가르치는 방식으로 수업을 진행하였다.

당시 5학년에 양재원(1924-1995)이 재학 중이었다. 2학년은 다시 6학년과 합반해 수업을 진행하였으므로 나와 양재원은 위천보통학교에서 2년간 한 교실에서 공부한 특별한 인연을 맺게 되었다. 이러한 인연은 내가 1963년 '계획 조선' 1차선(신양호) 건조 실수요자로 선정되었을 때 양재원을 투자자로 참여시키게 된 결정적 계기가 되었다.

양재원 회장은 나보다 4년 위의 고향 선배이자 사업파트너였다. 그러나 그와 나 사이에는 그가 1995년 타계할 때까지 얼굴 찌푸릴 만한 일은 한번도 발생하지 않았다. 양재원 회장은 '자신에게는 인색했으나, 남에게는 베풀 줄 아는 분'이었다. 신양 호 계획건조시 그가 투자하지 않았다면, 내 인생은 지금과는 전혀 다르게 흘러갔을 것이다. 평생 나를 믿고 맡겨 준 양재원 회장에게 고마운 마음을 전한다.

나는 위천보통학교 3학년이 되는 1938년에 거창읍내에 위치한 거창읍심상소학교[19]로 전학 갔다. 전학을 간 이유는 맏형(신경범)의 직장이 읍내에 있었기 때문이었다. 맏형님은 위천보통학교와 거창공립농업보습학교(현 아림고등학교)를 졸업하고, 1936년에 설치된 전매국 거창출장소에 다니고 있었다.

---

19 1941년에 거창공립국민학교로 개칭되었다가 1996년에 거창초등학교로 개칭되었다.

맏형님은 나보다 열한 살 위였기 때문에 내가 늘 믿고 따르는 부모님과 다름없는 존재였다.

식민기 거창은 오늘날에 비해 제법 큰 도시였다. 거창군은 1914년 마리, 위천, 북상, 신원 지역을 통합했고, 이후 주변 면을 추가 편입해 1937년에는 1읍, 12개 면으로 확대되었다. 거창읍에는 경찰서가 설치되어 있었고, 각 읍면에는 경찰주재소를 두었다. 거창의 헌병 분대가 주변의 함양과 합천 지역까지 관할하였다. 위천면에는 전기가 들어오지 않았는데, 거창읍에는 전기가 공급되고 있었다. 또 위천에서는 한복을 입고 생활했는데, 거창 읍내에서는 학생 대부분이 양복을 입었다. 거창국민학교로 전학했던 초기에는 급우들로부터 놀림을 받곤 했다. 그런데 3학년 2학기가 되어 학급임원을 뽑는 데 내가 부급장에 뽑히고 나니 '촌놈'이라고 놀리는 일은 사라졌다.

초등학교 때의 일로 지금도 뚜렷하게 기억에 남아 있는 것은 6학년 때인 1941년 5월에 3박 4일간 서울로 수학여행을 다녀온 일이었다. 거창에서 김천까지 이동해 야간열차를 타고 다음날 아침 경성역에 도착했다. 도착하자마자 남산의 조선신궁을 참배하고, 창경원으로 이동해 동물원을 구경했다. 태어나 처음 보는 호랑이, 코끼리, 원숭이 등 신기한 동물을 구경하고 걸어서 창덕궁을 돌아보고 광교 부근의 청계천를 구경하고 한옥여관에서 투숙하였다.

수학여행 두 번째 날에는 경성역에서 기차를 타고 인천으로 이동해 인천항과 바다를 구경했다. 다들 거창 산골 출신인지라 바다를 처음 보아 바닷물을 찍어 맛보곤 했는데, 나도 이때 바닷물이 짜다는 사실을 알게 되었다. 그리고 월미도 북쪽의 용궁이라는 호텔 겸 요리점도 구경했다. 이 용궁의 별관은 진해에 있던 해양대학이 인천해양대학과 합병해 인천으로 이전한 조선해양대학의 교사로 잠시 이용되기도 했다. 인천 관광을 마치고 기차로 상경했다.

수학여행 3일 째 날에는 자유시간을 가졌다. 우리가 묶었던 여관이 시내 중심가에 있었는데, 가까운 곳에 화신백화점이 있어 급우들과 백화점 구경을 하고 서울의 중심가인 종로와 명동 등을 돌아다녔다. 하룻밤을 여관에서 더 묵고 다음날 아침 일찍 경성역에서 기차를 타고 김천에서 내려 버스로 갈아타고 거창으로 돌아왔다. 생전 처음으로 거창을 벗어나 기차를 타고 서울과 인천을 구경하게 된 것은 인생에서 좋은 경험이 되었다.

거창국민학교를 졸업하다

나는 1942년 3월에 거창공립국민학교를 졸업했다. 학적부를 보니 조선어는 3학년 때까지만 배웠고, 6학년 때 무도를 배운 것으로 되어 있다. 당시는 성적을 10점 만점으로 평가했었는데, 전 학년 전 교과에 걸쳐 대체로 8~10점을 받았는데, 음악과 체육에는 재주가 없었던지 창가는 5~6점, 체조는 6점인 것이 눈에 띈다.

식민지 시기 국민학교 이수 교과목, 1938-1941

	3학년	4학년	5학년	6학년
국어	○	○	○	○
산술	○	○	○	○
국사			○	○
지리			○	○
理科		○	○	○
직업		○	○	○
圖畵	○	○	○	○
手工	○	○	○	○
唱歌	○	○	○	○
체조	○	○	○	○

	3학년	4학년	5학년	6학년
武道				○
조선어	○			

인생의 든든한 동반자가 된 향우들

누구나 그렇든 나도 인생을 살아오면서 여러 사람의 도움을 받아 왔지만, 유년기에 만나고 사귄 고향 지인들이 큰 힘이 되었음은 두말할 나위 없다. 우선 김동한(金東漢, 1923-2010) 회장을 들 수 있다. 나보다 네 살 위인 김동한 회장은 거창군 남상면 대상리 출신으로 거창 신씨와 교류가 있는 고향 선배였다. 나의 13대조인 요수 신권 선

김동한

생의 따님이 김동한 회장의 선조모 집안으로 시집을 갔기에 옛날 식으로 얘기하면 사돈 집안이라고 할 수 있다.

김동한은 서울대 토목공학과를 졸업하고 한양대학교 전임강사를 거친 뒤 건설부에 들어가 항만시설국장 등을 역임(1962-1971)했다. 공직을 퇴직한 뒤 한국종합기술공사 부사장(1979 - 1983)을 지냈으며, 한국토목학회 제22대

조순 전 경제부총리(좌측끝)와 김동한 회장(우측 끝)

회장(1983 - 1985)과, 한국건설기술인협회 초대 및 2대 회장(1987 - 1991)을 역임했다. 한학에도 조예가 깊어 한시도 잘 짓고, 보학에도 일가견이 있었다. 1983년에 이우성, 고병익, 조순, 이용태(전 삼보컴퓨터 회장) 등 한학에 조예가 깊은 분들과 함께 한시모임 '난사(蘭社)'를 결성하고 한시집 '난사' 1-4권을 발간하기도 했다.[20] 나는 잡기에는 소질이 없는데, 바둑은 꽤 즐기는 편이어서 아마 3단 인증을 받았다. 나는 김동한 회장, 조순 전 서울시장 등과 바둑을 자주 두었는데, 두 사람 모두 내가 1점을 두고 둘 정도로 기력(棋力)이 대단했다.

다음으로 김재범(金載範) 세무서장이 있다. 김재범은 거창 남상면 출신으로, 국세청 법인세 과장과 남대문세무서 서장을 역임한 세무관료다. 나보는 2살 위였는데, '자수성가하고 진실한 친구로서 포용력과 책임감이 뛰어난 최고의 공무원'이었다.

촌수상으로는 멀지만 같은 신 씨 집안 사람으로 신한성(慎漢晟) 사장도 빼놓을 수 없다. 잎담배를 수출하는 대경상사를 경영했는데, 일본향 수출화물의 주요고객으로서 고려해운이 초창기에 자리를 잡는 데 큰 도움을 주었다.

한국해운협회 정태순 회장도 각별한 인연을 맺은 사이다. 정태순 회장은 내 고향인 황산마을에서 2킬로밖에 떨어지지 않은 거창 북상면 '용수막마을'에서 태어나 한국해양대학교 항해학과를 졸업했으니 고향 후배이자 대학 후배다. 그가 동서해운에 근무할 때 양재원 회장의 소개로 알게 되었는데, 동서해운에서 일하던 내 아래 동생(신문범)과 같이 근무하고 있었고, 그의 큰형(정태

---

20   https://ko.wikipedia.org/wiki/김동한_(건설기술인)

홍)과는 막역한 사이다. 이런 개인적 인연에다 한국해양
대학과 한국 해운의 발전이라는 공통된 관심사로 인해 정
회장과는 자주 소통해 왔다. 정태순 회장은 장금상선을
설립해 국내 3대 해운그룹으로 성장시켰고, 한국해운협
회장과 한국해사문제연구소 이사장을 맡고 있다. 정태순
회장은 사석에서 평소에 나를 롤모델로 삼고 있었지만 내

정태순

가 김영삼 전 대통령과 자주 만나서 식사를 같이 하는 사이임에도 대통령 재
임동안이나 임기 후에도 자신이나 다른 사람들에게 전혀 내색하지 않는 것을
보고 다시 한번 존경하게 되었다고 말하였다.

2장
수학기

통영중학에 진학하다

나는 국민학교를 졸업하고 1942년 4월에 설립된 통영중학으로 진학했다. 거창국민학교 졸업생 200여명 중 중학으로 진학한 사람은 남학생 네 명과 여학생 네 명 등 여덟 명에 불과했다. 당시 거창에는 중학교가 없었기 때문에 서울이나 사범학교가 소재한 대구나 진주 등으로 진학하는 게 보통이었다. 네 살위인 시범 형님은 진주공립농업학교(경남과학기술대를 거쳐 경상국립대에 통합)로 진학해 국민학교 선생이 되려고 했기 때문에 나도 대구사범에 들어가 선생이 되려고 했으나, 뜻대로 되지 않았다.

2차로 서울 중앙중학(현 중앙고등학교)을 지원하고 3월 중순에 상경해 시험을 치렀으나 불합격되었다. 부득이 1년간 낭인으로 생활하며 다음해를 기약할 수밖에 없는 상황이 되었다. 그런데 국민학교를 졸업하고 집에서 머물고 있던 1942년 초 6학년 담임이셨던 조윤제 선생님께서 급하게 부른다는 전갈이 왔다. 급하게 읍내 학교에 가니 조 선생님께서 통영에 통영공립중학교가 신설되어 학생을 모집하고 있으니 그 학교에 가볼 의사가 있는지 묻는 것이었다. 나는 더 생각할 것도 없이 그 자리에서 거기로 진학하겠다고 말씀드렸다. 입학전형은 3월 하순에 진행되었는데 거기에 차석으로 합격했다. 그렇게 해서 통영중학 1회 입학생이 되었다. 통영중학은 김덕보(金德甫, 1853-1941) 여사의 유산으로 덕보학원에 의해 설립되어 경상남도에 기부해 설립되었다. 입학식이 4월 30일에 거행될 예정이었기 때문에 나는 4월 29일 아버지와 함께 통영을 향해 거창을 떠났다. 때는 화창한 봄날이라 논밭에는 파란 보리잎이 힘있게 자라나고 나 자신도 청춘의 꿈이 부풀어 미래의 희망이 솟아나는 기분이었다. 다음날 아버지는 임시교사인 호주선교회 '진명학원'(문화동)에서 거행된 입학식에 참석하신 뒤 통영 해안가를 구경하시고 거창으로 돌아가셨다. 기숙사가 없었기 때문에 하숙을 해야 했다. 부모님이 계신 거창을 떠나 타지에서 생활하는 게 처음이어서 새삼 부모님의 고마움을 느꼈다.

당시 교장은 기타지마 주이치로(北島修一郎, 재임 1942. 5-1944. 4. 6) 선생이셨는데, 일본 히로시마(廣島)고등사범 출신으로 중국에서 일본인 중학교 교장으로 재직하다 통영중학 교장으로 오신 분이셨다. 와타나베(渡邊) 교감 선생도 히로시마고등사범학교[21]를 졸업하고, 동래중학에서 근무하다 통영중학의 교감으로 승진해 오셔서 조선 사정을 잘 알아 학생들 사이에 평판이 좋았다. 그래서 그 후 김영삼 의원과 나의 주도로 와타나베 교감 선생을 통영에 초청해 그때의 고마움을 표시하기도 했다. 김영삼 대통령 취임 후에는 그의 자제인 와타나베 마사야(渡邊公也) 군을 초청해 청와대에서 접대하기도 했다. 그밖의 선생님들도 일본인들이었는데, 모두 우수한 분들이었다.

박정국

당초 설립시는 한일공학으로 학년당 60명을 조선인과 일본인을 절반씩 뽑으려고 계획했었으나, 1회 입학생은 조선인 40명, 일본인 15명이었다.[22] 통영중학 1학년 때는 수석입학생인 박정국(朴禎國, 1928-2022)이 급장을 맡았는데, 2학년에 올라가면서 소년병으로 일본공군에 입대하였다. 수석입학생 박정국이 군에 입대하게 되어 2학년 때부터는 내가 급장을 맡게 되었다. 이후 박정국은 해방후 서울대 의대를 졸업하고 공군의무감(준장)으로 예편했는데, 나와는 평생 지우로서 가깝게 지냈다.

---

21 1949년 히로시마고등사범학교와 히로시마문리과대학 등이 합쳐 히로시마대학으로 합병되었다.

22 통영고 홈페이지에는 "조선인 55명, 일본인 10명이 입학하였다"고 적시하고 있다. 통영고등학교 홈페이지, at http://tongyeong-h.gne.go.kr/tongyeong-h/ hm/hist/selectHistList.do?mi=131183, (2023. 1.28 접속)

입학식이 끝나고 곧 수업이 시작되었는데, 나는 수학과 기하 과목을 특히 좋아했다. 2학년에 올라가자 성적이 우수하고 조용한 나를 지켜본 기타지마 교장이 마침 자기 집에 빈방이 있으니, 자기 집에서 통학할 것을 권했다. 기타지마 교장은 사택에 거주하고 있었는데, 넓은 사택에 비해 식구는 부인과 아들(국민학교 3학년생) 뿐이었다. 당시 통영중학은 한일공학이었고, 태평양전쟁 중이었기 때문에 일본인과 조선인을 노골적으로 차별하기 보다는 내선일체를 강조하는 분위기였다. 게다가 2학년부터 계속 급장을 맡고 있었기 때문에 일본인 선생들과도 거리감 없이 지내왔다. 그래서 부모님의 부담도 덜어드릴 수 있을 듯하여 교장 사택으로 입주했다.

그렇게 2학년 1학기 3개월 정도를 지냈는데, 밥 먹는 것이며 생활하는 것이 그리 편치 않았다. 그래서 여름방학을 맞이할 즈음에 2학기에는 따로 하숙을 하겠다고 교장 선생에게 의사를 전달했다. 그러자 기타지마 교장은 '알겠다' 면서 '그러면 마침 유지 한 분이 입주과외를 해줄만한 학생을 추천해 달라고 하니 그것을 해보면 어떻겠느냐?'고 제안했다. 유지라는 분이 조선인이라기에 괜찮을 듯하여 그렇게 하기로 했다.

입주과외를 하다

내가 입주과외를 하게 된 곳은 통영의 유지인 김기석(金琪錫)이라는 분의 집이었다. 김기석은 2천석을 수확하는 대지주로 1936년 통영미곡조합 산양면 총대에 당선되었고,[23] 8.15해방정부수립선언준비위원회의 통영 지역 재정부

---

23 〈조선시보〉, 1936.11.7.

장에 임명되기도 했으며[24] 통영상공회의소 회장(1961-
67)을 지낸 지역의 유지였다. 국민학교 4학년생인 김상진
을 3년간 과외공부 시키면서 통영중학을 마칠 수 있었다.
다행스러운 것은 하위권에 머물렀던 상진이가 내가 가르
치고 난 뒤 상위권으로 성적이 크게 향상되었다. 김상진
은 그 뒤 서울대를 나와 동아건설 상무를 지냈는데, 1984
년 이른 나이에 사망했다.

김기석

나로서는 행동에 제약이 있고 음식도 잘 맞지 않았던 일본인 교장의 사택 보
다는 같은 조선인이고, 내가 과외를 하고 성과도 내주었던 김기석 씨 댁에서
머무르는 것이 훨씬 마음이 편했다. 김기석 씨는 나를 편하게 대해 주어 통영
중학을 졸업할 때까지 머무는 데 아무런 불편이 없었다. 방학이 되어 귀가할
때면 통영에 풍부한 각종 해산물을 손에 들려주기도 했다. 그 덕분에 생물 생
선을 보기 힘든 거창에서 우리 집은 비린내 나는 해산물을 맛볼 수 있었다.

식민 말기의 중학 교육

입학 당시 중학교는 5년제였으나, 총독부가 1943년 1월 21일에 중등학교령
을 제정해 수업 연한을 5년에서 4년으로 단축했다. 학창 시절이라는 것이 공
부하고 친구들과 노는 것이 전부이던 시기였으나 기억에 남아 있는 것은 별
로 없다. 태평양전쟁이 진행되던 때여서 학교에 일본군 장교가 배속되어 교
련을 가르쳤고, 무도도 정식교과로 배웠다. 학적부를 보니 중학교 입학 당시

---

24   〈남조선민보〉, 1948. 8. 11.

중학교육 과정, 1942-46

식민기(1942 – 45)		해방 이후(1945. 9 이후)
수신과	수신	공민
	국어	국어
	국사	역사,지리
	지리	
이수과(理數科)	수학	수학
	생물	물리
	물상	화학
		생물
체련과	교련	체육
	체조	
	무도	
예능과	음악	음악
	서도	습자
	도화	도화
	공작	
실업과		실업
외국어과		영어
수련		
학년당 주 37-38시간		학년당 주 32-34시간

자료 : 김상훈, 해방 전후 중등교육과정의 변화, 『역사와 교육』, 제21집, 2015.10, pp.8-9; 13.

163.5cm에 51kg이었는데, 4학년이 되니 177cm에 68kg으로 당시로서는 꽤
건장해져 있었다. 이와 같은 외관과는 달리 나는 예체능 교과에는 흥미나 재
주가 별로 없었다. 다른 교과목은 대체로 '수'와 '우'인데, 무도와 음악이 양
(良)인 것이 눈에 띈다. 학적부상으로는 1학년 때에는 100점 만점으로 기록되

어 있으나, 2-3학년 때에는 '수우미양가'[25] 방식으로 기록되어 있다.

일본 육군사관학교 합격

나는 1945년에 졸업학년이 되어 대학 진학을 준비해야 했다. 태평양전쟁 말기에 가난하고 공부를 열심히 한 내가 선택할 수 있는 곳은 많지 않았다. 전쟁 말기라 군인들이 사회를 주도하던 시대였던 지라 일본인 담임 선생이 일본 육군사관학교를 추천해 주었다.

일본의 육군 장교 양성기관인 육군사관학교는 예과와 본과로 구분되어 있었는데, 1937년에 육군사관학교 본과를 육군사관학교, 육군사관학교 예과를 육군예과사관학교로 개칭되었다. 예과는 수학기간이 2년으로 재학 중에는 계급이 부여되지 않았고, 졸업시 상등병으로 반년간 각 부대에 배치된 뒤 군조(軍曹)로 승진하면 본과에 입교할 자격이 주어졌다. 본과는 수학기간이 1년 8개월로 졸업 후 견습사관이 되었다.[26]

육군예과사관학교는 1945년 10월 입학생을 1학기에 선발했다.[27] 1차 시험은 동대신동 부산제2공립국민학교(현 화랑초등학교)에서 필기로 치르고, 2차 시

---

25 '수우미양가'로 평가하는 방식은 일본의 사무라이들의 전과戰果를 매긴 방식이라는 주장이 있다. 즉 임진왜란 때 조선인의 수급을 베어오는 수에 따라 秀(빼어나다), 優(우수하다), 美(아름답다), 良(훌륭하다), 可(옳다)라고 모두 '좋은 것'으로 평가해 논공행상해 주던 방식에서 유래했다는 것이다. 조선 시대 과거시험에서는 대통大通, 통통, 약통略通, 조통粗通, 불통不通으로 평가했다.

26 https://ko.wikipedia.org/wiki/일본육군사관학교_(일본), (2022. 3. 15 접속)

27 〈每日新報〉, 1945. 5.12. 이 신문에 따르면, 일본 내 주요 지역의 시험이 5월 20-30일 사이에 실시되었다.

험은 면접을 보았다. 4학년 새 학기가 되자마자 입시원서를 제출해 합격 통지를 받고, 2차 면접시험은 현 용산 국방회관 터에 위치한 장교클럽에서 봤다. 최종 합격자 발표를 초조하게 기다리며 보냈던 1945년 1학기에는 태평양전쟁이 격화일로로 치달아 물자가 귀해져 일반인뿐만 아니라 우리 학생들까지도 관솔 캐는 작업에 동원되기도 했다.

여름 방학을 얼마 남기지 않고 최종 합격통지서와 함께 9월 15일 사이타마현(埼玉県)의 아사카(朝霞)의 진무대(振武台)로 입교하라는 통지를 받았다. 당시는 여름방학이 7월 20일 경에 시작해 8월 20일 경에 개학하는 게 보통이어서 거창 집으로 돌아와 쉬면서 육사 진학을 기다리고 있던 8월 15일에 해방이 찾아왔다. 일단 학교에 가서 상황을 알아보려고 통영으로 가니 일본인들이 귀국 준비를 하고 있었다. 곧 개학이 되자 일본인 교사들은 모두 귀국하고, 해방 전 유일한 한국인 교사였던 김병로 선생이 교장에 취임했다. 그리고 일본에서 유학하고 귀국한 한국인이 교사로 새로 부임했다.

우리 세대는 식민기에 태어나 일본식 교육을 받고 자랐기 때문에 조선인이라는 인식 자체가 없었다. 해방이 되고서야 우리가 식민지배를 받았다는 사실을 알았고, 독립되어야 한다는 걸 깨달았다. 해방과 함께 여운형 선생의 주도로 조선건국준비위원회가 발족되었으며, 우리도 독립된 나라를 만들 수 있다는 희망을 가질 수 있었다.

김영삼 대통령과의 만남

김영삼

통영중학에 다니는 동안 여러 친구와 후배들을 사귀게 되었는데, 그 가운데 특별한 사람으로 김영삼 (1928-2015, 이하 YS로 칭함) 대통령이 있다. 내가 2학년이던 1943년, YS가 1학년으로 입학했다. 한 학년이 60명 남짓했으니 1-2학년 합쳐서 100여명에 불과했다. YS는 1945년에 경남중학으로 전학을 갔기 때문에 그와 내가 함께 한 기간은 2년 밖에 되지 않았다. 하지만 그 기간 동안 YS와 나는 특별한 기억을 공유하게 된다.

당시는 전쟁이 극한으로 치닫던 시기여서 학교에 배속장교가 배치되어 교련 교육을 시키고, 등교 지도가 엄격하게 이루어졌다. 게다가 관솔 채취나 강제 근로에 동원되어 몸으로 부딪히는 일들이 많았다. 그렇다 보니 전교생이 서로 모를 수 없는 상황이었다.

김상하

어느 때인지는 정확히 기억나지 않지만, YS가 김상하 삼양사그룹 회장과 식사를 하는 자리에서 '내게 뺨을 맞은 적이 있다'고 얘기한 적이 있다. 내가 누구를 때린 기억이 없는데, 나로서는 조금 당혹스러운 얘기였다. 당시 YS는 나를 '이 세상에서 가장 오래된 지인'이라고 김상하 회장에게 소개했기 때문에 나를 폄훼하거나 욕보이려고 그런 말을 한 것은 아니었다.

내가 이 얘기를 듣고 '제가 누구를 때린 기억이 없다'고 얘기하자, 김상하 회장이 '때린 사람은 기억하지 못하지만, 맞은 사람은 기억한다'고 덧붙여 서로 웃고 말았다.

YS와의 인연이 본격화된 것은 그가 제3대 국회의원의 임기를 마치고 두 번째 국회의원 선거에 출마한 1960년이었다. 그는 3대 때는 통영에서 자유당 후보로 출마해 만 26세 5개월로 최연소 당선된 뒤, 사사오입 개헌에 반대해 1955년에 민주당으로 당적을 바꾸었다. 그 뒤 1958년에 치러진 제4대 국회의원 선거에 부산시 서구갑 지역구에 민주당 후보로 출마했으나 낙선하고 다시 1960년에 치러진 제5대 국회의원 선거에 다시 부산시 서구갑 지역구에 출마해 당선했다. 당시 나는 대한해운공사 부산지사에 근무하며 서대신동에 살고 있었다. 나는 미력하나마 그의 당선을 위해 내가 할 수 있는 일을 다했다. 이것이 후일 YS와 끈끈한 유대관계를 이어가게 된 직접적인 계기가 되었다.
이런 인연으로 YS가 국회의원직이나 대통령직에 있을 때도 나는 서슴없이 그에게 전화할 수 있는 지인 중의 하나가 되었다. YS는 1993년 2월 25일 대통령에 취임하고 사흘 뒤 청와대로 나를 초청했다. 만찬이 끝나고 초청인들이 모두 가자, YS는 나를 내실로 안내했다.

또한 YS는 '자기가 편한 시간이 저녁 식사하고 8시부터 9시까지이니 연락하실 일이 있으면 이때 하시라'고 말하면서 장학로 실장에게 '신 회장님께 연락오면 언제든지 연결하라'고 지시했다. 대통령 재임 중에 YS는 간혹 나를 청와대로 불러 국정에 관한 의견도 물었고, 나도 경제 전반에 걸친 폭넓은 견해를 제시했다. 그리고 국정운영에 참고가 될만한 싱가포르 리관유(李光耀) 수상에 관한 책이나, 국가경쟁력 제고 방안에 관한 서적들도 전해주었다.

나는 YS를 만날 때마다 우리나라는 부존자원이 부족한 나라로서 국민들이 먹고 살기 위해서는 외화획득하는 제조산업의 경쟁력을 강화시켜야 한다고 강조했다. 그런데 우리나라 제조업은 경제인을 죄악시하는 사회적 인식, 강성 노조, 과다한 휴일 등으로 고비용이 구조화되어 있기 때문에 이 틀을 깨지 않고서는 선진국으로의 진입이 어려울 것이라는 점을 강조했다. 그럴 때마다 YS는 고개를 끄덕이며 '긍정적인 반응'을 보이곤 했으나, 이를 실행할 아무런 조치도 취하지 않았다. 결국 YS는 금융실명제와 하나회 척결 등 정치적으로 탁월한 업적을 남겼으나, IMF 외환위기로 전 국민에게 엄청난 불행을 초래하고 말았다. 이를 통해 나는 정치 지도자의 가장 중요한 덕목은 '잘 듣고 실행하는 능력'이라고 생각하게 되었다. 아무리 유능한 참모가 있고, 아무리 좋은 정책을 제안하더라도 지도자가 이를 받아들이지 않으면 무용지물인 것이다.

김영삼 통일민주당 총재와 함께(1988년 경)

통영중학 시절의 지기들

통영중학 시절 사귄 지기로 박정국 외에 김용환(金容煥)이 있다. 김용환은 중학시절부터 친하게 지낸 동창이었는데, 성격이 온화하고 친화력이 좋았다. 그래서 통영고 재경동기회에서 주도적인 역할을 했다. 그는 감정평가사로 활동했다.

통영중학 후배 중에는 최익간(崔翊幹), 최익섭(崔益燮) 형제와 각별하게 지냈다. 내가 입주과외를 했던 김기석 씨가 이들의 외삼촌이었다. 최익간은 통영중학 1년 후배인데, 의대에 진학해 부산시립병원 원장과 동국대 의대 학장을 역임했다. 그는 외삼촌 댁에 거주하는 나를 자주 찾아와 학생들을 근로봉사에 동원하고, 학도병으로 참전을 독려하는 등의 일제의 만행에 대해 불만을 토로하곤 했다.

그의 동생인 최익섭은 통영중학의 후배이자 한국해양대 후배이다. 그는 해양대 항해과 7기를 수석으로 입학해 수석으로 졸업한 수재였다. 그는 해양대를 졸업하고 극동해운의 해기사로 승선한 뒤 육상직으로 전직해 흥국상사에 재직했으나, 일찍 타계했다.

해양대학 1기 입학과 자퇴

해방 이후 어수선한 시절이라 학교도 동맹휴학이 빈번하게 발생했다. 통영중학도 예외가 아니어서 학생들간에 동맹휴학이 결정되어 통영에서 지내던 1945년 12월 진해고등상선학교(한국해양대학의 개교당시 교명) 생도를 모집

한다는 신문기사를 읽게 되었다.

"진해고등해원양성소는 이번에 진해고등상선학교로 개명 승격하고, 선장 기관장 등 해운계의 중진을 양성하는 상선교육 최고학부로 발족하게 되었다. 그리고 동교는 교통국 직속으로 항해과와 기관과의 본과, 전수과를 두어 교통국에서 학비의 일부를 지급하리라 하는 바, 지원은 시내 남대문 앞 조선우선회사 내 교통국해사과, 또는 인천 부산의 해원동맹지부, 진해 본교로 해주기 바라고 있다."(〈조선일보〉, 1945. 12.9)

나는 상선학교가 마침 통영과 가까운 진해에 있어 시험이나 쳐보자는 생각으로 응시하기로 했다. 진해로 내교 가능한 지원자는 본교에서 시험을 치렀고, 그 외는 서울에서 시험을 치렀다. 서울에서 치러진 입학시험은 12월 21일(금) 서울 용산 소재 철도병원에서 신체검사를 받고, 12월 22일(토) 영어와 수학[28] 두 개 교과의 필기시험을 치른 뒤, 23일(일)에 면접시험을 치렀다. 통영에서 머물고 있던 나는 동창생 3명과 함께 진해로 가서 입시시험을 보았다. 합격자 발표는 12월 27일(목)에 있었는데,[29] 합격자들에게 우편으로 발송되었다. 나를 포함해 통영중학 동창생 김장섭, 김종식, 허기출 등 4명이 모두 항해과에 합격했다. 합격자 발표에는 1기 입학식을 1946년 1월 5일(토)에 진해시 앵곡동 1번지 소재 본교에서 시작한다고 공지되어 있었다.

기숙사는 여러 명이 함께 사용했다. 나랑 함께 같은 침실을 사용한 1기 동기생으로는 이송학이 있었는데, 그는 해군사관학교로 전학했다. 교사와 기숙사

---

28   수학은 이시형이 출제했고, 영어는 방상표가 출제하였다. 김재승, 『진해고등해원양성소교사』, 진해고등해원양성소동창회, 2001, p.253.
29   손태현, 『한국해양대학론』, 다솜출판사, 2015, p.12.

는 옛 고등해원양성소 건물을 사용했기에 그런대로 멀쩡했다. 그러나 미군정 하에서 예산과 보급이 제대로 지원되지 않아 급식이 엉망이었던 것은 두말할 나위 없고, 수업 또한 말로 표현하기 민망할 정도였다. 교수진도 10여명에 지나지 않았을 뿐만 아니라, 고등해원양성소 출신이 다수여서 교육자로서의 경험이나 전문성도 낮을 수밖에 없었다. 학생들의 생활 또한 총독부 고등해원양성소의 군대식 체제를 그대로 답습하고 있었다.

개교 초창기 한국해양대학 교수진[30] (1946.1)

이름	담당	비고
이시형	기관	교장, 도쿄고등상선학교 졸업, 갑종기관장
이응섭	운용,충돌예방	진해 고등해원양성소 갑종2등항해사
정인태	항해	진해 고등해원양성소 갑종2등항해사
신종섭	측기	진해 고등해원양성소 갑종2등항해사
정용구	왕복동기관	진해 고등해원양성소 갑종2등기관사
신대현	보조기관	진해 고등해원양성소 갑종2등기관사
이종민	경제학	도쿄제국대학 졸업
배인철	영어	중국상하이대학. 사고 사
황중화	수학	연희전문학교. 1947년 도미 유학
변○○	물리	니혼대학 졸업. 1946년 9월 해안경비대(현 해군) 입대
김달원(?)	기업(技業)	을종 기관사
○○○	서무주임	밀양 출신
○○○	취사계장	조선우선 조리장

---

30   손태현, 『한국해양대학론』, pp.17-18.

진해해양대학 개칭 후 추가 임용자(1946. 9)

이름	담당	비고
정범석	법학	주오(中央)대학 졸업. 정치대학으로 전출
안상문	물리, 구면삼각법	평양 대동공업전문학교
이재신	조선학	나가사키 가와미나미(川南)조선전문학교
김○○	영어	일본 아오야마(青山)학원. 부산대로 전출
○○○	국어	

한 달 반 정도 학교 생활을 해본 결과 신설학교인 데다 해방 직후의 어수선한 분위기에서 모든 것이 엉성했다. 게다가 일본육군사관학교를 지망했던 나로서는 배와 해운에 대해 아는 것이 전혀 없어 학과 공부에도 흥미가 없었다. 나는 이시형 교장(당시 직명)에게 '그만두겠다'는 의사를 밝히고, 다시 통영중학교로 돌아왔다. 이런 경과로 통영중학 동창생 3명이 해양대 1기생으로 재학하고 있는 동안 나는 통영중학 4학년에 재학하게 되었다. 부모님과 맏형에게는 공부를 더 해 서울의 대학[31]으로 진학하겠다고 말씀드렸다.

통영중학 복학과 졸업

통영중학의 방학이 되어 1946년 2월경 거창의 집으로 돌아왔는데, 큰 형님이 뇌막염으로 사경을 헤매고 있었다. 전매국 거제출장소에 다니고 계셨던 맏형은 합천 해인사로 출장을 다녀오신 뒤 심한 두통과 발열 등으로 앓아누우셨다. 나는 형님을 낫게 하겠다는 일념으로 대구까지 가서 가까스로 페니실린을 구했다. 당시 대구에서 거창까지 직접 연결하는 대중교통이 없어서 김천까지

---

31   해방 당시 우리나라에는 관립 13개교와 사립 6개교 등 총 19개 고등교육기관이 있었다.

열차를 타고 간 뒤 김천에서 거창까지 걸어서 와야 했다. 그러나 내가 페니실린을 갖고 거창 집에 도착했을 때는 이미 맏형님이 29세의 젊은 나이로 돌아가신 뒤였다(1946.3.1.).

당시 47세였던 아버지는 농사를 짓고 계셔서 대학 공부를 시킬만한 형편이 아니었다. 따라서 나로서는 맏형에게 학업을 의지할 수밖에 없는 상황이었는데, 맏형의 죽음으로 내가 선택할 수 있는 길이 별로 없어졌다. 나는 마지막 학기를 마치고 1946년 6월에 통영중학을 1회로 졸업했다. 당초 한국인 입학생 55명 중 졸업생은 20명에 지나지 않았다.[32]

해양대학 2기로 재입학

의지할 데 없는 나로서는 관비로 공부를 시켜주는 진해고등상선학교로 복학하는 길 뿐이었다. 진해의 이시형 교장에게 찾아가 '복학하고 싶다'는 의사를 피력하자 흔쾌히 '그렇게 하라'고 허락해 주셨다. 그러나 1기로는 안되고, 2기로 재입학하라고 했다. 당초 해양대학 2기생은 1기와 마찬가지로 '진해고등상선학교'라는 교명하에 입시를 치렀다. 1946년 4월 26일, 미군정 교육부는 고등교육분과위원회[33]의 조언을 통해 6-3-3-4제로의 개편과 전문학교의 대학 승격, 승격에 따른 경과 조치, 입시제도 등을 마련하고, '현행고등교육 제도에 대한 임시조치 요항'을 발표했다. 새로운 입시제도가 실시되기 전인 1946년 5월 각 현존 모든 전문학교를 고등교육분과위원회의 심의를 거쳐 대

---

32 통영고등학교 홈페이지, at http://tongyeong-h.gne. go.kr/tongyeong-h/hm/hist/selectHistList.do?mi=131183, (2022. 9. 15 접속)

33 위원회의 구성원은 문교부 관리와 현상윤, 이태규, 조윤제, 정문기, 채관석, 백낙준, 안동혁, 조백현, 유진오, 김활란, 윤일선, 이인기, 심호섭, 신기범, 손정규 등이었다.

학으로 승격한다는 방침이 정해졌고, 5월 20일 승격 진행상황을 언론에 발표했다.[34] 이러한 미군정의 고등교육정책에 따라 '진해고등상선학교'라는 3년 과정의 전문학교(현행 단과대학)로 개교했던 해양대학은 1946년 8월 15일 교명을 '진해해양대학'으로 개칭했다. 이때 교명을 '진해상선대학'이라고 하지 않고 '진해해양대학'이라고 한 이시형 선생의 결정은 탁견이었다.

신입 2기생들은 개학을 9월 2일(월요일)에 한다는 통지를 받았다. 그러나 철도파업으로 교통편이 여의치 않아 미처 도착하지 못한 학생들이 있어 9월 15일까지 입교하고 이틀 뒤인 9월 17일 (화요일)에 진해 교정에서 2기 입학식을 거행했다.[35] 2기 신입생은 항해과와 기관과 각각 50명씩이었다. 학교 상황은 내가 1기 입학했을 때보다 별반 나아진 것이 없었다. 교사와 기숙사는 옛 조선총독부 고등해원양성소 건물을 사용해서 그런대로 괜찮았지만, 먹는 것이나 입는 것은 말할 것도 없고, 배우는 것도 만족스럽지 못했다. 대외적으로는 관비를 지급한다고 홍보했지만, 관비래야 식비와 기숙사 무료, 철도국의 모자와 작업복이 지급되는 것이 전부였다.

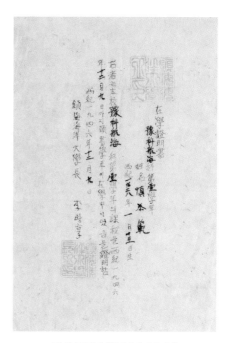

재학증명서(1946.12.9.)

34   강명숙, 미군정기 대학 단일화 정책 수립에 관한 연구, 『한국교육』, 29권 2호, 2002, p.448.

35   동아일보 1946년 9월 1일자에 따르면, "진해해양대학은 9월 1일 개학하기로 했으나, 9월 15일부터 개학하기로 연기한다"고 전하고 있다. 이에 대해 『한국해양대학교50년사』(1995.10)에는 입학식을 '당초 9월 2일 예정이었으나, 철도파업으로 9월 17일에 거행하였다'고 적고 있다(p.849).

해사(海士)의 해양대학 통합 시도

1946년 말 미군정을 앞세운 해군 측에서 해양대학의 합병을 추진하게 되었다.[36] 1946년 12월(?)[37] 군정청의 장교 한 명(소령 ?)이 사전 연락 없이 해양대학에 내교해 '해사(당시교명 '해안경비대학')와 해양대학은 모두 academy이니, 두 학교를 combine'하라고 통지했다.[38] '해운입국, 해군예비사관, 인격중시 교육'을 교육이념으로 설정[39]했던 이시형 학장은 "상선사관과 해군사관은 근본적으로 다른 것이므로 통합은 있을 수 없는 일"이라고 강경하게 반대 입장을 표명했다.[40]

그러나 미군정을 등에 업은 해군의 해양대학 합병 시도가 쉽게 철회될 것 같지는 않았다. 게다가 1946년 당시 해군에서는 조선총독부 고등해원양성소 출신이 주류를 형성하고 있었을 뿐만 아니라[41] 해양대학의 항해·기관 전공교수

---

36   해군측의 자료에 해양대학과의 합병 시도에 대해서는 어떠한 언급도 없다. 그저 '진해고등상선학교가 인천으로 옮기자 손원일은 사관학교를 해양대학 교사로 옮겼다'고 적고 있을 뿐이다. 해군사관학교 편, 『해군사관학교 50년사』, 1996, p.59; 정진술, 『해군과 손원일 제독』, 교우미디어, 2015, pp.117-118.

37   해사 측의 통합 제의 일시에 대해서는 1946년 10월이라는 설과 12월이라는 설이 있다. 이시형 전기에는 '1946년 10월 미군정청 담당자'(『해당 이시형과 한국해양대학』, p.89)가 제안했다고 적시하고 있어서 편저자는 이를 기준으로 『상보도해록』(p.36)에 '10월 해군병학교 관계자'가 찾아와 통합을 제안했다고 기록한 바 있다. 그러나 손태현의 『한국해양대학론』(p.18, 각주 36)에 '1946년 12월 경(?) 미 육군 장교(소령이라고 기억하나 미상)'로 기술하고 있고, 당시 미군정의 정책과 초창기 해군의 동향, 신문 기사(〈공업신문〉, 1946. 12.26) 등을 종합적으로 고려해 볼 때 미군정 측에서 '해군사관학교와 해양대학을 통합'하라고 한 시기는 1946년 12월이 타당한 것 같아 여기서 바로잡는다.

38   손태현, 『한국해양대학론』, p.18 각주 36. 1기생 손태현은 학생대의 2분대장으로서 이 회의에 참석하여 이 말을 직접 들었다.

39   『해당 이시형과 한국해양대학』, p.82.

40   『해당 이시형과 한국해양대학』, p.89.

41   1946년 현재 정긍모(기관 별과), 김영철(항해 7기), 한갑수(기관 21기), 안항도(기관 21기),

5명이 조선총독부해원양성소 출신이었다.

개교 1년만에 폐교의 위기에 처한 이시형 학장은 워낙 중대한 문제이므로 전 교수와 전 학생들의 자유토론회를 열어 결정하기로 했다. 이에 따라 학생·교수 총회가 개최되었다. 당시 해방 뒤 우리 사회는 '전쟁을 겪은 뒤라 군대에 대한 강한 거부감이 팽배'해 있던 시기였고, 재학생들도 '7대양 제패와 해운 입국이라는 큰 포부를 갖고 해양대학에 입학했기에 해양 방위를 최우선으로 하는 해사와의 합병에 반대'하는 여론이 압도적이었다. 이러한 분위기 속에서도 2기생 중 항해과의 고경영과 이송학, 기관과의 3명(불명) 등 5명이 합병에 찬성했고, 교직원 10여명은 해군사관학교로 이직하기로 해 5명만이 잔류하기로 했다.[42] 나는 다수의 학생들과 같이 해군사관학교와의 합병에는 반대하는 입장이어서 잔류파에 속했다.

비록 소수이기는 하지만 일부 학생과 교수가 해사와의 합병하기를 원하자, 미군정은 합병이 성사되었다는 명분을 내세울 수 있게 되었고, 반대 측의 요구를 수용해야 하는 부담에서 벗어날 수 있었다. 이러한 논리의 연장선상에서 미군정은 해양대학에 어떠한 조치도 취하지 않았다.

이종성(항해 21기), 윤영원(항해 22기), 이성호(항해 23기) 등 7명이 장교로 재직하고 있었고, 이 가운데 한갑수, 이성호, 안항도, 윤영원 등이 해사 교관으로 근무하였다. 방수일·최경선, 『해군창설의 주역 정긍모 제독』, 해군본부, 2018, p.63.

42   이시형, 정범석, 안상문, 변○○, 김○○. 손태현, 『한국해양대학론』, p.19 각주 41.

인천해양대학과 합병, 조선해양대학으로 개칭

진해해양대학으로서는 압도적 다수가 해군사관학교와의 합병에 반대했지만, 소수의 학생과 다수의 교수들이 찬성한 상황이라 이러지도 저러지도 못하는 어정쩡한 상태로 1947년을 맞았다. 이런 상황에서 1월 30일, 해안경비대학(해사의 당시 교명) 고문 고든 맥고원(Gordon McGowan) 중령이 1947년 2월 1일부[43]로 '동 대학은 해안경비대가 접수케 되어 해안경비대학(현 해사)으로 사용케 되었으니, 편입 희망자는 머물러 있고, 그러치 않은 자는 2월 11일 정오를 기해 퇴교하라'고 진해해양대학 측에 통지했다.[44]

진해해양대학으로서도 더 이상 군정 당국의 결정을 거부할 수 없었다. 국내경비부는 월미도 해안경비대 인천기지[45]로 사용하던 임해호텔 용궁각의 별관을 숙소로 내주었다. 이시형은 진해해양대학과 인천해양대학의 합병 교명을 '조선해양대학'으로 하기로 하고, 진해와 인천에서 입학한 학생들에게 통지해 300명 가까운 학생들이 모여들었다. 다행히도 용궁각 별관에 학생을 수용하는 데는 큰 문제가 없었지만, 강의실과 실습실 등이 여의치 않았다. 게다가 교수들도 뿔뿔이 흩어진 상황이었다. 1947년 2월에서 3월 사이에 이시형은 인천에서 교사를 확보하기 위해 백방으로 노력했으나 인천시와 인천시민들의

---

43 〈공업신문〉, 1947. 4.20; 손원일의 1947년 11월 11일 해방병단 창설2주년 기념식사에서도 "1946년 2월 1일, 등대 관리와 해양대학이 운수부로부터 이관되어 관리 중"이라고 언급하고 있다(『손원일 제독 어록』, 해군본부, 2015, p.153; 오진근·임성채, 『해군창설의 주역 손원일 제독』상, p.125). 그러나 『한국해양대학교 50년사』(p.849)에는 교통부(당시 운수부)인 관할부처를 국방부(당시 통위부)로 이관한 날을 1월 30일로 적고 있는데, 이는 통지를 받은 날인 것으로 보인다.

44 〈한성일보〉, 1947. 2.15.

45 Archer Lerch 2대 군정장관은 1946년 4월 18일, 월미도를 해안경비대 훈련장으로 전용한다고 발표하였다. 『인천시사』하, 1993, p.962.

반응은 냉혹하리만치 싸늘했다.

그러던 차에 전북 출신인 2기생 김주년과 제주출신 김경천이 군산의 유지들과 협의하여 해양대학을 군산에 유치하기로 했다는 소식이 들려왔다. 1947년 4월 15일(화)에 군산으로 이전이 확정되어 중앙방송을 통해 학생들은 4월 25일(금)까지 군산으로 집합하라는 뉴스가 방송되었다.[46]

교사도 없는 상태에서 서둘러 이전했기 때문에 미곡창고 개조가 끝난 1948년 1월까지 군산국민학교 교실 몇 개를 빌려 사용하고, 학생들은 인근 민가에 2-3명씩 짝을 지어 머물렀다. 군산으로 이전한 직후 나는 1기 손태현, 2기 최세경과 한 집에 머물렀다. 일요일에는 룸메이트들과 교외로 나들이를 다녀오기도 했다. 손태현은 형제가 없었기 때문에 나를 친동생처럼 아껴 주었고, 평생 서로 존중하는 사이가 되어 훗날 청해(晴海)라는 호를 지어주기도 했다.

2학기 때는 기관과 동기인 원기춘과 함께 자취생활을 했다. 군산으로 이전한 1947년 5월부터 군산 신영동 신교사가 완공된 1948년 1월까지, 즉 1학년 2학기와 2학년 1학기 과정은 어수선하게 지나갔다. 하지만 진해와 인천에서의 생활에 비해서는 그런대로 규칙적인 강의와 비교적 여유로운 대학생활을 즐길 수 있었다.

군산 교사 시절에 이르러서야 해양대학이 비로소 대학다운 면모를 갖추게 되었다. 1기생들이 1947년 8월 부영선박 천안 호에 승선해 실습을 나가는 동안 10월에 3기 신입생이 입학했다. 군산 이전 직후인 1947년 5월 5일 개강식을

---

46 『인천시사』하, p.964.

거행하고부터는 하루 7교시 강의가 계속되었고, 국내경비부에서 공정식 소위와 보조원 1명이 상주하며 군사교육을 실시했다.

신영동 교사로 이전한 1948년의 일로 기억된다. 체육을 가르치던 강○○ 교수라는 분의 강의 때 불미스러운 일이 발생했다. 강 교수는 강의 수준이 학생들의 기대치에 미치지 못한 데다 학생들과의 인간적 유대도 원활하지 못했다. 평소 이에 대해 불만을 갖고 있던 학생들이 강 교수를 욕보이려 획책하였다.

"2학년 때(1948년 봄)로 기억된다. 당시 강 모 교수라는 분이 계셨는데, 여러 가지 측면에서 문제가 많았다. 정도가 지나쳐서 학생들로서도 도저히 참을 수 없는 지경에 이르자 모두들 한마음이 되어 운동장에 집합, 강 교수에게 더 이상 수업을 받을 수 없다고 성토하기 시작했다. 일종의 수업 거부였던 셈이다. 이 광경을 2층 교실에서 지켜보고 있던 키 큰 한 학생(청해)이 운동장으로 내려오더니 기세등등한 급우들 앞에 나와 이렇게 말하는 것이었다. '이유야 어떠하든 학생이 어떻게 선생을 배척할 수 있느냐'라는 지적이었다. 자칫 잘못하면 흥분한 백여명의 학생들로부터 곤욕을 치를 수도 있는 분위기에서 당당하게 자신의 주장을 펼치는 모습이 참으로 보기에 좋았다. 그 학생이 동기생 신태범이었다. 그 사건 이후 나(원기춘)는 신태범과 각별한 사이가 되었다."[47]

나의 만류로 소동은 일단락되었지만, 강 교수에게는 큰 상처가 되었을 것이다. 내가 뜯어말린 것을 알게 된 강 교수는 이 일이 있고 난 뒤 나에게 친밀하게 대해 주었다.

---

47 생전에 동기생인 원기춘이 〈무역운송신문〉의 이종옥 기자에게 회고한 내용이다.
48 2기로 입학후 자퇴하고 일본 동경상선대를 졸업하고 고려해운 일본 지사에서 근무하기도 했다.

원기춘(중), 남효유[48](우)와 함께

온양 호에서의 승선 실습

1기생들은 당초 3년간의 수학기간으로 입학했지만, 해기사 부족으로 1948년 8월부터 1949년 1월까지 약 5개월간 미군정 교통부 부산해사사무소 소속 천안 호(옛 KBM2 호, 선장 이재송, 지도교관 이시형)에 승선해 실습을 했다. 그러나 우리 2기는 전체 200여명에 가까워 선박 한 척에서 승선실습을 할 수가 없었다. 1948년 당시 우리가 실습을 할만한 상선으로는 미군정청으로부터 임명된 김용주 사장이 경영하는 조선우선과 교통부 관할의 부영선박 28척 뿐이었다. 여기에 해양대학생을 한꺼번에 승선실습을 시킬 수 없었기 때문에 3학년 2학기와 4학년 1학기에 반반씩 나누어 승선실습을 했다.

1948년 9월 당시 원양 상선

소속	선박
조선우선	김천, 일진, 천광, 이천, 앵도 등 5척
교통부	단양, 천안, 삼랑진, 홍천, 문산, 동래, 안동, 조치원, 울산, 가평, 온양, 안성, 영등포, 원주, 옹진, 여주, 김해, 왜관, 충주, 제천, 평택, 이리, 유천 등 23척

자료 : 김재승, 1945-1948년까지 우리나라 외항선의 현황, 『해운물류연구』, 제40호, 2004. 3, p.187.

나는 1949년 9월부터 1950년 3월까지 약 6개월 가량 온양 호에서 항해과 동기생 최현구와 함께 승선실습을 했다. 승선 실습 중이던 1949년 12월 동해상에서 조난당한 소련선박(선명 불상, 5천톤)선박의 선원을 태우고 부산에 귀환하기도 했다.

당초 진해해양대학 2기로 입학한 학생들은 4년 연한으로 입학했고, 인천해양대학 1기로 입학한 학생들은 예과 2년, 본과 5년 등 총 7년 수학 연한으로 입학했다. 하지만 해기사의 부족으로 해양대학 2기생은 3년 6개월만인 1950년 3월에 졸업하였다. 우리가 졸업하기 두 달 전인 1950년 1월 1일부로 교명이 국립해양대학으로 바뀌었다. 나는 진해고등상선학교 1기로 입학해 진해해양대학 교명하에 2기로 학교생활을 시작해 (국립)조선해양대학생으로서 본격적인 대학생활을 했고, 국립해양대학 졸업자가 되었다.

우리 2기생은 항해과 89명, 기관과 71명 등 총 160명이 졸업했다.[49] 항해과만 살펴보면, 진해해양대학 50명, 인천해양대학 50명, 통영상선학교 6명 등 총 106명이 입학했다. 그러나 진해에서 입학한 지 불과 4개월만에 인천으로, 다시 군산으로 전전하는 동안 일부는 학교로 귀교하지 못하기도 했고, 항해과 2명은 해사로 전학가기도 해서 89명이 졸업하게 되었다.

---

49 한국해양대학교 학사과 집계 및 『현대한국해운발전40년사』, p.334. 그러나 『60주년기념동문인명록 2009』(한국해양대학교총동창회)에는 항해 89명, 기관 75명 등 164명(pp.34-35), 『한국해양대학교50년사』에는 161명(p.851), 1955년 교통부 해운국이 발간한 『해운십년약사』에는 162명으로 되어 있다(p.220).

해양대학 1-2기 졸업 현황

기수	졸업일	항해과	기관과	합계
1	1948.2.27	45	28	74
	1948.7.3		1	
2	1950.3.10	41	71	160
	1950.3.27	42		
	1950.4.26	6		

자료 : 한국해양대학교 교무처 학사과 집계.

해양대학의 동기들

3년 반이라는 기간 동안 진해, 인천, 군산 등으로 전전한 2기생들과 돈독한 우정을 유지해 왔다. 가장 가깝게 지낸 동기생은 기관과 원기춘이었다. 그는 1947년 2학기에 군산에서 같이 하숙집을 배정받아 같은 방을 썼던 인연이 있고, 졸업 후 해운공사에 입사해 함께 근무하기도 했다. 그리고 고려해운을 경영할 때도 신조선 감독으로 근무하며 초창기 고려해운 선박이 말썽 없이 운항되는 데 큰 공을 세웠다. 원기춘은 나와 호흡이 가장 잘 맞는 동기생 중 한 사람으로서 엔지니어로서 탁월한 능력의 소유자였고, 성품 또한 인자하고 너그러웠다.

항해과 최석영은 군산으로 막 이전했을 때 손태현과 함께 하숙을 같이하면서 친하게 되었다. 당시 바둑을 즐겨 두었던 하숙집 주인(아마추어 4급)으로부터 바둑을 같이 배웠다. 해양대 졸업 후 해상근무만 하다 은퇴했는데, 영어 실력이 출중해 영어 소설을 집필하기도 했다.

심상호

기관과의 심상호 역시 인생을 함께 한 동기생 중의 한 명으로 빼놓을 수 없다. 해운공사와 범양전용선에서 승선근무와 육상 근무를 오랫 동안 한 뒤, 말년에는 고려예선 사장으로 일했다. 심상호는 성품도 원만했으며, 캐딜락을 좋아했던 신사였다. 박재혁과도 각별히 친해 셋이 만나면 죽마고우처럼 즐거운 시간을 보내기도 했다.

박재혁

동기생인 박재혁은 졸업 후 해운공사에 근무하면서 친하게 되었다. 졸업 후 해운공사에 함께 입사해 해무부에 근무하다 오랫 동안 이사(1973.2-1987.5)를 역임한 뒤 부사장까지 승진했다. 해운공사를 퇴임하고 동남아해운으로 이직해 해운경영자로서도 크게 외항 해운업의 발전에 기여했다. 경기도 광주의 부유한 집안 출신답게 성품도 원만하고 폭도 넓고 인품도 훌륭한 동기생이었다.

항해과의 홍세주 동기 또한 나와 각별한 우정을 나누었다. 홍세주는 1943년 평양고보를 졸업하고 월남한 뒤 늦은 나이에 해양대학 2기로 입학했다. 학업성적이 우수해 졸업과 동시에 나와 함께 해운공사에 입사했다. 6.25 전쟁 중에는 1950년 9월 장사동 상륙작전에 참전했던 문산 호의 2등 항해사로 승선했다.

박재혁(좌측 두번째), 홍세주(우측 끝)과 함께

1951년 1.4 후퇴 당시에는 서울 호에 승선하고 있었는데,
김재근 교수를 부산까지 실어다 주기도 했다. 홍세주는
입사 4년 차인 1954년 이안공사에 스카우트되어 동기생
가운데 처음으로 선장이 되어 장수 호(1,771총톤)에 승선
했다. 그는 2기 동기생 중에 세 번째로 1958년 갑종 선장
면허(갑종선장면허 45호)를 취득했다.[50] 1960-70년대에

홍세주

는 외항선에서는 밀수가 횡행했으나, 그가 선장으로 승선하고 있던 장수 호에
서는 단 한 건의 밀수 행위가 발생하지 않았다. 홍세주는 30대 초반에 명선장
이라는 명성을 듣게 되었다.

홍세주는 이안공사가 폐업하자, 1965년 영풍상사의 업무부장과 선박담당 임
원을 거쳐 1971년 해운대리점업체인 영신상운(주)를 창업했다. 내가 홍세주
와 특별히 친하게 된 것은 그가 영신상운을 경영하던 시기였다. 그는 원만하

고 성실했으며, 만나면 기분이 좋은
친구였다. 창업 후에는 임직원들을
인간적으로 보살폈던 해운인이었
다. 그러나 만60세인 1985년에 타
계하였다.[51]

제6회 해운의 날 축하연(1982.3)
홍세주(좌)와 청해(중)

---

50   해양대 2기생 중 서병기가 1957년 8월(34호), 김수금이 1958년 7월 1일(44호)에 갑종선장
     면허를 취득하였다. 홍세주의 갑종선장면허번호는 45호인데 취득 날짜는 미상이며, 46호
     는 김윤택으로 1958년 11월에 취득하였다. 따라서 홍세주는 1958년 7월 - 11월 사이에 갑
     종선장면허를 취득한 것으로 추정된다. 한국해기사협회, 『한국해기사협회30년사』, 2014,
     pp.387-388.
51   김재근, 홍세주 회장 : 근면성실한 모범적인 해운인, 『잊혀지지 않는 해운인』, 〈쉬핑가제트〉,
     1986, pp.14-18.

3장
청년기

대한해운공사의 출범

나는 교통부가 운항하는 온양 호에서 실습을 했는데, 일부 학생들은 조선우선 소속선에서 실습을 했다. 조선우선은 1912년 조선총독부의 주도하에 당시 조선에 거류하는 일본인 거류민들이 운영하는 해운업체와 총독부가 알선한 니혼유센 주식회사(NYK), 오사카쇼센주식회사(OSK) 등이 투자해 설립한 해운 회사였다. 주 업무는 조선에서 생산되는 양곡 등의 원자재를 일본으로 수출하고 일본으로부터 조선이 수입하는 생필품 등을 운송하는 역할을 주로 하였으며, 원산과 블라디보스톡을 연결하는 근해항로도 운영하였다. 초창기에는 조선의 주요항간 물자와 인적 이동을 지원하는 연안항로를 운영하였으며, 연안항로는 총독부의 보조금을 수령하며 운영되는 명령항로가 대부분이었다.

해방과 더불어 미 군정당국은 조선우선의 관리권을 김용주가 주도하는 조선 해운건설동맹 측에 맡겼다. 조선해운건설동맹이 미군정으로부터 조선우선의 관리권을 위탁받게 된 데는 다음과 같은 배경이 있었다. 수도권의 석탄공급 문제를 고심하던 미군정은 인천항에 계선 중인 부산 호를 수리해 삼척에서 인천으로 수송하는 방안을 염두에 두고 있었다. 이러던 차에 김용근과 인천의 김종섭 소개로 해사과의 이동근과 연결되어 미군정 교통국 해사과장 얼 카스텐(Earl Carsten) 소령과 이동근이 조선해운건설동맹에 조선우선의 관리권을 부여하고 부산 호의 수리와 운항을 명령하게 되었다.[52] 당초 부산 호의 수리비 200만원[53]은 강일성, 김철호(기아산업 창설자), 설경동(대한전선 설립자), 김

---

52   석두옥, 『해성』, p.41.

53   해방 전후 쌀 1말(8 kg)이 50원 정도였고, 2024년 1월 현재 쌀 8 kg은 3만 5천원 내외이므로 1945년 당시 200만원은 현재가치로 대략 14억원에 해당한다.

종섭, 권태춘 등으로 구성된 조선우선관리위원이 분담하기로 했으나,[54] 아무도 분담금을 낼 사람이 없어 결국 김용주가 사재 200만원을 출연해 부산 호를 수리하게 되었다. 이에 따라 조선우선관리위원회는 해체되고, 김용주가 조선우선 사장에 취임해 조선우선을 경영하게 되었다.

1948년 대한민국 정부 수립과 함께 미국은 LST 12척, FS 10척, 탱커 1척 등 23척을 한국 정부에 이양했다. 이 선박을 교통부에서 직접 운영했기에 이들 선박을 부영선박(部營선박)이라 불렀다. 김용주가 위탁 경영하는 조선우선은 흑자를 기록한 데 반해, 부영선박은 적자를 면치 못했다. 이에 정부에서는 부영선박과 조선우선의 선박을 합쳐 정부 80%, 민간 자본 20%가 참여하는 대한해운공사를 1947년 12월 23일 발족시켰다. 초대 사장에는 조선우선을 맡아 경영했던 김용주가 선임되었다.

김용주는 경남 함양 출신으로 주일공사를 거쳐 1955년 신한해운을 설립했으며, 전남방직 회장, 한국경영자총협회 초대회장, 동해제강 사장 등을 두루 역임했다. 1960년 참의원으로도 당선된 바 있다. 그는 해방 이전 일본 오사카쇼센(大板商船)의 대리점과 창고업, 항만운송업을 겸하면서 연안화물선을 운항하는 것으로 해운과 인연을 맺었다고 전해진다. 해방 후 1945년 8월 25일 조선해운건설연맹을 결성하고 회장에 취임했다. 그 해 10월 당시 한국에 주둔 중이던 미 군정청으로부터 조선우선의 경영권을 인수했다.

54 　관리위원 중 한 명인 강일성이 중국 상하이에 많은 재산을 가지고 있다는 말을 믿고 조선관리위원회가 출범했으나, 그가 한 푼도 내놓지 않자 다른 관리위원들도 꽁무니를 빼게 되었다. 『해당 이시형과 한국해양대학』, p.75.

대한해운공사 입사

우리 해양대학생들은 조선우선과 교통부가 운영하던 전표선 위주의 부영선박을 합병해 국책회사로 설립된 대한해운공사 선박에 승선하기를 희망했다. 당시 대한해운공사는 27척, 4만 8천 90중량톤의 상선을 보유한 우리나라 최대이자 유일의 원양 선사였기 때문이다.

대한해운공사 본사(서울 중구 남대문로 5가 1번지)

1950년 1월 당시 대한해운공사 선복량

	조선우선 소유선[55]	부영선박	합계
척	6	21	27
GT	1만646	2만6,850	3만7,496
dwt	1만7,785	3만305	4만8,090
평균 선령	10.5	8.2	

자료 : 교통부 해운국, 『해운십년약사』, 1955, pp.344-345; 한진해운, 『60년사:자료』, 2010, pp.152-155.

---

55 대한해운공사 창립 당시 장부상 조선우선 소유선은 6척(김천, 천광, 안성, 앵도, 부산, 함경)이나 앵도호는 1948년 11월 북에 억류 상태, 부산호는 1947년 10월 침몰, 함경호는 일본에서 미반환되어 실질 지배선박은 천광, 김천, 일진, 이천, 안성 등 5척, 7,841총톤임(한진해운, 『한진해운60년사:史』, p.52; 『한진해운60년사:자료』, p.153).

출범 당시 대한해운공사의 해상직원은 조선우선의 전 직원과 부영선박을 운항하던 교통부 직원 등 총 1,912명이었다. 그러나 이는 보유 척수에 비해 과도하게 많은 인원이어서 1953년 3월 말까지 405명을 감축했다.

우리가 졸업한 1950년 초에 대한해운공사에서 항해·기관 전공 해기사 15명씩을 모집했다. 당시 대한해운공사의 선박담당 상무이사는 윤상송(1916-1994)이었는데, 성적을 매우 중시하는 사람이었다. 당시 대한해운공사는 부영선박과 조선우선에 근무하던 선원들이 뒤섞이게 되어 눈에 보이지 않게 알력과 갈등이 빚어지고 있었다. 이를 해결하기 위해 윤상송 상무는 부영선박 출신 해기사가 승선한 배에는 조선우선 일반선원을 배승시키고, 조선우선 출신 해기사가 승선한 선박에는 부영선박 출신 일반선원을 배승시키는, 이른바 혼승제도를 실시했다. 서로 혼승함으로써 자연스럽게 이해하는 기회를 만들고자 했던 것이다. 또한 항해기술이 부족한 해기사를 대상으로 강습회를 실시하기도 했다.[56] 특히 당시 선원들에게 익숙하지 않았던 디젤선박 운항 기술 습득을 위해 사관과 간부급 해상직원을 일본 요코스카 주둔 미 함대에 파견하기도 했다.[57]

졸업반이 된 우리 2기생들은 거의 모두 해운공사에 지원했다. 재학 중 성적 순서에 따라 항해과에서는 나를 비롯해 김익남, 서병기, 장길상, 김수금, 홍세주, 김남호, 최석영 등이 합격했고, 기관과에서는 원기춘, 심상호, 박재혁 등 30명이 입사했다. 윤상송 상무는 상위 1-3등까지는 육상발령을 내고, 나머지는 해상직으로 발령을 냈다. 해운공사에 입사하지 못한 동기생들은 고향으로

---

56   〈자유민보〉, 1950.6.10.
57   『한진해운60년사 : 사』, p.45.

돌아가 농사를 짓거나 선생으로 취업하기도 하고, 전쟁 중에 군인이 되기도 했다.

대한해운공사에 합격한 동기생들은 1주일간 오리엔테이션을 받았는데, 남산 야유회에서 윤상송 상무이사가 회사 소개를 해 주었다. 나는 1주일 간 상공부 공무원으로 재직하던 16촌 아저씨(신항성)의 회현동 댁에 머물며 걸어서 남대문 해공 본사까지 출퇴근하며 오리엔테이션을 받았다. 어느 날 아저씨는 나를 데리고 명동으로 가서 새 구두를 사주시는 것이었다. 내가 신고 있던 구두가 너무 낡고 허름한 것을 보고 새 구두를 사주신 것이었다.

지금 생각해 보면 16촌이라고 하면 남이나 다름없는 사이인데, 아무리 종친 간이라 하더라도 일주일씩이나 먹여주고 재워준 것도 모자라 구두까지 사준다는 것은 흔한 일은 아니었다. 나는 이때의 고마움을 잊을 수 없어서 해마다 설날과 추석에는 자그마한 선물을 보냈고, 아저씨 큰 아들 결혼 때에는 아저씨에게는 양복, 아주머니에게는 한복 한 벌씩 맞춰 드렸다. 아저씨는 후에 상공부 국장까지 역임하고 퇴직한 뒤, 한국주물공업협회 상근부회장을 지냈다.

엘리샤 휘트니 호 승선

내가 해공에 입사하고 처음으로 승선한 선박은 볼틱형 선박인 엘리샤 휘트니 (Elisha Whitney) 호였다. 엘리샤 휘트니 호는 미국이 1946년 6월부터 1947년 9월까지 무상 대여한 선박 31 척[58] 중 제1호선으로 도입한 선박이었다. 도

---

58 Baltic 8 척, 1만 4,960 총톤(평균 1,870 총톤), LST 12 척, 3만 2,400 총톤(평균 2,700총톤), FS 11 척, 6,160 총톤(평균 560 총톤) 합계 31 척, 5만 3,520 총톤. 김재승, 「1945-1950년 우리나라 외항선의 현황」, p.173.

입시 선장은 이재송, 기관장은 지석남이었다.

엘리샤 휘트니 호

건조	건조	배수량	NT	GT	DWT	LBD(m)*	속력	엔진 (연료)
1944	펜실베니아 조선소	1,677	1,001	2,000	2,905	82.25x12.95x12.95	10 kn	증기 (기름)

자료:한국해양대학교,『바다에 남긴 자취:한국해양대학교실습선75년사』, 2022, p.40
;http://www.navsource.org/archives/09/13/130262.htm, (2022. 4.15)
*LBD= length, breadth, draft.

정부수립 이후 미국의 경제원조처(ECA, Economic Cooperation Adminis-tration)는 1949년 5월 18일에 Elisha Whitney, John D. Whidden, Kimball Smith,[59] North Explorer, William Lester, Charles F. Winson, Richard W. Dixie 등 7척을 한국 정부에 관리권을 이양하였다. 즉 소유권은 미국에 속하지만, 운항권은 한국 정부가 지정한 대한해운공사에게 이관하는 것으로 했다. 그러나 미국이 요청할 시는 즉시 대여 선박의 일부 또는 전부를 반환해야 했다.[60]

이어 1950년 1월 26일 미국의 ECA는 한국 정부와 정식 협약을 통해 엘리샤 휘트니, 존 D. 휘던, 킴볼 스미스, 넷트 브라운, 스미스 호넷트, 윌리엄 레스터, 찰스 F. 윈슨, 리처드 W. 딕시 호 등 8척의 선박은 한국 연해에서만 운항하고,

---

59   1949년 9월 22일 킴볼 스미스 호가 군산항으로 소금 200톤을 운송하던 중 목포항 연안에서 안관제 선장이 미국인 선·기장 2명을 감금하고 북상해 월북하였다. 당시 킴볼 스미스에는 해대 2기생 항해과 권순혁과 윤종영, 기관과 김주년과 박순석, 포항수고 기관과 배용주 등 실습생 5명 등 총 58명이 승선하고 있었다. 김재승, 「1945-1950년 우리나라 외항선의 현황」, p.174.
60   〈조선일보〉, 1949.5.20.

상기 선박이 상실되었을 경우 미국은 한국 정부의 책임을 묻지 않는다는 데 합의했다.[61] 1950년 1월 17일, 8척 중 엘리샤 휘트니 호는 일본 요코스카에서 수리를 마치고 부산항에 입항함으로써 이미 운항 중이던 스미스 호넷 호, 네트 브라운 호, 윌리엄 레스터 호와 함께[62] 한국 연안에서 운항하게 되었고, 나머지 4척은 일본에서 수리 중이었다.[63] 1950년 4월 10일 리처드 딕시 호가 수리를 마치고 부산항으로 귀항함으로써 수리 중인 대여선 4척이 모두 한국 연안으로 되돌아 왔다.[64]

엘리샤 휘트니 호에는 동기생인 김남호가 3항사 A, 내가 3항사 B로 승선했다. 대여선박은 한국 연안에서만 운항하도록 되어 있었기 때문에 무연탄과 비료 등을 주로 실었다. 6월 25일 경 여수로 급수하기 위해 항해하던 중 전쟁이 발발했다는 소식과 함께 부산으로 회항하라는 지시가 내려왔다. 부산에 머물던 중 엘리샤 휘트니 호를 비롯한 대여선 7척은 미국의 반환 요청에 따라 모두 요코스카 항으로 이동하였다. 7월 말 일본신문을 보니 인민군이 마산의 진동 부근까지 진출했다는 기사가 보도되었다. 요코스카 항에서 다른 대여선들과 함께 반선 업무를 마치고 미국측에 엘리샤 휘트니 호를 반환하였다. 대여선에 승선했던 해운공사의 선원들은 기차로 시모노세키로 이동한 뒤, 인근 항구에서 미국 상선을 타고 부산항으로 귀국했다.

귀국해 잠시 쉰 나는 한국-일본간에 전쟁물자를 주로 운송하는 550총톤급 FS형 선박에 승선했다. 이때는 군에 의해 징집된 상태였기 때문에 미제 군복을

---

61 〈산업신문〉, 1950.2.1.
62 〈자유신보〉, 1950. 3.15.
63 〈동아일보〉, 1950.1.19.
64 〈동아일보〉, 1950. 4.14.

입고 팔에는 징용자임을 표시하는 완장을 차고 승선근무를 했다. FS형 선박을 내리고 난 뒤에는 볼틱형 선박을 타고 주로 한일항로에 취항했다. 나는 승선하는 동안에도 주로 후방에서 취항하는 선박에 승선했기 때문에 전선에 투입된다거나 작전에 투입되는 일 없이 비교적 안전하게 전쟁을 넘길 수 있었다. 병역도 승선 중 징집되었기 때문에 승선 기간 동안 군복무를 한 것으로 되어 1개월간의 특교대 교육을 받고 병역을 마쳤다.

참전유공자증

김춘자와의 결혼

전쟁기간 동안 나는 해운공사에서 3척의 선박에 승선한 뒤, 1952년 초 부산지점의 해무계장으로 육상근무를 했다. 해무계는 선박검사, 선내 소독, 선박입출항 수속 등의 업무를 담당하는 부서였다. 당시 아직 24살에 불과했지만, 전쟁 중인데다 국영기업체에 다니고 있어서 처자를 소개해 준다는 사람들이 있었다. 당시 내 밑의 직원으로 경기중학 출신인 이승일이 일하고 있었다. 이승일은 당시 부산지방해사국장 직에 있었던 이승환의 경기중학 동기였는데,

이승환 국장이 전쟁 중 어려움에 처해 있던 이승일을 해운공사에 취업시켜 일하게 된 것이다. 이승일이 나를 잘 보았던지 자기 처가 쪽의 처자로 동래여고를 졸업한 김춘자(1931-2023)를 소개해 주었다. 당시는 중매로 만나 마음에 들면 바로 혼담으로 이어지던 시기였다. 나는 만 스물한 살의 꽃다운 나이였던 아내가 마음에 들어 바로 결혼하기로 마음 먹었다. 나는 1952년 4월 21일 김춘자와 결혼식을 올리고 서대신동에 신혼살림을 차렸다. 나는 슬하에 2남 3녀를 두었다. 어려운 시절에 아이 다섯을 키워내기가 만만한 것은 아니었지만, 지금 돌이켜보면 아이를 많이 낳은 것이 나의 삶에서 잘한 일 중 하나인 것 같다. 첫째 아들(용각)은 의사로 봉직했고, 둘째 용화가 고려해운 사장으로 나의 뒤를 잇고 있다. 또한 손자 윤재(용화의 둘째아들)가 하버드대학교에서 경영학박사과정을 밟고 있다.

6.25동란기 대한해운공사[65]

대한해운공사는 전쟁 발발 3일만인 6월 28일 서울 본사와 인천지점의 기능이 상실되어 모든 선박은 부산항으로 집결했고, 업무도 부산 지점에서 이루어졌다. 1950년 7월 1일 진해해운통제부와 용선계약을 맺고, LST형 10척, FS형 9척, 유조선 1척 등 총 20척을 선원과 함께 해군에 제공해 군작전 수행에 협력했다. 나머지 10여척 선박도 교통부 전시수송사무소에 의해 운항이 통제되어 대일항로 등 후방수송활동과 민간 필수물자 운송에 투입되었다. 해운공사는 1950년 9월 인천상륙작전의 성공으로 서울이 수복됨에 따라 일시 서울 본사와 인천지점의 기능이 회복되었다.

---

65   『한진해운60년사 : 史』, pp.46-48.

그러나 1951년 1.4 후퇴 이후 교통부 장관의 특명에 따라 본사의 모든 인원, 물자 등을 인천항에 집결시켜 석두옥 이사의 책임하에 넷트 브라운 호에 싣고 1월 8일 부산으로 이전했다.[66] 1952년 3월까지는 김용주가 해공 사장직을 맡고 있었으나, 1952년 3월 27일자로 이순용으로 바뀌었다. 본사 조직도 1951년 1월 1을 기해 경리부 산하 경리과를 주계과와 계산과로 세분하고, 업무부 산하 운항과를 제1운항과와 제2운항과로 세분했다. 당시 부산지점에서는 한 개 부산지점장, 김창주 해무과장, 김동한 공무과장, 추 현 공무감독 등과 근무했었다.

1951년 2월 정부는 선박에 대한 전시등록제를 실시함으로써 전쟁 중에 침투할 가능성이 높은 적성선박을 색출하는 한편, 1.4후퇴 이후의 선박 실태를 파악했다. 1951년 4월 1일부터 6월 30일까지 해운공사 징발선 20척 중 12척이 수송한 인력은 4만 529명, 군수품은 4만 840톤이었다. 해상 인력을 확보하기 위해 1957년 7월부터 교통부, 해군참모부, 경상남도 해운조합이 협의하여 해기면허자와 20톤이상 선박에 3년 이상 승무한 경험자들의 징병을 유예하는 조치가 취해졌다.

1951년 4월부터 9월 사이에 해군에 징발되었던 이리, 홍천, 조치원, 단양, 삼랑진, 원주, 온양 호가 징발에서 해제되었고, 여주, 김해, 안동, 울산, 왜관 호 등 4척은 징발해제와 동시에 해군에 이관되었다. 전시 중 비징발선 10여척은 민수품과 일본으로부터의 민수 및 군수품을 운송했다. 부족한 선박을 보충하기 위해 1951년 미국으로부터 볼틱형 선박 6척[67]을 용선 형식으로 도입해 민수물자 운송에 투입했다. 주요 화물은 비료, 무연탄, 대만산 소금, 태국산 쌀,

---

66   석두옥, 『해성』, 성암, 1994, pp.44; 48-49.

67   시펜스 호, 센터러스 호, 올고레브 호, 올치바 호, 어퀴어러스 호, 시 휴즈 호 등.

3장 청년기 — 77

시멘트 등이 주요 화물이었다.

초창기 대한해운공사의 조직

자료 : 한진해운, 『한진해운60년사:史』, p.45.

대한해운공사의 선대 확보

출범 초기부터 해운공사는 외국원조물자 도입량이 연간 200만톤 이상으로 늘어날 것으로 고려해 '2,000총톤 이상의 대형선 20만톤'을 확보하는 것을 목표로 설정했다. 해운공사는 당시 국내 건조가 불가능하다고 판단해 전시 중임에도 불구하고 선대 확보를 위해 정부와 협의를 지속했다. 그 결과 1952년부터 1954년까지 정부보유 외화 600만달러를 활용해 원양 운항이 가능한 화물선 6척을 도입하였다.

당시 우리나라 수출액이 수백만 달러에 불과한 상황에서 정부가 보유 중인 외화를 선박 구매에 최우선적으로 할당했다는 것은 그만큼 선박 확보가 절실했다는 사실을 반증하고 있다.

정부 보유자금으로 도입한 해운공사 선박

선명	건조년도	도입년도	DWT	G/T	선형	승선인원	속력(노트)	선가
부산	1945	1952. 7	6,020	3,938	C1-M-AV1	39	11	2,540
마산	1944	1952. 8	6,020	3,913	C1-M-AV1	39	11	
동해	1942	1953. 3	10,975	7,176	Liberty	36	10	1,370
서해	1943	1953. 4	10,807	7,176	Liberty	36	10	
남해	1944	1954. 1	10,584	7,607	Victory	39	16	2,430
천지	1946	1954. 8	7,420	5,242	유조선	37	11	
계(6척)	–	–	51,826	35,052	–	–	–	6,340

자료 : 『한진해운60년사 : 史』, p.53 / 주 : 선가 단위=천달러

ICA 자금으로 도입한 선박

선명	건조년도	도입년도	DWT	G/T	선형	승선인원	속력(노트)
여수	1944	1955. 5	5,695	3,888	C1-M-AV1	35	10.0
목포	1945	1955. 12	5,906	3,806	C1-M-AV1	34	10.0
장항	1945	1956. 4	5,960	3,818	C1-M-AV1	36	10.0
인천	1945	1956. 5	6,007	3,818	C1-M-AV1	36	10.0
포항	1945	1956. 7	5,975	3,806	C1-M-AV1	34	10.0
군산	1945	1956. 4	6,091	3,827	C1-M-AV1	36	10.0
묵호	1945	1956. 7	6,017	3,818	C1-M-AV1	34	10.0
제주	1945	1956. 6	5,975	3,818	C1-M-AV1	34	10.0
계(8척)	–	–	47,626	30,599	–	–	–

자료 : 『한진해운60년사 : 史』, p.53

이것으로 선복량이 충분치 않아 해운공사는 미국 대외협력처인 ICA(The International Cooperation Administration) 자금을 활용해 전시표준선인 C1-M-AV1형 선박 8척을 도입했다. 1955년 여수 호와 목포 호, 1956년에는 6척을 도입했다. 이들 선박은 주로 아시아 지역 간 물자운송에 투입되었다.

원주 호 승선

급격한 인플레이션을 잡기 위해 전쟁 중인 1953년 2월 15일, 구 원화 100원을 신 환화 1 환으로 가치 절하시키는 화폐개혁이 단행되었다. 화폐개혁이 단행되기 한 달 전인 1953년 1월 15일, 장녀(복연)가 허니문 베이비로 태어나 부양가족이 하나 더 늘어났다. 전쟁 중 실업자가 폭증해 공기업에 일자리를 갖고 있다는 것만으로도 감사한 일이었다. 하지만 전쟁 중 물가가 급상승해 생활하기가 녹록치 않았다. 그 탓으로 해공의 육상직원이나 선원 할 것 없이 밀수가 성행해 사회적으로 물의를 빚는 일이 잦았다.[68]

김윤석

해무계장으로 부산지점에서 1년 반 정도 육상근무를 한 뒤, 1953년 8월 경 원주 호에 1항사로 승선했다.[69] 원주 호는 미국 대여선으로 573총톤급 FS형 선박으로, 선장은 김윤석이었다.[70] 원주 호는 1951년 4월부터 평안 호와 함께 대일 정기항로에 투입되었다. 원주 호는 부산-오사카-고베-도쿄-요코하마-부산을 월 세 차례 왕복했고, 평안 호는 부산-오사카-고베-도쿄-요코하마-오사카-고베-부산을 월 두 차례 왕복했다.[71]

---

68   〈동아일보〉, 1952. 6.6; 〈경향신문〉, 1952. 6.13.

69   김윤석은 '1953년 휴전(7월 27일)이 이루어진 뒤에 대한해운공사에 복귀'하였다는 기록이 있다(해양수산부 외, 『선원열전』, p.144). 이로 미루어 김윤석과 신태범이 군산 호 인수 선장과 1항사로 함께 승선한 것으로 보인다.

70   김윤석은 1922년 완도에서 태어나 1942년 통영공립수산학교를 졸업한 뒤 해방 후 항해사로 승선해 1948년에는 선장으로 승진하였다. 1958년 8월 급유업체인 천양유조사(天洋油槽社)를 설립한 김윤석은 1962년 천경해운을 설립해 계획조선으로 '천경 호'를 건조해 해운경영자로서 입지를 다졌다. 해양수산부 외, 『선원열전』, pp143-149.

71   『한진해운60년사 : 史』, p.55.

이처럼 대일항로가 정기화하게 되자 해운공사는 1954년 4월 1일 일본 고베에 출장소를 개소해 선박운항의 효율성을 도모하고, 영업활동을 강화해 한일 정기항로에서 타 선사 대비 수송화물량에서 절대 우위를 차지했다. 나는 원주호는 1년 가량 승선하고 1954년 여름에 하선했다. 하선하고 얼마 안된 1954년부터 하반기부터 한일 관계가 급속히 악화되면서 1955년 8월 18일부터 대일 교역이 전면 금지되었다.[72]

조카 2명과 동생 2명을 교육시키다

전쟁 통에 이제 막 사회생활을 시작한 나에게는 돌아가신 맏형의 두 아들과 내 밑의 동생 둘(1936년 생 웅범, 1940년생 문범)을 건사해야 할 상황이었다. 둘째 시범 형님도 있었지만, 나보다 형편이 나을 게 없었다. 1924년생으로 나보다 네 살 연상인 시범 형님은 진주공립농업학교[73]를 졸업하고 국민학교 선생을 하다 1948년 9월 해양대학 기

신시범

관과 4기로 입학해 1952년 6월에 졸업해 이제 갓 해운공사에서 입사해 승선 중이었다. 큰 형님 조카 두 명과 동생 두 명은 형님 댁에서 숙식을 했지만, 형님에게도 형수님과 아이가 딸려 있어 넉넉하지 못한 형편이었다.

원주 호가 일본에 기항했을 때 보니 일본인들이 양모 장갑을 끼고 다니는 것

72 이승만 대통령 80회 생일인 3월 26일 일본의 하토야마 이치로(鳩山一郎) 수상이 의회에서 '북한과의 관계정상화'를 언급한 것이 주된 원인이었다. 〈마산일보〉, 1955.4.11

73 1910년 공립진주실업학교로 개교한 뒤, 1965년 진주농림고등전문학교, 1979년 진주농림전문대학, 1993년 진주산업대학교, 2011년 경남과학기술대학교가 되었다가 2021년 경상국립대학교와 통합되었다.

이었다. 당시 한국에서는 종전 뒤라 모든 것이 부족할 때라 겨울철 보온 물품까지 챙길 여력이 없었다. 조카와 동생들의 숙식은 시범 형님이 감당하고 있었기에 교육비와 용돈까지 부담시킬 수는 없었다. 나는 기계 한 대를 들여와 양모 장갑을 만들어 팔면 사업성이 괜찮을 것으로 생각했다. 원주 호가 나고야에 기항했을 때 장갑 짜는 기계 1대를 구입해 분해해 하나씩 들여왔다. 기계 한 대를 운용할 공장을 차리고 양모 장갑을 만들어 원가의 4배 가격으로 국제시장에 팔았다. 기계를 들여온 첫해인 1953년 경에는 적자를 면하는 수준에 그쳤지만, 두 번째 해에는 엄청난 이익을 거두었다. 그러나 3년 차에는 경쟁사들이 생겨 이렇다 할 이익을 거두지 못했다. 그래도 장갑 공장을 2년 반 정도 운영한 덕으로 동대신동에 2층 집을 장만하고도 두 동생과 두 조카를 대학 학비를 댈 수 있었다.[74] 1956년 초에 군산 호 인수를 위해 다시 일항사로 승선하게 되면서 장갑 공장을 접었다.

선원1계장으로 선원 취업업무 정상화

1954년 8월 25일 4대 해운공사 사장으로 남궁 련이 임명되었다.[75] 나는 이즈음 원주 호에서 하선해 큰 딸의 재롱을 보며 집에서 휴가를 보내고 있었다. 막 사장에 취임한 남궁 련 사장이 부산지점을 방문하는 길에 급하게 나를 찾는다

---

74 동생 = 신웅범(연세대 정치과), 신문범(부산대 상대); 조카 = 신용호(부산의대), 신용무(동아대)

75 1916년 태어나 1940년 니혼대학 경제학과를 졸업한 남궁련은 1949년 극동해운을 설립해 '고려 호'로 태평양 항로를 개척했으며, 1954년부터 59년까지 대한해운공사 사장을 역임했다. 1959년에 한국석유를 설립해 운영하던 남궁련은 1968년에 대한조선공사를 인수했으나 두 차례 석유위기로 조선업이 불황을 겪자 대한조선공사를 한진그룹에 매각하였다. 남궁련은 1962-63년까지 한국일보 사장직을 맡기도 했고, 제1,2기 통일주체국민회의 대의원과 1981년 대통령선거인단으로 당선되기도 했다.

는 전갈이 왔다. 해운공사의 본사 임직원이 부산으로 출장을 오게 되면 부산지점과 가까운 광복동의 미진호텔에 머무는 것이 보통이었다. 미진호텔은 1952년 2월 전쟁 중 임시수도에서 단행된 통화개혁의 실무작업이 이루어진 역사적인 공간이기도 했다.[76]

남궁련

서둘러 미진호텔로 가니 남궁 사장이 선원 1계장을 맡아 달라고 했다. 당시 해운공사 본사에는 선원과 아래에 감리계와 배승계가 있었고, 부산지점에는 영업과, 선원과, 자재과, 공무과, 경리과가 있었다. 부산지점의 선원과 밑에 선원1계와 선원2계가 있었다. 선원1계는 해기사의 배승 업무를 담당했고, 선원2계는 보통선원의 배승 업무를 담당했다. 당시는 실업률이 높았고, 육상직보다는 해상직 임금이 높았기 때문에 승선 청탁과 압력이 비일비재했던 때라 선원1계장은 직위에 비해 막강한 영향력을 행사할 수 있는 자리였다. 전임오○○ 계장은 남궁 사장이 설립한 극동해운 출신이었는데, 뇌물을 받고 부정으로 승선시키다 적발되어 강제 퇴사되기도 했다.

대한해운공사 대표이사

이름	임기	임명 전 주요 이력
김 용주	1949.12.20.-1952.3.27	전남방적과 조선우선 불하 경영
이 순용	1952.3.27.-1952.10.9	내무부 및 체신부 장관 역임
정 운수	1952.10.9.-1954.8.25	구미위원부(위원장 이승만) 보좌관, 미 공군 소위.
남궁 련	1954.8.25.-1960.5.11	극동해운 경영, 족청계
석 두옥	1960.5.11.-1961.7.18	승선 근무, 조선우선 상무
임 광섭	1961.6.26.-1964.11.12	육군 준장

자료 : 『한진해운60년사 : 자료』, p.46.

---

76   〈동아일보〉, 1974.11.1.

남궁 사장은 극동해운을 경영한 바 있어 해운계의 현실에 대해 잘 알고 있었다. 그런 남궁 사장의 주변 사람이 선원1계를 맡을 적임자로 나를 추천한 모양인데, 그때나 지금이나 누가 나를 추천했는지는 알지 못한다. 선원1계장을 맡고 나니 승선을 청탁하며 돈다발이나 금붙이를 주고 가는 사람이 한둘이 아니었다. 물론 나는 어떠한 금품이나 향응을 받지 않았을 뿐만 아니라 뇌물을 건넨 사람을 배선시키지 않았다. 몇 번 그와 같은 일이 반복되자 내게는 통하지 않는다는 사실이 알려져서인지 몇 달 뒤에는 뇌물이나 청탁이 들어오지 않았다. 어려운 시절이라 승선 청탁 뿐만 아니라 수리비 착복 등의 부정 사건도 빈발했다.[77]

ICA 자금으로 도입한 군산 호 인수

나는 선원1계장으로 1년 반 정도 일하고, 다시 해상 근무를 하게 되었다. 1955년부터 1956년 사이에 해운공사는 미국의 ICA 자금으로 C1-M-AV1형 전표선 8척을 도입했다. 1955년에 여수 호와 목포 호를 도입한 것을 시작으로 1956년에 장항, 군산, 인천, 제주, 포항, 묵호 호 등을 연달아 인수해야 했다. 선박 인수시 시니어 사관은 실력이 검증된 해기사를 보내야만 했는데, 1956년에만 모두 6척의 선박을 인수해야 했기 때문에 배승할 1항사가 마땅치 않았다. 결국 해기사 배승 담당자인 내가 자원해 군산 호의 1항사로 승선하기로 한 것이다.

휴전 이후 해운공사의 항로는 기존의 연안 항로와 대일항로가 주력항로였지

---

77   〈마산일보〉, 1954.11.11.

만, 1955년 대일 교역이 전면 금지되었다. 해운공사는 전쟁 중이던 1952년 4월, 앵도 호를 투입해 홍콩 항로에 취항했고,[78] 1954년에는 필리핀-한국간 원조물자인 원목을 수송하여 동남아항로에도 진출했다. 이어 1955년 9월 15일에는 홍콩 정기항로가 개설되었다. 전쟁 말기인 1953년 4월에는 동해 호와 서해 호를 대미항로에 배선해 외항 운송에 나섰다.[79]

1956년 2월 경 군산 호를 인수하기 위해 선원들과 함께 부산에서 일본 도쿄로 건너간 뒤 나리타 공항에서 비행기를 타고, 앵커리지, 시애틀을 경유해 LA에 내렸다. 여기에서 휴스턴으로 비행기로 이동해 한 달간 대기하다 버스로 뉴올리언스로 이동해 군산 호를 인수했다. 미국인 선장을 제외한 모든 선원이 한국인이었는데, 파나마운하를 경유해 미국 서부의 포틀랜드항에 기항해 곡물을 선적하고 1956년 4월에 부산항으로 입항했다. 부산에 도착해 1기생인 김석기 선장이 승선해 스리랑카의 콜롬보로 항해해 쌀을 선적하고 일본의 치바에서 양하했다. 군산 호는 이후 오키나와에서 돼지를 선적하고 중국에서 양하하기도 하고, 태국에서 홍콩까지 소를 운송하기도 했다. 군산 호에서 1년 3개월 정도 승선하고 1957년 5월 경 하선했다.

군산 호에서 내려 잠시 휴가를 보내고, 나는 마산 호와 제주 호의 1항사로 승선한 뒤, 1960년 1월 FS형 선박인 이리 호와 알마크 호의 선장으로 승선했다.

---

78 교통부, 『해운십년약사』, p.270. 앵도호의 홍콩항로 취항을 1948년 2월(28일)로 기록한 문헌(『잃어버린 항적』, p.82)이 있으나, 국립해양박물관 소장 사진 자료에는 '홍콩 외항에 투묘한 앵도호'라는 제하로 1948년 4월 12일자라는 글씨가 수기로 적혀 있는 것을 고려하면 앵도호의 출항월은 1948년 4월 초가 맞다고 판단된다. 동아일보(1948. 12.21)에도 "지난 4월 민간무역 제일선으로 앵도호를 향항까지 운항하여…)"라는 기사가, 경향신문(1948. 12.22)에도 "금년 사월에는 민간무역제일선으로 앵도호로서 1차 향항까지 운항한 바 있어"라는 기사가 각각 앵도호의 홍콩 취항이 2월이 아니라 4월이었음을 확인시켜준다. 당시 앵도 호 선장 최효용은 "1952년 4월 5일 부산항을 출항하였다"고 증언하였다. 김재승, 「1945-1952년까지 우리나라 외항선의 현황」, p.168.

79 『한진해운60년사 : 史』, pp.55-56.

이리 호는 부산-제주 간 항로에 취항했는데, 제주에 정박할 때마다 제주가 고향인 동기생 김경천의 집에 들러 동기애를 나누었다. 당시 나는 갑종1급항해사(현 2급항해사) 자격을 갖고 있었지만, 상대적으로 소형선박인 FS형 선박에는 갑종1급항해사 면허로 선장을 할 수 있었다. 알마크 호에서 1960년 7월에 하선해 1961년 6월까지 1년 정도 선원과장으로 육상근무를 한 나는 다시 해상으로 돌아갔다. 1961년 6월에 갑종선장 자격으로 묵호 호에 승선했다.

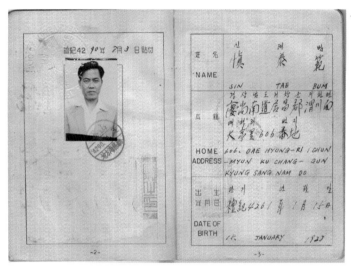

선원수첩

승선 경력(1957-1962)

선명	총톤수	직무	승선	하선
마산	3,913	1항사	1957.7.31	1958.7.16
제주	3,818	1항사	1958.9.11	1959.10.13
이리	559	선장	1960.1.27	1960.3.17
알마크	560	선장	1960.3.17	1960.7.4
묵호	3,818	선장	1961.6.15	1961.7.13
군산*	3,804	선장	1961.12.16	1962.12.3

자료 : 선원수첩(발급번호 791호, 1957.8.3. 부산지방해무청 발행)
* 군산 호 입거 수리 중 선장으로 고입함.

이시형 학장의 집 마련에 앞장 서다

군산 호에 승선해 동남아항로에 취항하고 있던 1956년
말이었다. 신성모 학장이 부임하자 관사를 비워줘야 하는
이시형 학장이 갈 곳이 없게 되었다는 소식이 들려 왔다.
진해, 인천, 군산, 부산을 전전하며 해양대학과 한평생을
함께 한 은사의 어려운 상황을 동창회(회장 박현규)가 모
른 채 할 수는 없었다. 동창회에서는 동문들로부터 십시
일반 모금해 거처를 마련해 주기로 하고 모금에 들어갔다.

이시형

1956년 말 당시 해양대학은 8기까지 졸업한 상태였으나, 당시에는 승선할 선
박이 부족해 졸업자 680여명 중 230여명만이 취업해 있었다.[80] 취업자 중 군
대와 공무원, 교사 등 육상으로 취업한 사람들은 고물가에 박봉으로 모금에
참여할만한 형편이 못되었다. 그나마 몇 안되는 외항선에 승선하고 있는 동문
들이 모금에 동참할 수 있었다. 특히 당시 대한해운공사는 우리나라 외항선의
절대다수를 차지하고 있어 해양대학 동문이 가장 많이 일하고 있었다. 결국
모금의 성패는 대한해운공사의 승선 중인 동문들의 동참여부에 달려 있었다.

나도 군산 호에 1항사로 승선하고 있어서 모금 활동을 하기에는 여건이 좋지
않았다. 하지만 당시 총동창회의 재무를 맡고 있었고, 선원1계장직을 마친 지
얼마 되지 않아 해상직원의 동향에 대해 잘 파악하고 있었다. 따라서 나는 승
선 중인 동문들에게 적극적으로 모금 참여를 독려하고 나도 형편껏 돈을 보탰
다. 이렇게 해양대학동창회에서 모금한 돈으로 해군 장교였던 원 대위가 살았
던 부산 대신동(현 주소지 부산시 서구 대신로 45길 30번지)의 집 한 채를 구

80   한국해사문제연구소, 『현대한국해운발전40년사』, 1984, p.971.

입했다. 이시형 학장은 제자들이 마련해 준 이 집에서 1985년 75세를 일기로 돌아가실 때까지 사셨다.

이시형 학장의 동대신동 자택

갑종선장면허 취득

1960년 5월, 해운공사 사장으로 석두옥이 임명되었다.[81] 1960년 7월, 알마크 호에서 하선한 나는 선원과장에 임명되었다. 당시 부산지점에는 이시형 전 학장이 지점장으로, 2기 기관과 동기인 오용한이 공무과장, 2기 기관과 동기인 이만길이 자재과장으로 있었다. 해양대학 2기생들이 해운공사의 주류를 형성하게 되었다. 나는 선원1계장 시절과 똑같이 부정에는 가차 없었으며, 업무를 공정하고 깨끗하게 처리했다.

---

81 석두옥은 1905년 생으로 조선총독부 체신국해원양성소 별과 항해과를 1921년에 수료하고 조선우선에 입사하여 일본과 블라디보스톡 사이를 운항하는 '청진'호에 견습수부로 승선했다. 망명의 길을 찾기도 했지만 성공하지 못한 채 상해 임시정부를 위한 밀서와 독립운동자금을 전달하는 역할을 하기도 했다. 해기사 출신으로 대한해운공사 최고책임자로 처음으로 임명된 석두옥은 1961년 6월까지 재임했다. 『잃어버린 항적』, 한국해사문제연구소, p.61.

1956년 11월, 학교에서 물러난 이시형 전 학장은 제자들의 배려로 1957년 4월에 마산 호 등의 기관장으로 승선했다. 그 사이 1960년 5월 석두옥이 사장에 취임하자 원로 해기사인 이시형을 배려해 부산지점장으로 발령한 것이다. 그러나 이시형 전 학장은 부산지점장으로 그리 오래 근무하지 않고 다시 해상근무를 자원해 1967년 10월까지 동해 호, 남해 호, 선덕 호 등의 기관장으로 승선했다.

갑종선장면허증(55호)

선원과장으로 근무하는 동안 나는 갑종선장면허를 취득했다. 언제까지 육상근무를 할 수는 없는 일이었기 때문에 최상위 해기면허인 갑종선장면허를 취득할 필요가 있었다. 2기 기관과 동기생인 김경천과 함께 서대신동 우리집에서 숙식을 함께 하며 면허시험을 준비했다.

당시 갑종선장면허는 필기시험 없이 구두시험만으로 치렀다. 시험은 1960년 여름에 인천에서 치러졌는데, 면접관은 현직 한국해양대 학장인 신성모였다. 시험 문제는 해상충돌예방규칙 몇 조를 영어 원문대로 외우는 것이 전부였다. 시험 결과 김경천과 나는 무난히 합격되었다. 나는 해양대학 2기생 중 서병기, 김창영, 김수금에 이어 네 번째로 1960년 9월 6일에 갑종선장면허(제55호)를 취득했다.

군산 호 좌초

선원 과장으로 근무 중이던 1959년 군산 호(선장 김동화)가 묵호 앞바다에서 좌초되는 사고가 났다. 군산 호(3,827총톤)는 대한해운공사가 ICA 자금으로 1956년 4월 도입한 선박인데, 1958년 12월 26일 묵호항에 정박 중 풍랑으로 떠밀려 대한석탄공사 소속의 도계 호(1,800총톤)를 들이받아 2척 모두 침몰했다.[82]

군산 호의 선체보험은 로이즈에 부보되어 있었는데, 로이즈의 한국 대리점이 협성해운(대표 왕상은)이었다. 왕상은은 선장과 선원들을 보호하는 차원에서 1959년 2월, 보험회사와의 합의로 전손처리함과 동시에 군산 호의 선장이었던 김동화를 협성해운 소속의 배에 승선시켰다.[83]

> ### 대형 화물선도 2척이나 침몰
>
> 25일부터 일기 시작한 폭풍우로 항구에 정박 중인 대형선박이 충돌하여 침몰되었다. 즉 27일 대한해운공사에서 알려진 바에 의하면, 26일 오전 4시경 강원도 묵호항에서는 대한해운공사 소속 대형화물선 군산 호와 대한석탄공사 소속 도계 호가 충돌하여 두 선박이 파손침몰하였다 한다. 이와 같은 사고는 두 선박이

---

82 〈조선일보〉, 1958.12.28.
83 이종옥, 『초계 왕상은 평전』, 도서출판 패스, 2005, p.157.

묵호항에 정박중 지난 25일부터 일기 시작한 폭풍우로 인하여 군산 호의 닻줄이 격심한 풍우에 견디지 못하고 끊어져서 강풍에 밀려 인근에 정박 중이던 도계 호와 충돌함으로써 두 선박이 파손되면서 침몰하여 버렸다는 것인데, 다행히 인명피해는 없었다고 하며, 이와 같은 사고는 현지에 있는 전기 두 공사 지점에 의해서 확인된 것으로 이번에 침몰된 두 선박은 모두 공선으로 정박 중이었던 것이라 한다.(〈조선일보〉, 1958.12.28.)

군산 호의 전손 처리에 대해 로이즈는 보험금으로 60여만달러를 해운공사에 지급하기로 결정했다. 또한 해운공사는 군산 호의 선체를 로이즈로부터 5만여달러에 불하받아 재인양해 사용하고자 했다.[84] 군산 호는 그렇게 묵호 항 남항 1마일 해상에 좌초된 채 방치되어 있다가 1961년 4월 말 이초에 성공했다. 좌초 후 1959년에 미극동해상구조대가 3개월에 걸친 군산 호에 대한 구조작업을 벌였으나, 실패한 적이 있었다. 대선조선 철공소에서 1960년 7월에 구조작업에 착수해 8개월여만에 성공하게 된 것이다.[85]

4.19와 5.16

1960년에 접어들어 한국은 정치적 소용돌이에 빠져들었다. 1960년 4월 이승만의 장기집권과 독재, 3.15 부정선거에 반발해 4.19가 일어났다. 이승만이 5

84　〈동아일보〉, 1959. 10.8.
85　〈경향신문〉, 1961. 5.2.

월 29일 하와이로 망명을 떠나고, 1960년 7월 총선으로 민주당이 집권했다. 그러나 민주당 정부는 신파와 구파로 나뉘어 사사건건 대립하였다. 4.19혁명 1주년을 맞아 서울대 학생회는 〈4.19 제2선언문〉을 발표하고, 민통련 기념식 뒤 진행한 침묵 시위에 '가자 북으로, 오라 남으로', '남북학생 판문점에서 만나자'는 등의 플래카드가 등장했다. 또한 대구시청 촉탁 이정용, 삼천포 시의원 조상윤, 함양의 정한진과 최강평이 '적기가'[86]를 부르는 대혼란이 나기도 했다.[87] 이러한 정쟁과 혼란이 5.16의 빌미를 제공했다. 군인들이 집권하자 주요 공직이 군인들로 바뀌었고, 해사주무관청인 해무청이 1961년 10월 2일자로 해체되었다. 이에 따라 해운국과 표지과는 교통부로, 조선과는 상공부로, 시설국은 건설부로, 수산국은 농림부로, 해양경찰대는 내무부로 각각 분산되었다. 국책회사인 대한해운공사의 사장도 육군 중령인 임광섭[88]으로 교체되었다.

군산 호 수리 공사 총감독

새로 부임한 임광섭 사장은 선원과장이던 나를 수리감독 겸 선장으로, 동기생 김경천을 수리감독 겸 기관장으로 임명했다. 나는 부산 영도의 대한조선공사 현장에 머물면서 군산 호의 수리공정 전체를 총괄 감독했다. 군산 호는 암초에 얹혀 장기간 방치되어 선저가 심하게 훼손되어 있었다. 군산 호는 1961

---

86 독일 민요가 영국 노동가요로 되었다가 1930년대 우리나라에 들어와 독립가로 불려졌으며, 현재 북한의 혁명가요로 불리고 있다. 가사는 다음과 같다. '민중의 기 붉은 기는 전사의 시체를 싼다. 시체가 식어서 굳기 전에 혈조는 이 깃발을 물들인다. 높이 들어라 붉은 깃발을 그 그늘에서 굳게 맹세해. 비겁한 자야 갈라면 가라 우리들은 이 깃발을 지키리라.' [네이버 '적기가', 문화원형백과, 한국콘텐츠진흥원]

87 〈조선일보〉, 1961.3.28.; 〈경향신문〉, 1961.3.31.; 〈경향신문〉, 1961.3.31.

88 임광섭은 5월 30일 임명되어 6월 2일 정식으로 취임하였다(석두옥, 『해성』, p.58). 그러나 등기상 대표취체 취임일은 6월 26일이다(『한진해운60년사 : 자료』, p.56).

년 11월 대한조선공사 영도 선거에 입거해 1962년 10월 20일까지 1년 가까이 개조에 가까운 대공사를 했다. 다행히 엔진은 사용할 수 있는 상황이어서 훼손된 선저와 프로펠러를 교체하는 것이 주된 공사였다. 1962년 10월 20일, 부산 대창동 중앙부두에서 개최된 대포리 호 명명식에는 박정희 최고회의 의장이 참석했다.[89]

대포리(大浦里)는 오늘날 속초의 대포동의 옛 지명으로 '큰 개' 또는 '한 개'를 한자로 표기한 데서 유래한 것이다. '큰 개'는 속초에서 양양의 물치(勿淄) 쪽으로 들어가는 길목 일대로 쌍천 하구의 큰 갯가를 말한다.[90] 재취항한 대포리 호는 동남아 지역을 중심으로 제3국간 화물운송에 투입되어 주로 철광석을 운송했다.

전손처리된 선박을 다시 사용할 수 있도록 만드는 수리공정은 배의 신조와 다를 바 없었다. 나는 이 공정을 감독하면서 대한조선공사의 수리 능력과 종사원들의 성실한 태도에 감동했다. 작업에 임하는 태도도 매우 훌륭해 대형 선박의 건조도 가능할 것이라는 확신을 갖게 되었다. 당시 대한조선공사도 이영진이 현역 육군대령 신분으로 사장(재임 1961.7.31.-1965.6.3.)직을 맡고 있었다. 이영진은 함경도 출신으로 평양사범학교를 졸업한 뒤 교사생활을 하다가 군인이 된 사람이다. 뜻밖에 사장이 된 이영진은 무언가 가시적인 실적을 올려야 했는데, 조선에 문외한이 실적을 올릴만한 일거리가 당시의 조선공사에는 없었다. 사장에 임명된 지 불과 3개월만에 맡게 된 군산 호 수리공사가 가장 큰 일거리였다.

---

89   〈동아일보〉, 1961.10.20.
90   정상철, 속초 지역의 옛 지명 바로 알기(4), at https://blog.daum.net/iron0404/17459984, (2022. 4. 20)

대한조선공사 임원진(1961. 8.30)

사　　　장　이영진

전무취체역　김승완

상무취체역　이의석　박병규　연장성

감 사 역　허 복

이영진은 군인답게 의욕이 지나치리만큼 넘치는 사람이어서 군산 호의 수리
현장을 자주 찾았다. 그래서 자연스럽게 식사도 같이 하며 나와 친분이 생겼
다. 군산호 수리 공사가 한창 진행되던 1962년 신년 초 이영진 사장이 '일거
리가 없어 걱정'이라는 말을 하는 것이었다. 나는 일본에서 시행하고 있는 계
획조선 제도를 도입해 보면 어떻겠느냐고 제안하였다.[91] 계획조선제도는 일
본이 제2차 세계대전 이후 경제를 재건하고 개발을 촉진하기 위해 경제개발
계획을 수립하여 시행하는 데 필요한 선박을 확보하기 위한 방안으로, 장기저
리의 정책금융 자금을 배정해 선박을 자국 조선소에서 건조하도록 유도하기
위해 마련한 제도였다. 이 제도를 활용하면 조선소는 일감을, 해운업체는 선
박을 확보할 수 있어 선사와 조선소 모두에 이익이 되었다.

일본의 계획조선제도

1941년 1,962척, 609만총톤으로 세계 제2위를 차지했던 일본의 선복량은
1945년 8월 873척, 150만총톤으로 대폭 감소되었다. 당시 일본의 해운기업
들은 전시 징발된 선박의 전시보상금 24억 5천만엔을 정부로부터 보상받지

91　송철원, 『개천에서 난 용이 바다로 간 이야기』, 현기원, 2015, pp.102-104.

못해 막대한 손실을 입어 자력으로 선대를 확보하는 것이 불가능한 상황이었다. 조선업계 또한 일감 확보를 위한 정부의 재정적 지원이 절실했다. 이에 일본은 1947년 선박, 조선기자재 등을 전담관리부서로 선박공단을 설립했다. 선박공단은 부흥금융금고의 해운자금을 활용해 선박확충정책을 실시했다.

종전후 미 군정청은 일본인들로 구성된 선박운영회로 하여금 당시 660만명에 달하는 해외거주 일본인들의 귀환수송 등의 후속업무 처리를 맡도록 하였으며, 이에 의거 선박운영회는 잔여선복량의 보수 유지와 운항업무를 관장하게 되었다. 그후 1949년 실 선주와의 관계하에서 나용선자 위치에 있던 선박운영회는 정기용선자의 위치로 전환하며 선박의 운용업무만 담당하고 선박의 보수 유지등의 업무가 선주에게 이관되면서 민영환원이 시작되었다.

일본 정부는 1950년 해운업을 민간에 환원했다. 상선대의 민영환원은 실현되었지만 당시 외항적격 선복량은 불과 13만총톤의 규모로 빈약하기 짝이 없는 상태였다. 전후 복구를 통한 일본 국민생활의 재건과 유지를 위해서는 대량의 선박건조가 필요한 시기였다. 그러나 당시 일본 선주들의 상황은 자본축적이 전무한 상태였기 때문에 선주들에게 신조선 건조를 위한 자금조달을 기대하기는 어려운 상황이었다. 이러한 시대적 배경에 의해 탄생한 것이 일본의 계획조선제도다.

일본 상선대의 재건을 위해 1947년에 설립된 부흥금융금고를 통해 계획조선이 개시되었으나 동 금고는 1952년 일본 개발은행으로 채권채무를 인계하고 해산되었으며, 개발은행을 통한 본격적인 계획조선이 이어졌다. 1953년부터는 이자보조법이 실시됨으로써 본격적으로 계획조선이 추진되었다. 이자보조법이란 계획조선의 건조자금을 대출한 금융기관에 국가가 일정비율의 이자보조금을 교부해 선주의 금리 부담을 경감시키는 제도로서, 지속적인 외항선 건조를 촉진시키기 위해 계획조선제도의 보완책으로 도입된 정책이었다. 즉 1952년부터 시작된 해운불황기에 계획조선에 의한 선박 확충을 위해 필요한 시중 금융기관의 협조자금을 확보하기 위해 실시된 정책이라고 할 수 있다. 일본 계획조선의 융자 조건은 금리 7.5~11.3%, 상환기간 3~5년이었다. 이에 비해 선진 해운국의 신조선 건조융자조건은 금리 3.5% 전후, 상환기간 15~20년이었다.

일본의 계획조선은 1947년부터 1948년까지는 부흥금융금고와 선박공단을 활용하여 실시되었는데, 선박공단이 70% 이하, 선주가 30% 이상의 비율로 선박건조비를 부담하고 10년 이내 선주가 선박공단의 지분을 인수함으로써 계획조선 건조선박을 인수하는 방식으로 운영되었다. 그러나 1949년에 일본의 인플레이션으로 인해 기존 융자방식의 운영을 중단하고 미국의 대일원조 특별회계의 재정융자를 통해 계획조선제도를 운영했다. 1953년 이후에는 일본개발은행의 재정 융자를 활용한 계획조선을 실시했다.

계획조선자금의 이자율은 초기에는 7.5%로서 국제금리수준에 비해 높았으나, 곧 일본개발은행의 금리는 5%로 제한되었다. 1963년에는 일본개발은행의 선주 부담금리는 4%, 시중금융기관의 금리는 기존 7.135%에서 6%로 낮춰졌다. 1970년대 말 오일쇼크 등으로 조선업계와 해운업계의 불황 타개책으로 1979년 계획조선자금의 금리를 다시 2.5~3.5%로 낮추었다. 일본의 계획조선제도는 1982년 이자보조제도가 폐지됨으로써 실질적으로 중단되었다.[92]

---

92 일본 계획조선제도에 대해서는 다음 자료를 참고해 정리하였다. 樋口健三, 『海運經營の國際化時代』, 成山堂, 1985, pp.19-20; 篠原陽一, 『現代の海運』, 稅務經理協會, 1985, pp.138-139; 森 隆行 , 『外航海運槪論』, 成山堂, 2018, pp.57-58; 김광희·김현덕, 우리나라와 일본

일본 계획조선 건조량과 건조자금 추이

구분	건조량						건조자금(100만 엔)			
	화물선		유조선		합계					
연도	척	GT	척	GT	척	GT	자기	재정	시중	총액
1947	51	7만8,308	–	–	51	7만8,308	–	4,132	1,143	5,275
1948	36	9만4,900	–	–	36	9만4,900	–	4,592	4,223	8,815
1950	33	21만7,750	2	2만5,000	35	24만2,750	–	1만3,217	8,905	2만2,122
1953	32	24만8,360	5	6만4,000	37	31만2,360	–	2만6,683	1만7,817	4만4,500
1955	16	12만9,645	3	5만3,920	19	18만3,565	–	1만5,233	3,808	1만9,041
1960	14	13만3,940	2	5만7,800	16	19만1,740	–	1만3,328	6,018	1만9,346
1965	48	101만4,950	17	81만0,400	65	182만5,350	–	8만5,032	2만5,805	11만0,837
1970	33	123만4,270	12	139만0,200	45	262만4,470	1만5,824	10만7,230	5만2,078	17만5,132
1975	11	59만2,800	3	35만2,000	14	94만4,800	1만8,192	7만4,260	2만5,380	11만7,832
1980	18	93만1,900	13	90만7,200	31	183만9,100	2만2,553	18만2,300	5만8,305	26만3,158

자료 : 김광희·김현덕, 우리나라와 일본의 해운정책 비교연구, p.114.

군사정부의 경제개발5개년 계획

5.16으로 집권한 군사정부는 거사의 명분으로 민주당 정부의 무능을 전면에 내세웠기 때문에 국민들의 민생고 해결을 통해 지지를 얻고자 했다. 이를 위해 집권 초기부터 경제개발에 강한 의욕을 벌여 1961년 10월 말까지는 경제개발계획을 발표하겠다고 공언했다.[93] 그러나 1961년 10월 행정기구개편으로 다소 지연되어 1962년 1월에 발표되었다.

의 해운정책 비교연구-계획조선제도에 대한 회고와 시사점을 중심으로, 『한국항만경제학회지』, 제23권 제3호, 2007.9, pp.112-116.

93 〈동아일보〉, 1961. 6.29.

경제개발계획은 군사 정권의 독창적인 아이디어가 아니었다. 4.19 전 해인 1959년 5월 31일 자유당 정부는 '경제개발 3개년 계획'을 입안해 1960년 4월 15일 채택된 바 있었다. 최초의 경제개발계획안은 1조 환이 넘는 투자를 계획하고 민간자본이 취약한 상황에서 초기에는 정부가 투자를 주도하되 점차 민간부문으로 확대한다는 전망을 지녔던, 1차산업 투자가 절반 이상(55%)인 균형성장론에 기반을 두고 있었다.[94]

자유당에서 입안된 경제개발3개년계획은 4.19로 탄생한 민주당 정부의 비판적인 검토 끝에 사장되었다. 장면 정권은 시장경제원리를 도입하여 자유경제 질서를 확립하고자 했다. 귀속기업체의 매각, 국영기업체의 민영화, 공공요금의 인상, 환율 및 금리의 현실화 등이 그것이었다. 민주당 정부는 1960년 11월 29일 국토건설사업 실행 요강을 발표했다. 그 내용은 유휴노동력 동원과 국토개발을 위해 1961년 3월 1일부터 전국적으로 국토건설사업을 농촌에서는 춘궁기, 도시에서는 보릿고개를 전후해 전개함으로써 식량난을 겪고 있는 농가와 실업자를 구제한다는 것이었다. 국토건설사업의 궁극적인 목표는 농민과 도시 노동자들에게 '국민개로(國民皆勞, 국민 모두 일한다)'라는 근로정신을 고취하고, 국민자력에 의한 경제건설을 추진하는 데 있었다.[95] 그러나 민주당 정부의 국토건설사업은 군사정변으로 인해 본래 목표를 달성하지 못하고, 2,000여명의 국토건설추진요원이라는 명칭의 공무원을 선발한데 그쳤다.

1961년 5월부터 1963년 12월까지 2년 반 동안의 국가재건최고회의 하에서

---

94 [네이버 지식백과] 이승만-장면 정부의 경제개발계획과 그 배경 (정태헌, 『문답으로 읽는 20세기 한국경제사』, 역사비평사).

95 정진아, 「장면 정권의 경제정책 구상과 경제개발5개년계획」, 『한국사연구』176, 2017.3, p.339.

여러 차례 행정기구 개편이 있었지만, 1961년 10월 2일자 행정기구 개편이 가장 종합적이었다. 이 행정기구개편으로 해무청이 폐지되고, 그 관할업무였던 조선 업무가 상공부로 이관되었다. 곧이어 10월 19일자로 '김철수를 조선과장에, 남궁용(행정계장)과 권광원(조선계장)을 조선기좌(技佐, 5급)에, 구자영(시설계장)을 조선과 근무'로 각각 발령했다.[96]

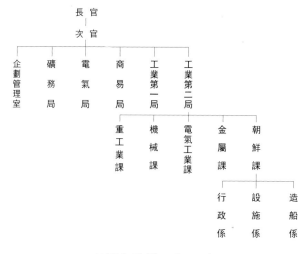

상공부 직제(1961. 10)

당시 조선과의 현안 업무는 국가재건최고회의가 주력하는 경제개발계획을 입안하는 것이었다. 군사정부는 1962년 1월 13일 1차경제개발5개년계획을 발표하였는데, 연평균 7.1%의 성장률과 계획기간 중 국민총생산 0.8%씩 증가하는 것을 목표로 하였다. 조선 부문에서는 '기간 중에 약 6만톤의 선박 수리 및 건조를 하도록 하는 것'을 목표로 설정하였다.[97] 또한 선질개량 3개년계획과 대한조선공사 시설 확장 및 근대화계획도 수립되었다.[98]

96   〈동아일보〉, 1961.10.19.

97   〈동아일보〉, 1962.1.14.

98   전국경제인연합회, 『한국의 조선산업』, 1997, p.452,

상공부에 계획조선 도입 제안

이런 시대적 상황이니만큼 이영진 사장은 계획조선에 대해 큰 관심을 보이는 등 적극적으로 나오기 시작했다. 그래서 나는 일본의 계획조선에 대하여 자세히 설명하고, 가지고 있던 자료(일본해사전문지 『海運』)를 제공하는 등 둘이 수시로 만나 본격적으로 검토하기 시작했다. 사업성을 확신하게 된 이영진 사장은 나와 함께 계획조선제도 도입을 정부에 건의해 보자고 제안했다. 당시 나는 군산 호 수리에 여념이 없었지만, 계획조선제도가 도입되면 해운업 발전에 큰 도움이 될 것이 분명했기 때문에 마다할 이유가 없었다.

1962년 초(?) 나는 이영진 조선공사 사장과 함께 현재 한국전력 서울본부 옆(현재 국민은행 지점)에 자리하고 있었던 상공부 조선과의 김철수 과장을 찾아가 일본의 계획조선제도를 도입해 볼 것을 제안했다.

김철수

당시 상공부 조선과로서도 제1차경제개발계획 기간 중 약 6만톤의 수리 및 건조실적을 달성할 수 있는 방안을 찾던 참이었으니 사막에서 오아시스를 만난 격이었다. 우리의 제안을 듣고 있던 김철수 과장은 '좋은 방안이라면서 적극적으로 검토해 보겠다'고 대답했다. 그 뒤에도 나는 서울에 올라갈 때마다 상공부 조선과를 방문해 김철수 과장에게 계획조선제도에 관한 아이디어와 자료를 제공해 주었다. 이런 경과로 1962년 2월, 제1, 2차 계획조선이 수립되었다.[99] 당시 담당자였던 조선과 행정계장이었던 구자영 케이티(KT)전기 회장은 다음과 같이 회고해 주었다.

---

99   전국경제인연합회, 『한국의 조선산업』, p.452.

"당시 조선과에서는 경제개발5개년 계획 기간 중의 목표
치를 달성하기 위한 여러 방안을 검토하고 있던 참에 해
운공사의 신태범 과장과 이영진 조선공사 사장이 상공부
조선과에 찾아와 계획조선제도를 도입할 것을 제안했는
데, 행정계장직을 맡고 있던 내가 실무작업을 맡았다. 해
운공사의 신태범 과장이 건네준 자료들을 참조하고, 잘

구자영

모르는 것은 전화로 물어가며 '조선사업자금융자요강'을 입안해 상공부 내
부 검토를 마치고 김철수 과장과 함께 국가재건최고회의에 설명해 채택되었
다."[100]

조선장려위원

직위	이름	직함
위원장	박충훈	상공부장관
위원	이태현	상공부 공업국장
	김명년	농림부 수산국장
	김진선	교통부 해운국장
	최명진	산업은행 업무이사
	이영진	대한조선공사 사장
	석두옥	해운조합 이사장
	윤춘근	수산업협동조합 이사장
	김재근	대한조선학회 회장
간사	김철수	상공부 조선과장
서기	남궁용	상공부 조선과 행정사무관
	권광원	상공부 조선과 조선기좌

1958년 3월 11일 제정된 조선장려법에는 '정부는 조선을 장려하기 위해 신

---

100 2022년 1월 18일 케이티전기 회장실에서 한 회고.

조선박에 대해 선가의 100분의 4이내를 장려금으로 교부할 수 있다'(제2조)
고 규정하고 있다. 그러나 정부의 재정형편상 그에 소요되는 자금을 염출할
수 있는 방안을 찾지 못해 전혀 시행되지 못하고 있었다. 상공부의 '조선사업
자금융자사업'은 1962년 4월 2일, 재정자금에서 16억원을 융자재원으로 확
보함으로써 실질적인 추진력을 확보했다. 이 사업에 따라 1962-63년 사업연
도에 2,650톤의 신조선 건조와 3,250톤의 선질 개량이 이루어질 것으로 계획
되었다.[101]

정부가 내세운 조건은 ① 자기자금 10%, 정부 보조금 40%, 산업은행 융자
50%, 연리 3.5%, 15년 상환, ② 철강재, 목재 등 도입 원자재의 관세 면제 등
이었는데, 당시 은행의 일반대출금리 25%, 수출지원금리 6-7%, 차관 금리
7%였던 것을 감안하면 매우 파격적인 조건이었다.[102] 상공부는 3월 28일 각
령으로 제정한 조선장려위원회 규정에 따라 4월 6일 조선장려위원을 위촉하
고,[103] 4월 말까지 실수요자를 선정할 것이라고 발표했다.

조선장려위원회는 1962년 4월 10일, 제1회 조선장려위원회를 개최하고 "조
선5개년계획을 효율적으로 추진하기 위해 강조화물선 단가를 73만환,[104] 목
조화물선을 53만환으로 각각 결정하고 재정자금 16억환의 운영방침을 확정
했다".[105]

101   〈조선일보〉, 1962. 4.2; 〈동아일보〉, 1962. 4.3.
102   김일영, 『건국과 부국』, 기파랑, 2010, p.375.
103   〈동아일보〉, 1962.4.7.
104   1962년 6월 10일부로 화폐개혁이 단행되어 '10환'이 '1원'으로 대체되었다.
105   〈조선일보〉, 1962. 4.11; 〈동아일보〉, 1962. 5.12.

4장
계획조선과
창업

계획조선자금 융자사업

당초 계획조선자금 융자사업을 제안했던 것은 선주들에게 건조자금을 지원해 줘 선박확보를 손쉽게 하고, 조선공사의 일감을 확보해 주기 위한 것이었다. 그러나 선질개량사업의 신청 톤수는 계획대비 20배가 넘었는 데 반해,[106] 조선5개년계획에 의한 선박건조 실수요자 신청은 단 한 건도 없었다. 이는 조선사업자금을 지원받을 경우 국내 조선소에서 건조해야 했는데, 당시 국내 조선소의 선박 건조능력에 대해 선주들이 의문을 가졌기 때문에 신청 자체를 하지 않았기 때문이었다. 그러나 나는 군산 호 수리 공사를 감독하면서 조선공사의 기술력을 확인했고, 직원들이 헌신적으로 일하는 모습을 지켜본 바 있었다. 그리고 군산 호의 입급선급인 ABS의 박남석 검사관도 조선공사의 기술력으로 1,600총톤급 선박을 건조하는 데 아무 문제가 없다고 확인해 주었다.

조선소별 생산 능력(1962. 2 7)

업체명	소재지	생산능력	
		신조	수리
대한조선공사	부산	10,000	10,000
부산조선공업주식회사	부산	700	28,800
조선선박공업주식회사	부산	1,000	7,200
대영조선철공소	부산	1,200	54,000
방어진조선철공소	울산	2,000	16,000
경남조선소	부산	250	4,800
조선기계제작소	인천	1,000	6,000
대선조선철공소	부산	1,000	84,000
대림조선소	인천	1,000	5,000
합계		18,150	305,800

전국경제인연합회, 『한국의 조선산업』, p.81.

---

106 〈동아일보〉, 1962. 4. 25.

1962년 7월 말 현재 등록 조선업체 수는 강선 조선소 9개소, 목선 조선소 97개소, 선박용 엔진 제조 및 수리 103개소, 의장품 제조 6개소 등 총 215개소였다. 이는 1957년 8월 말 173개소에 비해 20% 이상 증가한 것으로 주로 군소 조선공장의 난립에 의한 것이었다. 이에 비해 건조실적은 저조하여 가동률은 20% 수준에 불과했다. 가장 큰 조선소인 대한조선공사는 3천총톤급 선대 3기와 500총톤급 선대 2기, 3천총톤급 및 7천총톤급 드라이 도크를 각각 1기, 수리선대로 300총톤급 및 인양선대 500총톤급 각 1기를 보유하고 있었다. 그럼에도 불구하고 대한조선공사 조차도 1961년 철선 105톤을 신조한 데 불과했고,[107] 1962년 당시까지 500톤 이상의 선박을 건조한 실적이 전혀 없었다.

대한조선공사 건조 실적, 1962-1963

톤수	선종	선명	선주
350	화물선	제9동해호	동해상운
150	유조선	김천호	칠양해운
350	화객선	청룡호	동양해운
300	유조선	대양호 제7한일호	대양유조 한일유조
500	여객선	가야호	근해상선
20	간척선	덕전호	한국개간간척사업

자료: 『대한조선공사30년사』, pp.215; 224.

현역 군인 신분으로 조선공사 사장에 임명된 이영진은 자신의 경영능력을 입증해 보이고 싶은 의욕이 강했다. 그 탓인지 취임 후 거의 3개월마다 직원들의 인사이동을 단행하여 직원들의 불만을 샀다. 어느 일요일, 그의 집을 찾은

107　대한조선공사, 『대한조선공사30년사』, 1968, p.158.

기회에 나는 이제 직원들의 인사이동은 그만 중단하라고 솔직한 마음으로 충고했다. 그러자 그는 곧바로 이젠 더 이상 빈번한 인사이동을 하지 않겠다고 직원들 앞에 공언했다. 이러저러한 인연으로 나는 이영진 사장과는 친밀한 관계를 형성하고 있었다.

군산 호 수리가 한창이던 1962년 3-4월 경 이영진 사장이 '선질개량사업 신청자는 쇄도하고 있다는데, 계획조선 선박건조 신청자가 없어 걱정'이라고 말했다. 당시 나는 해운공사에서 입지도 탄탄했고, 선장으로 승선경력을 더 쌓아 도선사가 될 수도 있었다. 따라서 내가 비록 계획조선제도를 발안하기는 했지만, 직접 실수요자가 될 것이라고는 꿈에도 생각하지 않고 있었다. 그런데 막상 이영진 사장의 말을 듣자 나는 자기부담금 10%를 부담할 돈도 없으면서 불쑥 '내가 한번 해볼까요'라고 말했다. 이 말을 듣자마자 이영진 사장은 물에 빠진 사람이 동아줄 낚아채듯, '그러면 저야 좋지요'라고 대답하는 것이었다. 이렇게 된 이상 나로서는 머뭇거릴 이유가 없었다. 내가 가진 돈이 없으면 돈을 가진 사람을 찾으면 될 일이었다.

계획조선 실수요자 신청까지의 고민

1962년 당시 나는 해운공사 부산지점의 선원과장으로 군산 호 수리감독 겸 선장 등 회사 내에서 요직을 맡고 있어 어느 정도 안정적인 미래가 보장되어 있었다. 뿐만 아니라 해운공사를 사직한다 하더라도 고수입이 보장되는 도선사로 전직할 수도 있었다. 그러나 계획조선 실수요자가 된다면 선주가 될 수 있겠지만, 건조자금의 10%는 마련해야 하는 부담을 안아야 했다. 월급쟁이에 불과한 내가 감당하기에는 거액이었다.

당시 내 나이는 서른네 살로 피가 끓어오르는 시기였다. 안정된 해운공사를 퇴사하고, 계획조선 실수요자가 된다는 것에 대해 나 자신도 부담감을 갖지 않을 수는 없었다. 해양대학을 졸업해 선장으로 승선한 내가 해운회사를 창업해 운영하는 것을 도전해 볼만한 일이라고 생각하기도 했다. 결심과 번복의 반복된 망설임 끝에 나는 해운회사의 경영자가 되기로 결심했다. 그 회사가 잘되고 못되는 것은 전적으로 나의 책임이 될 것이다. 하지만 내가 잘해 좋은 회사로 만드는 것도 해볼 만한 일이라고 생각했다.

실수요자 자기자금 10% 조달

당시 해운공사의 주력 선종은 3,800총톤급의 C1-M-AV1와 500톤급 FS였다. 이제 막 해운업을 시작하려는 마당에 3,800총톤급 선박은 너무 컸고, 당시 주력항로인 한일항로에 투입하기에는 500총톤급은 너무 작았다. 규모의 경제를 달성하기 위해서는 1,600총톤급 2척은 되어야 한다고 생각했다. 조선장려위원회에서 정한 선가를 감안하면 대략 5억여환(=5천여만원)에 달하는 건조비 중 척당 5천여만환(5백여만원)에 달하는 건조비는 자기자금으로 마련해야만 했다. 1962년 12월 기준, 우리나라 제조업 근로자의 월평균임금이 3,180원, 광업 재직자 월평균임금이 4,780원에 불과했다.[108] 1962년 3월 장차관의 봉급이 1만원이 채 되지 않았다.[109] 당시 내 직급이 과장이었으니 평균소득보다 약간 많아 월평균 1만원 정도였다고 가정해도, 자기자금 500만원을 마련하려면 내 월급을 한 푼도 쓰지 않고 약 41년 8개월을 모아야 하는 거액이었

108 한국은행, 『경제통계연보 1963』, 1964, p.272.
109 〈동아일보〉, 1962. 3. 9.

다. 공기업인 해운공사의 과장 월급으로 딸 셋과 아들 하나, 태어날 아이(신용화, 1962. 6.30 생)와 아내까지 일곱 식구가 먹고 살기에도 빠듯한 살림이었다. 오백여만원의 자기부담금을 나 혼자 감당한다는 것은 불가능한 일이었다.

양재원

나는 고향 거창의 위천보통학교 4년 선배인 양재원을 생각해 내었다. 그는 식민지 말기 일본 해군에 징집되어 선원으로 승선한 것을 계기로 해방 후에도 승선 생활을 계속했다. 내가 해운공사 해무계장으로 재직하던 6.25동란 중에 그를 한일항로 취항선의 부원으로 승선시켜 준 적도 있었다. 그는 승선 중 일본에서 사출기를 가져와 부산

비닐상공사를 설립해 우리나라 최초로 비닐(합성수지) 핸드백을 제조해 크게 성공하였다. 그는 자수성가한 뒤 1959년 4월 6일 거창명륜학원(1979년 덕봉학원으로 개칭)을 인수해 거창대성중학교, 대성종합고등학교(현 거창대성고), 대성여자상업고등학교(현 거창대성일고등학교) 등 3개의 학교를 운영하고 있었다. 그를 만나 자초지종을 얘기하니 그도 '사업 여건상 전체를 다 투자할 수는 없고 절반을 투자할 수 있다'고 응낙했다. 그러면서 거창 사람으로서나의 종친이기도 한 신중달(慎重達) 사장을 소개해 주었다.

신중달

1910년 거창읍에서 태어난 신중달은 당시 경남조개표석유(주)와 동아석유(주)를 운영하고 있었고, 1962년에 화양실업을 설립해 운영하는 등 부산에서도 손꼽히는 재력가 중 한 명이었다. 나는 신중달 사장을 찾아가 계획조선에 대해 설명하고 투자해 줄 수 있겠는지 의향을 물었다. 가만히 내 얘기를 듣고 있던 신 사장은 '투자하겠다'고 대

답했다.

자금조달이 의외로 순조롭게 해결되자 나는 내가 제안한 계획조선을 스스로 해보라는 '하늘의 뜻(천명)'이라고 생각하게 되었다. 이렇게 자기부담금 10%를 확보한 나는 아직 배도 없는 상황에서 회사부터 설립하는 것은 의미가 없다고 생각했다. 또한 당시 나는 군산 호의 수리감독을 맡고 있는 상황이었기 때문에 신청자로 드러내기에는 적절치 않다고 판단했다. 따라서 계획조선 자금 신청은 두 사람의 개인 명의로 하는 게 낫겠다고 생각해 초안을 작성했다. 초안을 검토한 두 사람은 두 척을 한꺼번에 신조하기에는 어려우니 한 척만 하기로 하고, 양재원 사장은 자기는 투자만 하겠다는 의사를 밝혀 최종 조선자금융자신청서는 신중달 사장 단독 명의로 접수했다. 당시 작성한 신청서 '초안'이 남아 있어 2003년 2월 한국해양대학교 박물관에 기증했는데, 그 주요 내용은 다음과 같다.

사업 계획서[110]

◎ 회사 창립

조선자금융자신청결과 실수요자로서 조선이 인가될 즉시 자본금 2억 5천만환의 주식회사를 창립하고 자기자금1할 해당액을 산업은행에 적립하고 1,600총톤급 화물선 2척을 대한조선공사에 주문건조한다.

◎ 선박의 성능

총톤수 1,600톤   중량톤수 2,600톤

속력   11노트   기관   1,800마력

---

110   이 사업계획서 초안은 1962년 6월 10일 화폐개혁 이전에 작성되어 있어 화폐 단위가 '환'으로 되어 있는데, 화폐개혁으로 '10환'이 '1원'이 되었다.

◎ 항로

한일간 정기항로에 취항하고 부산을 모항으로 하여 일본 고베, 게이힌(京浜), 오사카, 인천, 부산의 항정에 따라 정기적으로 운항함

◎ 배선 횟수

가. 1항해당 소요 일수

    ① 항해 거리　총 2,160해리 ÷ 11노트 = 188시간

    ② 항해일수　188시간 ÷ 24시간 = 약 8일

    ③ 정박일수　12일

    ④ 예비일수　2일

    　계　　　　　22일

나. 연간 항해 횟수

    ① 연간 11개월 운항으로 기산하여 척당 연 15회 항해

    ② 연간 2척의 항해 15항해 x 2 척 = 30 항해

    ③ 연간 1개월간은 입거 수리

◎ 운임계획

1. 출하(FIO 조건)

    가. 대량화물(무연탄, 철광석 등)

        3,800환 x 6만톤 = 2억 2,800만환

    나. 小口화물(FIO조건)

        4,000환 x 9,000톤 = 3,600만환

        합계 2억 2,800만환 + 3,600만환 =2억 6,400만환

2. 입하(Berth 조건)

    가. 게이힌적(京浜積) 잡화

        6.0달러 x 3만톤 = 18만달러(= 2억 3,400만환)

    나. 한신적(阪神積) 잡화

        5.0달러 x 1만 2,000톤 = 6만달러(=7,800만환)

        합계 2억 3,400만환 + 7,800만환 = 3억 1,200만환

◎ 선원 계획

최우수 선원을 초빙하여 우대함으로써 생활의 안정을 도모시키는 동시 배선계획 등에 차질이 없도록 하며 선박은 항시 애호(愛護)함으로써 선령의 연장을 기함

계획조선 1호선 실수요자 선정

1962년 4월 경 나는 신청서 초안을 수정해 신중달 사장 명의로 부산시를 경유해 상공부 조선과에 제출했다. 당시 실무를 담당했던 구자영 행정계장은 '연안선의 선질개량 실수요자 선정을 끝내고, 선박건조 실수요자 신청을 받고 있었는데 문의는 많이 있었지만, 실제 신청자는 없었다. 다행히 마감 결과 신중달, 천경, 남성 명의의 실수요자 선정 신청서가 접수되었다. 세 척의 건조 톤수를 합해도 2,600총톤 밖에 안되었기 때문에 조선장려위원회에서 신청자 전부를 실수요자로 내정했다'고 회고했다.

계획조선 제1차년도 건조선박

선주	총톤수	선명	조선사	완공일
신중달	1,600	신양	조선공사	64.2.22
남성해운	500	우양	조선공사	64.5.11
천경해운	500	천경	대선조선	64.10*

* 인수일.

이렇게 해서 1962년 5월 31일 선박건조 실수요 예정자로 내정되었고,[111] 상공부로부터 1962년 6월 7일자의 선정 통지문을 받았다. 그러나 이것으로 끝난 것은 아니었다. 1963년도 예산으로 건조될 예정인 제1차 선박건조 실수요자 선정이 완료되기까지는 1년여의 기간이 더 소요되었다.

제1차 선박건조 실수요자 선정 과정

일시	내용	기타
1962.연초	계획조선 발안	신태범
1962.2	조선5개년계획 입안	상공부
1942.4.2	조선사업자금융자요강 발표	상공부
1962.5.31	선박건조 실수요예정자 내정	상공부
1962.6.7	조선사업 실수요자 선정 통지 및 조선공사와 협의 건조	상공부
1962.8.4	선박용 주기 및 보기 확보 주문(기한 8.16)	상공부
1963.2.22	조선자금 확정 통지	상공부
1963.2.26	사업계획서, 수지예산서 등 제출	조선공사
1963.2.28	1.선박건조공사 계약 체결 2.자기자금 적립금 예치 3.조선자금융자신청서 제출	부산시
1963.3.14	자가자금 유치(기한 3.21)	조선공사

---

111 1963년 2월 22일자 상공부 공문[문서번호 상일조 1336.17-(2-5151)117]에 "<u>1962. 5.31,</u> 상공일 3437호 : 선박건조 실수요 예정자로 선정"이라고 명시되어 있으나, 이 예정자 선정 통지문은 현전하지 않는다.

조선사업자금융자추천을 신중달 사장 명의로 신청했기 때문에 공식적인 문서는 모두 신 사장에게 송달되었다. 그러나 신중달 사장이나 양재원 사장은 모두 자신의 사업에도 여념에 없었기 때문에 선박건조사업은 모두 내가 맡는 것으로 합의가 이루어져 있었다. 따라서 공문을 받는 대로 내가 넘겨받아 일을 진행하지 않으면 안되었다. 나는 해운공사의 군산 호의 수리를 총괄하고 있었기 때문에 그 일도 등한시 할 수는 없었다. 나는 일과 중에는 군산 호의 수리 진행을 관리 감독하면서, 틈나는 대로 조선공사 측과 신조선 건조 공사와 관련한 중요한 일을 협의해 나갔다.

계획조선 1호선 선형 확정

첫 번째 난제는 건조를 맡게 될 조선공사가 1,000톤이 넘는 대형선을 건조한 실적도 없었고, 이를 설계할만한 실력도 갖추지 못하고 있었다는 것이다. 평소 일본해운집회소에서 발행하는 잡지 『가이운海運』을 구독하고 있던 나는 1961년 11월호에 1,600총톤급 화물선 설계에 관한 일본운수성 선박국 조선과의 이마무라 히로시(今村宏)가 쓴 기사가 게재된 것을 상기했다. 조선사업 실수요자 신청시 선박 크기를 1,600총톤으로 정한 것도 이 기사를 염두에 두고 있었기 때문이었다.

이 표준선형은 일본 운수성의 지도하에 운수기술연구소, 특정선박정비공단, 일본해사협회, 일본선박공업진흥회 등 40여명의 협력하에 사단법인 일본중소형선박공업회가 '전표선대선표준기본설계위원회(戰標船代船標準基本設計作成委員會)'(위원장 成島 전 요코하마국립대학 교수)를 조직해 1961년 6월부터 9월까지 설계하고 9월 8일 발표한 것이었다. 나는 대일항로에 취항 중

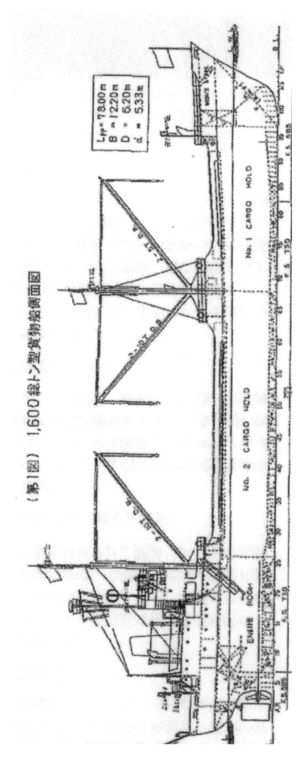

（第1図） 1,600総トン型貨物船側面図

자료 : 今村宏, 一六〇〇総トン型貨物船, 「海運」, 410, 1961.11, p.32.

인 해공 소속 선박의 선원에게 부탁해 일본 기항 중 사단법인 일본중소형조선공업회로부터 당시 4만 9천엔(약 6만 9,176원)[112]을 주고 설계도면을 사오도록 했다.

설계도를 확보한 것으로 끝난 것이 아니었다. 1962년 8월 4일 상공부로부터 1962년 8월 16일까지 주기(主機)와 보기(補機)를 확보해 조선공사와 건조계약을 체결하라는 공문을 받았다. 당시 부산항에는 1,600총톤급 일본 상선 한두 척은 거의 매일 입항하고 있었다. 이들 선박에 가장 많이 장착되어 있는 기기라면 믿을 수 있을 것임에 틀림없었다. 1,600총톤급 일본 상선이 입항했다는 정보를 입수하면 나는 조선공사의 엔지니어를 데리고 해당 선박을 방선해 선장과 기관장에게 기관과 보기, 배전반 등을 어느 회사 제품을 사용하는지 조사했다.

원설계에 따르면, 기관은 설계속력(14.0노트)과 재화중량을 고려해 1,800마력급 디젤 1기(중량 50톤)를 탑재하는 것으로 제시되어 있었다. 나는 운항비를 고려하여 항해속력을 설계선속 14.0노트 보다 느린 11.5노트로 상정해 동형 일본 상선에서 가장 많이 사용하는 니가타(新潟)철공소(현 니가타트랜시스)의 1,500마력급 디젤 기관 1기를 탑재하기로 했다. 입출항시 가장 빈번하게 사용하는 기기는 양묘기(windlass)와 양화기(winch)인데, 신뢰성이 무엇보다 중요했다. 조사 결과, 윈들러스와 윈치는 오사카의 니시(西)철공소 제품이, 배전반은 다이요(大洋)전기 제품이 가장 널리 사용되는 것으로 나타나 이들 제품으로 결정했다.

---

112 1962년 6월 화폐개혁 후 1달러 = 255원 = 360엔으로 고정하였다. at https://m.blog.naver.com/PostView. naver?isHttpsRedirect=true&blogId=esuccess&logNo=40043831188(2022.4.30.)

회사 설립을 위한 지분 구성

계획조선 제1호선의 건조비는 1억 410만원으로 확정되었으며, 이 중 10%인 1,041만원을 자가자금으로 확보해야 했다. 양재원 사장과 신중달 사장이 각각 50%를 투자하기로 했기 때문에 두 사람이 각각 520만 5천원 씩 현금을 출자하여 납입할 수 있었다. 하지만 건조기간에 건조감독과 실무를 담당할 인력도 필요했고, 그에 따른 급여와 활동비 등도 필요했다. 다행히 내가 조선공사에서 군산 호 수리 감독을 맡고 있었기 때문에 계획조선 1호선의 건조감독을 겸할 수 있었다. 나는 내가 해운공사 퇴직시까지 마련할 수 있는 금액은 현금으로 출자하고, 그외에는 건조실무책임자로서 일을 하고, 건조기간에 발생하는 비용과 감독으로서의 급여 등을 지분으로 인정받기로 했다. 그래야 선박건조가 완료되었을 때 월급쟁이가 아니라 비록 적은 지분이나마 선주로서의 지위를 확보할 수 있기 때문이었다.

계획조선 1호선(신양호) 건조비 내역   (단위 : 만원)

총건조비	융자금	보조금	자가자금
1억 0,410 (100%)	5,205 (50%)	4,164 (40%)	1,041 (10%)

자료 : 상공부 문서(상일조 1336.17-(2-5151)117 (1963.2.22.)

나의 계산으로는 1961년 10월부터 1963년 10월까지 2년간 해운공사에서 목돈으로 마련할 수 있는 돈이 28만 5천원이었다. 여기에다가 신조선 건조감독으로서의 급여 및 지출 경비 등으로 74만 5천원을 투자금으로 인정받아 총 103만 700원을 투자하는 것으로 했다. 양재원 사장과 신중달 사장 또한 이 사업과 관련해 실제 지출한 비용이 있었기 때문에 이를 투자금으로 인정해 초기

세 사람의 지분은 신중달 45.6%, 양재원 46%, 내가 8.4%가 되었다.

신양호 건조시 투자 지분(1962)

	자기자금	경비	지분율
신중달	520만 5,000	39만 5,225	45.6%
양재원	520만 5,000	43만 6,422	46.0%
신태범		103만 0,700	8.4%
합계			100%

나의 초기 투자금 내역

구분	항목	금액(원)	기타
현금	퇴직금	6만 2,500	2만 5천원 x 2.5월
	상여금	5만	2만 5천원 x 2회
	연월차 수당	2만 5천	1개월분
	외지 수당	14만 8,200	
	소계	28만 5,700	
경비 및 급여	여비	15만	서울(13회)
	지출	8만	1962.3-10
	감독 월급여	30만	2만 5천원 x 12월(1962.11-1963.10)
	비용	18만	1만 5천원 x 12월
	선장 급여	3만 5천	5천원 x 7월(1963.7-1964.1)
	소계	74만 5천	
합계		103만 700	

계획조선 2차선 동양 호 건조 내막

이학철

1962년 봄부터 가을까지 나는 해운공사의 군산 호 수리와 신양 호 건조 사업을 동시에 맡아 처리하느라 눈코 뜰 새 없이 바쁜 나날을 보내고 있었다. 1962년 5월(?) 어느날 이학철(1914-1980)이 찾아왔다. 그는 국제해운의 전무로서 은양 호의 선주사인 고려해운의 실질사주이기도 했다. 1954년 4월에 설립된 고려해운은 창립 당시 100여 톤급 기범선 2척으로 미국에서 부산으로 수입한 비료와 곡물을 국내 각 항구로 이송하는 데 주로 취항하고 있었다. 고려해운의 사장은 농림부 장관(1950. 1.21-11.22)과 무임소장관(1950. 11.22.-1952. 4.10.)을 역임한 윤영선이 맡고 있었다. 이는 실질 사주인 이학철이 비료와 곡물 등 소관부서인 농림부로부터 화물운송권을 받기 위해 내세운 사람이었다.

그는 1958년 미국 바지선 1척을 매입해 화물선으로 개조해 은파 호(299총톤)로 명명하고 대일항로에 취항시켰다.[113] 고려해운은 이학철이 실질 사주로, 선박은 국제해운에 소속되어 관공서의 비료나 곡물 등의 화물을 배분받아 운송했다. 그러다가 6.25동란 때 부산에서 미군의 위락선으로 활용되던 선박을 매입해 화물선으로 개조한 '은양 호'(833총톤)도 국제해운 소속 선박으로 운항했다.[114] 1959년 발간된 『경남해운조합10년소사』에는 "이학철 씨는 전무로 있는 국제산업주식회사를 개편한 국제해운주식회사(현재는 고려해운주식회사)의 소속 선주가 되어 활약하고 있다"고 기록되어 있다.[115]

---

113 손태현, 『한국해운사』, 효성출판사, 1997, p.372.

114 〈동아일보〉, 1959.12.05

115 『경남해운조합10년소사』, p.193.

그가 나를 찾아온 목적은 어떻게 하면 계획조선 실수요자로 선정될 수 있는지 알기 위해서였다. 나는 성심성의껏 내가 알고 있는 대로 설명해 주었고, 이영진 조선공사 사장에게도 소개시켜 주었다. 소형 연안화물선을 운영해 본 경험이 전부였던 이학철이 외항선의 사업의 계획서를 작성한다는 것은 쉬운 일이 아니었기에 나는 내가 작성한 초안을 보여주며 차근차근 설명해주고, 상공부 조선과의 김철수 과장에게도 '고려해운의 이학철 사장이 계획조선 건조자금을 지원받고자 한다'는 소식을 전해주었다.

이학철은 1,600총톤급 선박 계획조선 신청서를 상공부 조선과에 제출했다. 이학철의 신청서를 접수한 상공부 조선과에서는 1964년도 계획조선2차선 실수요자로 고려해운의 이학철을 선정했다. 1963년도 예산으로 선정된 계획조선 1차선 3척의 기공이 1962년 연말에 이루어져 1964년에 준공될 예정이었다. 따라서 상공부에서는 실수요자 신청 경쟁이 거의 없었기 때문에 조선공사의 일감 확보를 위해 제2차선을 제1차선과 동시에 진행하기로 결정했다.

계획조선 2차선은 1964년도 예산으로 시행할 예정이었지만, 1차선도 1964년도에 준공될 예정이었다. 따라서 2차선도 1차선과 동시에 진행해도 1964년에 준공될 예정이었기 때문에 예산 집행에는 아무런 문제가 없었다. 계획조선 제2차년도 실수요자 지원 사업은, 1차년도와 달리 융자금은 60%로 10% 늘리고, 보조금은 30%로 10% 줄였지만, 자가부담금은 10%로 같았다. 따라서 이학철은 총건조비 1억 410만원 중 1,041만원을 자가부담해야 했는데, 이를 자력으로 부담하기에는 만만치 않은 거액이었다.

군산 호, 대포리 호로 재취항

이처럼 계획조선이 본궤도에 오르던 시점인 1962년 10월 20일, 군산 호는 수리를 마치고 대포리 호로 명명되어 재취항했다.

12만톤의 원양선 도입 추진

대포리호 명명 및 해운센터 기공식이 10월 20일 상오 11시 부산시 대창동 중앙부두에서 박정희 최고회의 의장, 옥창호 최고위원을 비롯한 내외귀빈이 참석한 가운데 개최되었다. 이날 박 의장은 경제개발5개년계획에 따라 정부는 12만톤의 원양선 도입을 추진 중에 있다고 밝히고, "태극기를 단 배가 오대양을 순회할 때 우리의 국위는 더욱 선양될 것"이라고 말하였다. 박 의장은 이어 항도부산에 최신식 시설을 갖춘 해운센터가 건설되는 것과 우리 기술로 좌초된 배를 인양 보수하여 원거리취항할 수 있게 된 것을 치하하였다. (중략)(〈동아일보〉, 1962. 10.20)

신양 호와 동양 호, 동시 기공

나는 대포리 호 재취항 후 마무리 업무를 끝내고 1962년 10월 말 해운공사를 사직하고, 1962년 11월 1일부로 고려해운의 상무로 새 출발했다. 1962년 11

월 27일[116] 계획조선 1호선인 신양 호와 제2차선인 동양 호의 기공식이 대한 조선공사에서 동시에 거행되었다. 신양 호라는 선명은 공동투자자인 '신'중달·'신'태범의 '신'과 '양'재원의 '양'을 따 '신양'으로 하되 한자는 '新洋'으로 쓰기로 한 것이다.

당시 대한해운공사의 모든 배는 ABS에 입급되어 있었다. 이는 우리나라의 한국선급(KR)이 갓 설립되어 신조선 입급은 감히 생각지도 못할 시절이었기 때문이었다. 한국선급은 해양대학 항해과 1기생인 허동식에 의해 1960년 9월 설립되었다. 군산 호 수리시 ABS 선급검사원은 박남석이었는데, 오사카대학 조선과를 졸업하고 히다치(日立)조선소에서 근무한 경력이 있는 조선업계의 베테랑이었다. 나는 군산 호 수리시 KR로 하여금 ABS 개조검사의 노하우를 배울 수 있도록 한국선급의 검사를 동시에 받도록 배려했다.

1,600총톤급 선박의 제원 및 선원 정원

전장	너비	깊이	흘수
75.0m	12.20m	6.20m	5.33m
부서	구분	본선	재래선
갑판부	사관	4명	4명
	부원	9명	9명
기관부	사관	3명	3명
	부원	5명	9명
통신부	사관	1명	2명
사무부	사관	1명	1명
	부원	5명	5명
예비		3명	0명
합계		31명	33명

자료 : 今村宏, 一六〇〇總トン型貨物船, p.33.

---

116 〈경향신문〉, 1963. 7. 24.

신양 호, 박정희 의장 참석하에 진수

계획조선 1호선인 신양 호는 건조 공정이 순조롭게 진행되어 1963년 7월 24일 박정희 국가재건최고회의 의장의 참석하에 진수되었다. 다음은 〈경향신문〉의 관련기사다.

> ## 우리 손으로 만든 원양을 항해할 거선
>
> [서석규 기자] 우리나라에서는 처음으로 만들어진 거물급 선박이 오는 (7월) 24일 부산에서 진수된다. 총톤수 1,600톤급인 이 배는 대한조선공사가 순수히 우리 기술진만을 동원해서 만든 것이다. 우리나라에서는 이제까지 500톤급의 배는 더러 만들어 냈었지만 이처럼 큰 규모의 거물선을 짓기는 처음이다. 2,600톤의 짐을 싣고 '움직이는 창고'처럼 태평양을 오고 갈 것이다. 2,600톤은 트럭 1,040대분의 화물이다.
>
> 신양 호는 전장 77미터에 선폭 12.20미터의 몸집을 갖고 있다. 이 배는 미국선급협회의 검사를 마치고 그 몸집을 바다에 띄우게 된 것이다. 신양 호를 만드는 데 사용된 자재들 가운데 일본에서 들여온 것도 있지만, 우리 기술자들의 손으로 보강되었고 또 조립도 우리 기술만으로 이룩되었다. 11노트의 속력을 가진 신양 호는 앞으로 일본과 동남아 지역을 왕래하며 무역물자를 나를 것이다. 부산에서 일본으로 2,600톤급의 화물을 운반하자면 적어도 1만 4천달러의 외화운임을 지불해야 했다. 따라서 신양 호를 우리 손으로 움직이게 되면 상당한 외화를 절약하는 셈이

된다. 작년에 대한조선공사에서 만들어낸 배는 모두 6척이었다.

신양 호는 그 7번째. 오는 9월이면 1,600톤급의 거물이 또 하나 진수될 예정이다. 대한조선공사는 앞으로 4천톤급의 신조선도 만들 계획을 하고 있다. 이 배는 일본과의 기술제휴를 받아 착공될 것이다. 4천톤급이 완성되면 우리나라의 항로는 해외 곳곳으로 퍼져 태평양도 쉽게 넘나들 수 있게 된다. 1,600톤급의 신양 호는 기껏해야 일본이나 대만, 혹은 그 이웃의 동남아는 항해할 수 있지만, 그 이상의 원양은 어렵다고 한다. 승무원은 모두 33명, 오는 12월 10일이면 신양 호는 우리 깃발을 흩날리며 현해탄을 달릴 것이다.

이번 신양 호의 진수를 고비로 대한조선공사는 내년에 완결할 근대화계획에 새로운 박차를 가하고 있다. 일본의 쿠레(吳) 조선소 고베(神戶)제강, 이시가와지마하리마(石川島播磨)중공업 등과 기술제휴로 설비와 기술의 혁신을 기하리라고. 일정 때 선박의 수리소로서 만들다만 공장으로서 "배도 못만드는 그 따위 공장은 팔아치우자"는 얘기까지 나왔으나, 남다른 의욕으로 이를 맡은 조공의 이영진 사장은 오늘 "어떠한 배를 만들 수 있는 조선소"로 꾸며놓았다.

극동과 동남아에서 조선소가 있는 곳은 일본과 한국 뿐. 일본이 10만톤급 이상의 큰 배에만 힘을 기울이는 대신, 우리는 작은 배를 만들어 동남아에 수출할 수 있게 된다. 이미 월남에서 주문이

왔다는 소식도 우리 조선계의 큰 희망이다.

국제선급협회 ABS에 처음으로 가입된 우리 손으로 만든 신양 호에 이어 이제 곧 동급의 화물선 (고려해운 발주 = 명명 안됐음)이 연내에 진수하고 이렇게 우리의 '새 영토'는 늘어가고 있다. 조선공업은 가장 대표적인 종합공업으로서 99개 종류의 관련 공업이 따른다. 그러므로 우리나라의 경우에는 조선공업이 제 궤도에 오르면 국민의 1/3이 취업하 수 있다는 계산이 나온다.

앞으로는 어선의 대량생산을 서두르겠다는 조공은 그 위치가 부산 영도 끝에 떨어져 있듯 외롭게 두지 않고 정부와 국민이 더욱 이해하고 협조하는 날 정말 '국민의 희망'이 되기에 충분한 가능을 보여주고 있다. 외국에서는 수입하는 배에는 면세 조치를 해주고 조선자재를 수입하는 데에는 관세를 붙이는 모순도 제거되어야 할 것이다.(〈경향신문〉, 1963. 7.22)

신양 호 명명 및 진수식(1963. 7.24, 대한조선공사)

신양 호의 제원

선급	선적항	GT	NT	dwt
KR	인천	1,599.59	952.98	2,611
노트	**윈치**	**붐**	**윈치 형식**	
11.2-13.59	5톤x6	5톤x4	왕복동 증기	

신양 호, 제1호 KR 입급 신조외항선

신양 호는 KR과 ABS에 이중으로 등록한 최초의 선박이자, KR에 입급한 최초의 신조외항선이있다. 신양 호는 착공시는 ABS입급선으로 착공했으나, KR의 발전을 위해 이중선급을 유지하기로 했다. 신양 호는 1963년 12월에 제조검사를 마치고 KR에 등록했으며,[117] 각종 의장을 마치고 최종 준공된 것은 1964년 2월 22일이었다.[118] 신양 호에 이어 건조된 동양 호는 건조공사가 다소 지연되어 1964년 5월 11일에 완공되어 ABS와 KR 이중선급으로 등록했다.[119] 당시는 KR과 ABS 간에 검사업무에 관한 협정이 체결되어 있지 않아 공식적인 합동검사를 시행하지 않고, 양 선급이 각각 제조검사를 했으나, 실질적으로 합동 검사방식으로 진행되었다.

나는 KR에 최초로 신조 외항선을 입급한 이후에도 고려해운의 선박을 KR에 계속 입급시킴으로써 오늘날 KR이 세계 10대선급으로 발전하는 데 일조했다. 그런 인연으로 나는 KR 역사상 가장 오랜 기간 이사를 맡았다.

---

117 한국선급, 『한국선급35년사』, 1996, p.75.

118 『대한조선공사30년사』, p.237.

119 『대한조선공사30년사』, p.237; 『한국선급35년사』, p.75.

KR 이사 역임 내역

	임기	지위	당시 직위
2대	1960.11 – 1967.2	이사	고려해운 상무
3대	1968.2 – 1971.2	이사	고려해운 상무
6대	1977.2 – 1980.6	이사	고려해운 부사장
7대	1980.6 – 1983.3	이사	고려해운 부사장
8대	1983.3 – 1986.3	이사	고려해운 대표
9대	1986.3 – 1989.2	이사	신고려해운 대표 회장
10대	1989.2 – 1992.3	이사	고려종합운수회장
11대	1990.2 – 1995.3	이사	고려종합운수회장
12대	1995.3 – 2000.3	이사	고려종합운수회장

자료 : 『한국선급35년사』, pp.359-363.

고려해운의 재창업

나는 1963년 내내 신양 호 건조감독에 주력하고 있었다. 이 동안 가장 중요한 일 중 하나는 자기부담금 10%를 차질없이 납입하는 것이었다. 이미 신중달 사장과 양재원 사장을 통해 자기부담금을 확보해 놓았기에 예치기한(1963.3.25.)까지 완납할 수 있었다. 조선공사에서 상근하며 신조감독에 여념이 없던 1963년 봄(?) 어느 날 이학철이 찾아왔다. 자기부담금 예치기한이 다가오는데 이를 확보하지 못해 내게 상의하러 온 것이었다.

내가 신양 호 자기부담금을 확보하기 위해 당시 성업 중이던 부산비닐공업의 양재원 사장에게 찾아 갔을 때에도 50% 밖에 확보하지 못했다. 이학철 사장도 백방으로 자기부담금을 마련하려 노력했던 듯하지만, 결국 자기부담금을 마련하는 데 어려움을 겪었던 것이다. 자기부담금을 제때에 납입하지 못할 경우 실수요자 선정이 취소될 수 있었다. 나 개인이 이학철을 재정적으로 도울 여력이 없었기 때문에 나는 양재원과 신중달에게 의사를 타진해 보겠다고 대답했다.

나는 양재원과 신중달을 만나 상황을 설명하고, '이학철의 배가 신조되면 신양 호와 경쟁하게 될 터이고, 한 척 보다는 두 척을 운항하는 것이 이익이 더 클 것이니 지분을 인수해서 공동으로 운항하는 것이 어떻겠느냐'고 설득했다. 내 설득이 주효했던지 양재원과 신중달은 흔쾌히 이학철의 자기부담금 50%를 각각 반씩 인수하기로 했다. 그에 따라 1963년 8월 31일부로 고려해운의 대차대조표를 작성하고, 9월 1일부로 고려해운의 지분을 인수하기로 했다. 고려해운의 지분 인수는 1963년 11월 6일, 고려해운 서울 본사(서울 중구 태평로)에서 제 장부와 대차대조표간의 상위가 없음을 확인하면서 마무리되었다. 다음은 내가 직접 초안한 관련계약서다.

주식양도계약서

별지의 재산목록을 재산내용으로 하는 고려해운주식회사 주식 총 수 일만이천주(일주의 가액 500원 정) 중 이학철 소유 주식 6천주를 양도함에 있어서 부산시 서구 토성동 3가 13번지의 5 이학철을 갑이라 칭하고, 부산시 서구 동대신동 2가 257번지 신중달, 부산시 서구 동대신동 1가 17번지 양재원을 을이라 칭하여 여좌히 계약을 체결한다.

記

제1조 갑과 을은 고려해운주식회사의 주요자산을 별첨재산목록과 여히 평가결정하는 데 합의하였음을 확인한다.

제2조 갑은 갑의 소유인 고려해운주식회사 주식 6천주를 금 1,800만원 정으로 정하고 을(신중달 3,600주, 양재원 2,400주)에게 양도한다. 단, 별첨재산목록에 표시된 한국산업은행 차입 원금 1,400만원을 갑의 지분에 의하여 공동부담키로 하고, 전기 주식양도대금 중에서 을의 부담해당액을 차인키로 한다.

제3조 갑은 고려해운주식회사의 자산상태의 자료로서 제출한 서기 1963년 8월 31일자의 대차대조표(별첨)의 신빙성을 보증한다.

제4조 갑은 별첨재산목록에 표시된 한국산업은행 차입금 약 1,400만원정을 제외한 고려해운주식회사의 부채(차입금 미불금 及 수금기타부채계정) 및 서기1963년 10월 말일까지의 미결산부채를 포함한 일체의 부채를 갑의 부담과 책임하에 서기 1963년 10월 말일까지 청산완제키로 한다. 단, 갑을 쌍방이 인정할 수 있는 미결산부채는 제외로 한다.

제5조 별첨재산목록에 표시된 자산(은양호 및 조공에서 건조 중인 1,600톤급 신조선 동양호에 대한 건조자금)을 제외한 고려해운주식회사의 여타자산은 장부기장금액 그대로 유상승계함을 원칙으로 하되 서기 1963년 10월 31일자 대차대조표를 검토 연후 결정한다. 단 10월 말일 현재 고려해운주식회사의 손익결정에 대하여서는 손익을 막론하고 갑의 책임으로 하여 처리하는데 을은 관계 않는다.

제6조 갑은 고려해운주식회사의 증자, 이사 改任, 정관 변경, 기타 사항의 안건을 서기 1963년 10월 말일 내로 임시주주총회를 소집할 것을 負債한다.

제7조 갑은 임시주주총회 개최 이전에 갑을 제외한 현역원 전원의 사임계 수리를 필할 것을 부채한다.

제8조 을은 제2조의 주식대금을 如左 갑에게 지불키로 한다.
본 계약체결 동시   금 200만원 정
1963년 9월 20일까지   금 200만원 정
1963년 9월 30일까지   금 200만원 정
1963년 11월 말일까지 잔금 500만원 정

제9조 을의 신조선인 신양 호는 건조 후 고려해운주식회사에 위탁운영(용선 또는 지입)키로 한다.

제10조 갑은 갑의 책임과 부담하에 고려해운주식회사 대 서울해운주식회사 간의 은양호 용선계약을 계약기간 전이라 할지라도 서기 1963년 11월 15일까지 해약을 필할 것을 부채한다.

제11조 고려해운주식회사의 업무상 필요에 따라 여타의 대외 제계약은 새로이 구성되는 신 이사회에서 계약존폐여부를 결정키로 한다.

본 계약체결의 사실을 후일에 記하기 위하여 본 記書 3통을 작성하고 각자 기명날인 후 갑 1통, 을 2통씩 소지키로 한다.

1963년 9월 1일

갑   이학철

을   신중달, 양재원

주요재산목록

1. 자산지부

은양호(총톤수 833톤)   23,000,000원

동양호 건조자금 및 기타   13,000,000원

계   36,000,000원

2. 부채지부

한국산업은행 차입원금(은양호 담보) 약 14,000,000원

계   약 14,000,000원

- 끝 -

이로써 우리(나, 신중달, 양재원)가 계획조선 1, 2차선 두 척(신양 호와 동양호)에 대한 지분 75%를 확보하게 되었다. 계획조선 1차선(신양 호) 실수요자 신청시 회사를 만들어서 신청하려고 했으나, 굳이 회사를 설립할 필요가 없어 신중달 개인 명의로 신청해 선정되고 건조했다. 우리가 2차선(동양 호)의 지분 50%를 갖고 있어서 당초 '신양해운' 등의 사명으로 법인을 설립하려고 했었다. 그러나 이학철과 동업관계가 된 이상 굳이 신설법인을 만들 필요가 없었고, '고려'의 어감도 좋아 그대로 고려해운이라는 법인명을 사용하기로 결정했다.

기존의 고려해운은 은양 호 한 척밖에 없는 회사였으며, 계획조선 2차선 선정 시에도 내가 조선공사와 상공부에 소개해 실수요자로 선정될 수 있었다. 따라서 오늘날의 고려해운은 이전 '고려'라는 사명을 차용한 것일 뿐 새롭게 창업된 것이라고 할 수 있다. 나는 양재원과 신중달의 지분을 위탁 관리하는 최대 지분소유자로서 독자적으로 경영을 좌우할 수 있었지만, 여러 주주들과의 협력과 화합을 통해 '좋은 회사, 깨끗한 회사, 멋진 회사'를 만드는 것이 더 바람직하다고 생각했다. 그것이 고려해운이 30여년 이상 흑자를 시현하며 현재까지 이어져 올 수 있었던 원동력이었다고 자부한다. 그것이 내 삶의 크나큰 보람이라고 생각하고 있다.

신양 호와 고려해운 합병 후 지분 (1964.1)

주주	신중달	이학철	양재원	신태범
주식 수	1만6,200	1만5,750	1만5,550	2,500
%	32.4	31.5	31.1	5

고려해운의 출발

1963년 11월 고려해운이 재창업하면서 양재원과 신중달은 본인의 사업에 집중하기 위해 투자자로 남기로 했다. 그에 따라 이학철이 대표이사 사장을 그대로 맡고, 나는 지분 5%를 소유한 주주이자 신중달·양재원의 지분 63.5%의 경영권을 행사할 수 있는 최대주주로서 상무이사를 맡게 되었다. 기존 고려해운에서 근무했던 정우근이 영업담당 상무, 나흥진이 경리부장, 최경규 영업차장, 최진한 영업대리를 담당했고, 본사는 서울 북창동에 자리잡았다.

1964년 6월 당시 고려해운은 은양 호(833총톤), 신양 호(1,600총톤), 동양 호

(1,600총톤) 등 3 척, 4,033총톤의 선박을 확보하고 있었다. 이는 대한해운공사 7만 2,067총톤, 극동해운 2만 1,297총톤, 대한석탄공사 5,644총톤, 협성해운 5,245총톤에 이어 5위를 차지하는 것이었다.

1964년 선주협회 회원사 선복량

회원사	척	총톤
대한해운공사	19	7만 2,067
극동해운	3	2만 1,297
대한석탄공사	3	5,644
협성해운	4	5,245
고려해운*	3	4,033
신한해운	1	3,876
근해상선	5	3,509
삼익무역	1	3,199
서울해운	2	2,137
대한유조선	5	1,985
태영상선	3	1,540
조양상선	1	1,046

자료 : 『한국선주협회30년사』, 1990, p.178.
*주 : 상기서에는 고려해운 선복량이 2척, 1,046척으로 기록되어 있으나 바로잡음.

선박을 운항해 이익을 남기기 위해서는 운임이나 용선료 수입이 선가 상환금보다 많아야 하는 것은 당연하다. 그러나 화물 사고나 선박 사고 등으로 예기치 않은 지출이 발생할 경우에는 운임이나 용선료 수입이 아무리 많더라도 이익을 남길 수가 없다. 이와 같은 불필요한 지출을 막기 위해서는 우수한 선장과 기관장을 배승해야 하는 것은 당연했다.

나는 선원과장으로 일하는 동안 해운공사의 선·기장과 해기사들의 근무 성적을 훤히 파악하고 있었다. 나는 그 중 근무성적이 가장 뛰어난 선장과 기관장을 스카웃했다. 우선 해양대학 3기 수석졸업생인 정오언 선장과, 해양대학 2기생인 이만길 기관장을 신양 호에 배승했다. 신양 호 보다 3개월 뒤에 준공된 동양 호에는 양원석 선장과 윤동식 기관장을 배승했다. 이들 외에 최학영(항해과 4기), 김광현(항해과 5기), 계익로(항해과 6기) 선장과, 김재위 통신장을 영입했다.

신양 호와 동양 호는 준공 직후부터 한일항로에 취항했다. 신조선이다보니 데리크(derrick)의 권상능력이 기존의 다른 선박의 2배인 10톤으로 일반화물을 싣고 내리는 데 매우 유리했다. 한국에서는 물금에서 생산되는 철광석을 선적해 일본 가와사키조선소에서 양륙했고, 복항시는 도쿄, 나고야, 오사카 등에서 건설자재를 주로 실었다. 당시 경제개발계획이 본격화되고 한일국교정상화가 이루어지면서 한일간 해상교역이 증가한 데다가 왕복 화물을 실을 수 있어서 수지가 양호했다. 다음은 관련 기사다.

22일 대일 취항, 조공서 만든 화물선

고려해운은 화물선 신양 호와 동양 호를 오는 (4월) 22일부터 한일간에 정기취항시키기로 하고, 그 취항식을 22일 상오 10시 부산 부두에서 갖는다. 앞으로 인천에서 떠나 일본 오사카, 나고야 등을 거쳐 요코하마까지 왕래하게 될 이 배는 대한조선공사에서 건조한 것이다.(〈경향신문〉, 1964. 4. 16)

신양 호와 동양 호가 취항 첫해부터 수익을 남길 수 있었던 또 하나의 이유는 환차익을 크게 본 덕도 있었다. 1964년 4월 1$ = 130원인 고정환율을 5월 3일 0시 1$=250원을 기준으로 단일변동환율제를 도입하기로 했다.[120] 이러한 정책 방향에 따라 1965년 3월 22일 단일변동환율제도를 실시했는데, 첫날 고시환율은 1$=256원이었다.[121] 이와 같은 환율제도의 변동에 따라 운임을 달러로 수취하는 해운업의 특성상 동일한 달러 운임 수입을 한화로 바꿨을 경우 수입이 약 2배 증가하게 되었다. 이는 이제 막 빚을 내어 건조한 선박으로 영업을 시작한 고려해운에게는 크나큰 행운이었다.

이와 같은 변동환율제 도입은 당시 정부보유 외화가 부족한 우리나라에는 여러 문제를 야기할 것으로 예견되었었다. 그러나 변동환율제 시행 후 폭등할 것이라는 당초 예상과는 달리 안정을 되찾았다. 변동환율제 시행 한 달만인 1965년 4월 21일 하한 기준율인 1$=255원 보다 불과 2원 30전 오른 258원 70전 선에서 맴돌았다. 변동환율제를 도입한다면 280원 대 또는 300원 대 이상으로 평가될 것이라고 예견했던 정부나 업계가 변동환율제 실시 이후 줄곧 떨어지기만 하는 외환시세에 오히려 당황할 정도였다.[122]

계획조선 3·4차선 선정 경쟁

조선공사의 건조능력을 믿지 못해 계획조선 1차 모집시 희망자가 없어 걱정할 정도였다. 그러나 1,2차선인 신양 호와 동양 호의 건조가 순조롭게 진행되자 3, 4차 선의 실수요자 선정 경쟁이 치열해졌다. 3차 선 실수요자 선정시에

---

120 〈경향신문〉, 1964. 5. 4.

121 〈조선일보〉, 1965. 3. 23.

122 〈조선일보〉, 1965. 4. 22.

는 신청자간 경합이 과열되어 국회 로비 사태로까지 비화되기도 하였다. 그 당사자 중의 한 사람이 박현규 이사장이었다.

박현규 이사장과 나는 해양대학 동문이고, 해운공사에서 함께 근무했고, 고려 해운을 함께 이끌어 온 오랜 동업자다. 내가 군산 호 수리와 계획조선을 하고 동시에 맡아 정신 없이 일하고 있던 1962년, 박현규 이사장은 2년 가까이 제주 호에 승선한 뒤 10월 하선해 육상직으로 복귀해 있었다. 그러나 1960년 대한해운공사 노동조합을 설립해 초대 노조위원장을 맡았던 박현규 이사장은 경영자 측과의 관계가 원활하지 않음을 느끼고, 계획조선 실수요자 선정을 계획하고 있었다.

계획조선정책 담당자인 상공부의 김철수 조선과장이 그의 국민학교 동창생이었고, 해운과 관련한 문제에 대해 의견을 나눌 만큼 친밀한 사이였다. 그러니만큼 계획조선 3차선 실수요자에 선정될 것을 낙관할 수 있었다. 그의 계획대로 계획조선 3차 건조사업 실수요자로 내정되어 1963년 10월 조선공사와 선박건조 가계약을 체결했다.[123] 그는 1963년 10월 다시 여수 호의 선장으로 승선했다가 계획조선 실수요자 선정 작업이 본격화되자 1964년 1월 여수 호를 하선해, 대한해운공사를 사직했다.

자기부담금 10%을 마련하는 게 불가능한 상황이었던 박현규 이사장은 고향 지인인 풍곡탄광의 사주인 김성탁으로부터 투자자금을 마련하고자 했다. 풍곡탄광에는 해양대학 기관과 9기 졸업생인 이대우가 근무하고 있었는데, 그는 사주인 김성탁이 국회의원에 당선되자 그의 비서관으로 일하기도 했다.

---

123 〈경향신문〉, 1964.12.10.; 『묵암제해록』, p.107.

박현규 이사장

1960년 4.19혁명으로 의원 비서관으로 2년밖에 일하지 않았지만, 그 경험은 이후 그의 경력에 큰 도움이 되었다. 그는 항해과 동기인 김우경(후에 인천항 도선사)의 소개로 박현규 이사장을 만나 1964년 4월 풍국해운[124] 설립에 참여해 관리과장을 맡았다.

1964년에 진행된 계획조선3차년도 실수요자 선정은 우여곡절을 겪어야 했다. 계획조선 1, 2차년도 실수요자 선정사업에는 경쟁자가 없었지만, 3차년도 선정사업에서는 조양상선이 뒤늦게 뛰어들었기 때문이었다. 1964년 당시 조양상선(대표 박남규)은 2척, 1,046총톤의 선박을 보유하고 있던 한국선주협회의 중견선사였다. 이에 반해 풍국해운은 단 한 척의 선박도 없이 해양대학 연습선 반도 호의 대리점을 맡고 있는 데 불과했다.[125] 하지만 풍국해운은 대한조선공사와 건조 가계약을 맺을 정도로 계획조선 3차선 실수요자 선정과정에서 유리한 고지를 점하고 있었다.[126] 하지만 조양상선도 만만한 회사가 아니었다.

양측 간의 경쟁은 국회로 비화되어 언론에 기사화되기까지 했다.[127] 결국 3차선은 조양상선이 건조하고, 4차선은 풍국해운이 건조하는 것으로 조정됨으로써 마무리되었다. 풍국해운은 전체 건조액 중 자가부담금 중 80%를 이대우를

124　풍국해운의 주주는 김성탁, 서병기, 김철수, 윤인석, 박현규 이사장, 이대우 등이었다.

125　김종길, 물불을 가리지 않고 돌진했던 이대우, 〈한국해운신문〉, 2008.5.1., at http://www.maritimepress. co.kr/news/articleView.html?idxno=65571 (2022. 5.10)

126　"조선공사 서울지사장은 …. 풍국해운(사장 김성탁)과 가계약이 체결되었다고 증언했다." 〈조선일보〉, 1964.7.7.

127　"지난해(1963) 10월 화력발전소의 석탄을 운송하기 위해 풍국이 조선공사와 선박건조 가계약을 체결했다." 〈경향신문〉, 1964.12.10.

통해 울산 출신인 풍곡탄광의 김성탁[128](1922-2007)이 투자하기로 예정되어 있었다.[129]

풍국해운 인수 합병

그런데 계획조선 4차선인 보리수 호의 건조 과정에서 문제가 발생했다. 김성탁이 재정적으로 어려움이 처하게 된 것이다. 그는 1963년 국회의원 선거에 출마해 낙선했고, 풍곡탄광은 광부들의 임금을 체불하는가 하면,[130] 삼척 탄광 1갱도가 무너져 광부 3명이 압사하는 사고가 발생했다.[131] 이런저런 어려움을 겪던 김성탁이 자기부담금을 부담할 수 없게 되어 1965년 초 풍국해운에서 손을 떼자 박현규 이사장은 난처한 상황에 처하게 되었다. 풍국해운이 가진 것이라고는 상공부의 계획조선4차선 선박건조자금 실수요자 선정 통지서 하나밖에 없었다.

이와 같은 상황을 전해 들은 부산해운(대표 이섭준)이 풍국해운 측에 지분 20%를 줄 터이니 합병하자고 제안했다. 당시 부산해운은 FS형인 뉴 원주 호 (850dwt)와 뉴 이리 호(850dwt) 등 2척 1,039총톤의 선박을 운항하고 있었다. 박현규 이사장으로서는 선택의 여지가 없었기 때문에 이를 받아들이기로 했다. 해운업계라는 것이 좁아 내게도 이러한 소문이 들려왔다. 나로서는 신

---

128 김성탁은 1958년 치러진 제4대 국회의원 선거에서 울산(을) 지역구에서 당선된 울산 지역의 경제인이자 정치인이었다. 그는 1963년, 67년, 71년에도 국회의원 선거에 출마했으나 낙선하였다.

129 『묵암제해록』, p.109.

130 〈경향신문〉, 1965.9.9.

131 〈조선일보〉, 1966.5.15.

양 호와 동양 호 두 척에 2,600총톤급 선박이 가세하게 된다면 규모의 경제를 달성할 수 있을 것으로 생각했다. 나는 고려해운의 주주들에게 4차선을 우리가 인수하는 게 좋겠다고 설득해 동의를 받아 냈다. 이학철은 동업자가 더 늘어나는 것을 원하지 않아 처음에는 풍국해운의 인수를 거부했으나, 나의 설득과 중재로 풍국해운을 인수하는 데 동의했다.

풍국해운의 박현규 사장이 부산해운과의 통합을 위해 부산으로 내려간다는 소식이 들려왔다. 나는 부랴부랴 서울역으로 달려가 '부산해운과 통합하지 말고 고려해운과 통합해 함께 하자'고 제안했다. 박현규 이사장으로서도 부산해운측과 합병하기로 약속한 바 있었기 때문에 선뜻 내 제안을 받아들이기 난감한 상황이었을 것이다. 나는 '한일 항로의 물동량이 크게 늘어나 신양 호와 동양 호 두 척으로 감당하기 어려울 지경이다. 마침 큰 배가 필요하니 우리와 같이하면 고려해운을 제대로 만들 수 있을 뿐만 아니라, 동문들도 힘을 얻을 수 있게 될 것이니 우리와 합병하자'고 지속적으로 설득했다. 고민을 거듭하던 박현규 이사장도 마침내 내 제안에 동의했다. 서울역에서의 만남이 고려해운의 제2의 창업이었다.

이렇게 해서 풍국해운은 계획조선 4차선인 보리수호의 자가부담금을 고려해운에서 부담하게 되자 신조감독도 고려해운 측에서 담당했다. 다만 상공부의 조선자금의 실수요자가 풍국해운으로 되어 있었기 때문에 양사의 합병은 보리수 호의 건조가 완료되고 법적인 문제가 해결된 뒤에 하기로 했다. 계획조선 3차선은 1964년도 예산으로 건조될 예정이어서 실수요자 선정이 이루어지기 전에 조선공사에서 건조작업이 진행 중이었다. 조양과 풍국 사이에 논쟁이 한창 진행 중이던 1964년 12월 22일에 제3차선인 조양상선의 남성 호 진

수식이 이루어졌고,[132] 최종 완공은 1966년 5월 17일이었다.[133]

1965년도 예산으로 건조된 보리수 호는 1965년 12월 27일 진수한 뒤, 1966년 8월 25일 준공되었다.[134] 보리수 호는 2,600총톤급 선박으로 길이 93미터, 너비 13미터, 깊이 7미터, 4,000재화중량톤의 제원을 갖추었다. 보리수 호의 총건조가는 2억 3,000만원이었다.[135] 보리수 호는 고려해운이 위탁 운항했는데, 주로 국내 석탄을 운송했다.[136] 여러 가지 법적인 문제가 해결된 뒤에 고려해운은 보리수 호를 인수·합병했다.

보리수 호 진수(1965. 12. 27)

---

132 〈경향신문〉, 1964. 12. 10.

133 『대한조선공사30년사』에는 제3차선인 조양상선의 남성 호의 진수식이 1964년 12월 12일(p.193), 완공일이 1966년 5월 17일로 기록되어 있다.

134 『대한조선공사30년사』에는 보리수 호의 준공일이 1966년 8월 25일로 되어 있다(p.192). 매일경제에는 '8월 26일 진수되었다'고 보도되었다. 〈매일경제〉, 1966.8.29.

135 〈매일경제〉, 1966.8.29.

136 보리수 호의 초대 선·기장은 방석훈과 신상율이었다.

계획조선의 영향

내가 발안한 계획조선은 1962년부터 1966년까지 고려해운 3척, 천경해운, 남성해운, 조양상선, 범양전용선 등이 참여함으로써 성공적으로 마무리되었다. 그러나 이것으로 끝난 것이 아니었다. 1967년 해운진흥법에 명시되어 우리나라 선복량 증강에 큰 영향을 끼쳤다. 1967년 제정된 해운진흥법 제3조에 정부는 매년 해운진흥종합계획을 수립해 공포하도록 입법화되었다. 해운진흥종합계획에는 선박수급, 선질의 개량 및 선박의 대체 등에 관한 사항이 포함되어야 했다. 이 조항에는 계획조선을 위한 정부의 자금 지원에 관한 근거가 명시되지 않았다.

계획조선5개년 사업에 따라 건조된 신조선

차선	선주	GT	선명	건조	준공
1 (1962)	신중달	1,600	신양	조공	64.2.22
	남성해운	500	우양	조공	64.5.11
	천경해운	500	천경	대선	64.10*
2 (1963)	고려해운	1,600	동양	조공	64.5.11
3 (1964)	조양상선	2,600	남성	조공	66.5.17
4 (1965)	풍국해운	2,600	보리수	조공	66.8.26
5 (1966)	범양전용선	1만1,000		조공	

이에 1978년 개정된 해운진흥법에는 제4조 해운업의 조성을 위해 정부는 재정적 조성이 필요하다고 인정할 때에는 소요자금의 일부를 보조하거나 융자할 수 있다는 근거 조항이 신설되었다. 해운업자가 정부의 재정적 보조나 융자를 받을 수 있는 조건은 선박의 수입, 선박의 보수, 5년 이내 국적 취득조건

부 용선, 계획조선 등으로 한정했다. 1970년대 우리나라 외항선대가 급증하게 된 데는 국적취득조건부나용선과 함께 계획조선이 큰 역할을 했음은 주지의 사실이다. 1975년부터 1985년까지 계획조선에 의한 선박확보량은 총 126척, 267만 2천총톤에 이르렀다.

계획조선에 의한 선박 확보 추이, 1975-1985

해	계획조선	선박발주	
	GT	척	GT
1975	6만 8,000	8	6만 8,000
1976	17만 5,000	17	17만 7,000
1977	27만 7,000	18	24만 6,000
1978	22만 0,000	17	20만 5,000
1979	18만 0,000	14	18만 3,000
1980	20만 0,000	12	27만 4,000
1981-82	20만 3,000	8	16만 9,000
1983	20만 5,000	12	26만 3,000
1984	23만 0,000	6	29만 0,000
1985	26만 0,000	14	796만 9,000
합계	201만 8,000	126	267만 2,000

자료 : 『해운항만청사』, 1997, p.165.

계획조선은 우리나라 조선공업 발전의 초석이 되었다. 일감을 걱정해야 했던 조선공사는 신양 호와 우양 호를 필두로 신조 화물선 건조를 성공리에 마침으로써 동양 호, 보리수 호에 이어 11만총톤에 이르는 대형 화물선을 건조하기에 이르렀다. 이와 같은 신조선 건조 경험과 기술력을 바탕으로 1970년대 현대, 대우, 삼성 등이 중공업에 진출해 오늘날 세계 최고의 조선국으로 성장할 수 있는 발판이 되었다.

대한조선공사 신조 실적

연도	척수	총톤수	척수 증가율	총톤수 증가율
1962	1	350		
1963	6	1,800	500%	414%
1964	9	4,538	50%	152%
1965	10	2,056	11%	-55%
1966	22	1만 0,736	120%	422%

자료 : 『대한조선공사30년사』, p.192.

제1차 경제개발5개년 계획 중에 실시되었던 계획조선5개년사업이 성공리에 마무리 되자, 정부는 1967년 3월 조선공업진흥법을 공포했다. 이 법의 주요 시책으로는 지금까지 선진국과의 선가 차액 보조(30%)를 어선을 제외하고 폐지하는 한편, 재정자금에 의한 융자비율을 종전 55%에서 85%로 확대하였다. 또한 자금의 고정화를 방지하기 위해 상환기간을 20년에서 15년으로 단축해 수혜범위를 확대했다. 1969년부터는 기계공업육성자금을 방출하면서 조선 부문도 이 자금의 혜택을 받을 수 있는 길을 열어 놓았다.[137]

계획조선, 한국선급 발전의 초석

계획조선은 갓 출범한 한국선급이 제 자리를 잡는 데도 한몫 했다. 한국선급에 최초로 선박이 입급된 것은 1962년 8월 11일이었다. 삼익해운(대표 김창준) 소속선 은룡 호(1,048톤)가 부산 대선조선의 건선거에서 등록검사를 받고 한국선급 최초의 등록선이 되었다. 당시 선체 검사는 허동식이, 기관은 서병

---

137 전국경제인연합회, 『한국의 조선산업』, pp.85-86.

태 검사원이 각각 시행하였다. 은룡 호는 1964년 10월 천경해운에 매도되어 천구 호로 개명되어 운항되다가 1975년 2월 4일 구룡포 앞바다에 좌초되어 폐선되었다.[138]

신조 건조선박으로는 1963년 7월 동양해운의 청룡 호(380톤), 대양유조선의 대양 호, 한일유조선의 한일 호(344톤) 등 3척이 한국선급에 입급했다. 이들 선박 3척은 모두 대한조선공사에서 건조한 선박으로 소형 연안선이었다.[139]

한국선급에 외항선이 처음으로 입급한 선박은 신양 호가 최초였다. 물론 한 국선급 단독선급이 아니라 ABS와 이중선급으로 등록된 것이었다. 당시 한국 선급은 단독으로 외항선을 입급받은 예가 없었기 때문에 ABS와 이중선급으 로 등록받은 것이었다. 신양 호 건조 과정에서 한국선급은 ABS로부터 외항선 의 제조검사에 관한 노하우를 전수받을 수 있었다.

당시에는 KR이 IACS에 가입하기 전이었다. 외항해운에 종사하는 선박의 경 우 국제무역, 용선, 보험 등 각종 계약과 규제에는 대상선박을 IACS 가입선으 로 제한하고 있었기 때문에 외항운송사업을 위해서는 IACS 가입이 필수요건 이다. 따라서 당시에는 KR에의 가입이 의무사항이 아님에도 불구하고 KR에 가입토록 한 것은 KR의 성장을 지원하기 위한 배려의 결과라고 할 수 있다.

신양 호와 동양 호가 신조외항선으로 KR과 ABS에 동시에 입급하자 이후 건 조된 계획조선 신조선도 이중선급을 유지했다. 계획조선 제3차선인 조양상선

---

138 『한국선급35년사』, p.71.
139 『한국선급35년사』, p.74.

의 남성 호(2,599톤)는 ABS 단독선급으로 착공되었으나, 신양 호와 동양 호의 사례를 따라 두 선급의 제조검사를 받아 이중선급으로 등록했다. KR은 신양 호를 검사할 때의 경험을 살려 남성 호 제조검사시에 ABS와 원만한 협조로 검사를 시행할 수 있었다. 이후 한국선급은 제조검사가 증가하게 되었으며, 이를 토대로 KR의 기술수준을 향상시킬 수 있는 계기가 되었다.[140]

한국선급 입급선 추이

선종 / 연도	화물선		유조선		어선		기타선		등록선복량	
	척	톤	척	톤	척	톤	척	톤	척	톤
'62	2	4,875							2	4,875
'63	12	30,737	3	5,930	1	75	4	5,537	20	42,279
'64	28	84,607	4	6,286	10	1,365	4	5,361	46	97,619
'65	34	120,848	6	7,335	35	5,809	3	5,157	78	139,149
'66	57	19,846	10	12,193	51	9,214	4	5,546	122	225,413
'67	73	241,437	24	145,964	69	14,302	5	5,687	171	407,390
'68	98	367,997	29	154,850	148	45,016	7	6,064	282	573,927
'69	111	485,853	36	171,222	189	55,061	6	5,792	342	717,928
'702	114	472,962	37	190,268	258	79,870	9	5,308	418	748,408

자료 : 『한국선급35년사』, p.87.

재창업 후 고려해운의 현황

재창업 당시 고려해운은 1,600 총톤급의 신양 호와 동양 호, 그리고 2,600 총톤급 보리수 호 등 계획조선으로 건조된 선박 3척과 중고 매입선 2척(오리온

---

140 『한국선급35년사』, p.75.

호와 파고다 호) 등 5척, 1만 5,515총톤을 보유한 회사가 되었다. 이는 1966년 한국선주협회 회원사 18개사 가운데 대한해운공사(23척, 10만 2,595총톤), 조양상선(6척, 1만 7,185총톤)에 이어 3위에 해당하는 선박보유량이었다.[141]

계획조선 신조선 3척의 자본구성

선명	신양(1차)	동양(2차)	보리수(4차)
총톤수	1,600 gt	1,600 gt	2,600 gt
중량톤	2,611	2,611	4,170
계약선가	104,100,000원	104,100,000원	258,700,000원
융자(자산) a	50% 52,050,000원	60% 62,460,000원	55% 131,010,000원
자기자금 b	10% 10,410,000원	10% 10,400,000원	15% 35,730,000원
융자+자기자금	62,460,000원	72,870,000원	166,740,000원
보조금(정부) c	40% 41,640,000원	30% 31,230,000원	30% 71,460,000원
건조비(선주)	1,862,347원	2,590,000원	19,711,079원
총선가(a+b+c)	64,322,347원	75,460,000원	186,451,079원
달러(환산)	236,470달러	277,400달러	685,400달러
톤당 건조비	148달러	173달러	263달러
자기자금 비율	10%	10%	15%
정부보조 비율	40%	30%	30%
융자(산은) 비율	50%	60%	55%

자료 : 소장 자료; 송철원, 『개천에서 난 용이 바다로 간 이야기』, p.118.
주) 건조비(선주)라는 것은 선박의 건조와 관련하여 선주가 사용한 잡비를 말한다. 금리 6%.

이 가운데 계획조선을 통해 확보한 3척의 자본비 구성을 보면, 1차선인 신양호는 자가부담 10%, 보조금 40%, 융자 50%이고, 2차선인 동양 호는 자가부담 10%, 보조금 30%, 융자 60%, 5차선인 보리수 호는 자가부담 15%, 보조금

---

141 『한국선주협회30년사』, p.180.

30%, 융자 55%였다. 보리수 호의 경우, 자기자금의 비율이 높아진 것은 선사 간의 과잉경쟁과 정부의 자금사정으로 조건이 달라졌기 때문이었다.

1963년 11월 당시 고려해운의 지분율은 신중달 32.435%, 이학철 31.412%, 양재원 31.152%, 나 5%였다. 1965년 경 보리수 호의 자가부담금을 인수하면서 이학철, 양재원, 신중달, 내가 각각 균등배분하여 5%를 만들어 박현규 이사장에게 주었다. 이로써 내 지분은 박현규 이사장 보다 0.225% 적게 되었다. 법적 문제를 완결하고 최종적으로 고려해운이 보리수 호를 인수 합병한 것은 1970년 경이었다. 박현규 이사장은 영업을 총괄했고, 나는 관리를 총괄하는 것으로 업무를 나누었다.

고려해운의 지분 현황 (%)

	1963.11	1965	1970	1971
신중달	32.435	30.78	30.78	30.78
이학철	31.412	29.925	29.925	29.925
양재원	31.152	29.545	29.545	29.545
신태범	5	4.75	4.75	4.375
박현규		5	4	4.375
이대우			1	1
합계	99.999	100	100	100

자료 : 소장 자료.

당시 풍국해운의 이대우도 고려해운에 합류하는 것이 마땅했으나, 고려해운에는 이미 육상 스태프가 모두 갖춰져 있었고, 동기생들이 부장급으로 있었다. 그래서 내가 양재원에게 그를 추천해 1970년 11월 동서해운으로 가도록 했다. 이때 박현규 이사장이 자신의 지분 1%를 이대우에게 양도하게 되니 박현규 이사장의 지분(4%)이 내 지분(4.75%)보다 적게 되었다. 내가 풍국해운을 합병할 때 그와는 모든 면에서 똑같이 한다는 원칙을 정한 바 있었다. 나는 이 원칙을 지키기 위해 내 지분 중 0.375%를 떼어 박현규 이사장에게 매각함으로써 그와 내 지분을 동등하게 만들었다.

대한해운공사 인수 추진

1967년 당시 정부는 해운공사, 석유공사, 준설공사, 조선공사 등 국영기업체의 민영화를 추진 중이었다. 1968년 초 나는 해운공사의 민영화에 관심을 갖고 당시 사장이었던 이맹기 사장을 접촉해 인수의향이 있음을 피력하였다. 이맹기 사장도 해운기업이 인수하는 것이 더 바람직하다는 생각으로 협력할 것임을 표명하였다.

그러나 며칠 후 이맹기 사장으로부터 인수후보가 이미 결정된 것으로 보인다며 난색을 표명했다. 당시 공화당 재정분과위원장이었던 K모 씨의 주선으로 한양재단의 김연준씨가 내정되었다는 전언이었다. 인수자금으로 2억 5천만원의 현금을 준비해두고 있었던 나는 실기(失期)했음을 확인하고 인수의사를 접었다. 당시 한양재단은 대한해운공사보다 석유공사를 희망했던 것으로 알려지고 있다. 1968년 10월 해운공사는 한양재단으로 넘어갔고, 인수 후 약 10년이 지나 대한해운공사는 다시 서주산업의 윤석민이 인수했다가 1986년 한진그룹으로 넘어갔다.

어려운 동업, 우리는 절대 배신하지 않는다

신중달과 양재원은 처음부터 경영에는 간여하지 않고 그들의 지분을 내가 행사하는 것을 인정했다. 보리수 호를 고려해운에 편입시킨 것도 나의 주도로 이루어진 것이었고, 그 결과는 매우 양호했다. 그러나 나는 좋은 회사를 만드는 것 이외의 다른 생각을 해본 적이 없었다. 뭐든지 동업자끼리 같이 할 수 있다면 나의 지분이나 직위에는 연연하지 않았다. 그래서 좋은 회사를 만드는 데만 집중했고, 결과적으로 그런 회사를 만들었다.

우리나라 최초의 계획조선을 제안하고 그 1호선으로 신양 호를 건조한 것, 계획조선 2호선인 동양 호의 건조를 지원하고, 신양 호와 동양 호 2 척으로 고려해운을 재창업한 것, 계획조선 4차선인 보리수 호를 고려해운에 편입해 넣은 것 등은 모두 나의 의중이 반영된 것들이다. 지금의 고려해운은 이러한 기반 위에서 오늘에 이르고 있다.

최우수 인재 확보, 깨끗한 사풍, 정도 경영

정수창(좌), 양재원(중), 청해(우)
(1989)

고려해운으로 통합할 때 신중달과 양재원은 각각 투자자로 남고 자기 사업에 집중하기로 해 사장은 이학철이 맡고, 나는 관리담당 상무를 맡았다. 그러나 신중달과 양재원이 자기의 지분에 대한 권한 행사를 나에게 위임했기 때문에 나는 실제적으로는 최대주주로서의 역할을 할 수 있었다. 나는 회사가 장기적으로 성장하기 위해서는 직원들이 우수해야 한다고 생각했다.

신양 호를 건조할 때 해무감독은 내가 할 수

있었지만, 공무감독은 믿을 만한 사람을 영입해야만 했다. 나는 기관과 동기생 중 가장 친하게 지내고 실력도 뛰어난 원기춘과 함께 일하기를 원했다. 원기춘은 나와 함께 졸업 후 해운공사에 입사해 해상과 육상에서 탁월한 능력을 발휘하고 있었다. 나는 그에게 계획조선 1호선인 신양 호의 신조감독을 맡아달라고 제안했고, 그는 기꺼이 이를 받아들였다.

한국해양대학 기관과 2기 동기생인 이만길은 부산사무소장으로서 공무를 총괄하도록 했다. 해양대학 항해과 9기생인 한재희도 이학철의 고려해운에서 일하다 내가 합류한 뒤 부산사무소에서 해무감독으로 일했다. 해양대학 기관과 10기생인 이승은은 1958년 졸업 직후 고려해운에 입사해 은룡 호 승선생활을 하다가 내가 고려해운에 합류한 뒤인 1964년에는 서울 본사에서 관리담당으로 일했다. 이승은은 그 뒤 기획부장을 거쳐 고려콘테이너터미널(KCTC)의 사장으로서 능력을 발휘했다. 해양대학 기관과 10기생인 한병진은 대학 졸업 후 조선공사에서 일을 하다 신양 호와 동양 호 인수 시점에 고려해운에 합류해 부산사무소의 공무감독으로 일했다.

나는 내가 해운공사에서 근무하는 동안 인성과 실력이 입증된 인재들을 앞장서 영입했다. 해운공사에서 경리를 담당했던 나흥진을 영업과장으로 영입해 일하도록 했다. 이후 선복량이 늘어나면서 나흥진이 해운공사에서 영업을 담당했던 최경규를 추천해 영업과장직을 맡기고, 그는 경리담당 과장으로 옮겨주었다. 신양 호와 동양 호가 취항한 시점인 1964년 중반 고려해운 공채 1기를 채용했는데, 고려대 출신 최진한이 입사해 뛰어난 근무성적을 발휘해 주었다.

내가 고려해운의 관리를 총괄하게 된 1965년 이후 영업을 강화하기 위해 박장균과 이윤수를 영입했다. Everet기선에서 일하고 있던 이윤수(항해과 12

기)를 1966년 7월에 영업과장으로 영입해 영업을 담당하게 했다. 에버렛기선의 인천주재 포트감독으로 일하고 있던 박장균(항해과 11기)을 1967년 경 영입했다. 이윤수는 영어와 일어가 능통했기에 1968년 도쿄주재원으로 파견해 일본 내에서의 업무를 총괄하도록 했다. 1971년 이윤수를 서울로 불러들이고 박장균을 도쿄주재원으로 파견했다.

1970년대 들어 국적취득조건부 나용선을 통해 선박들이 속속 도입되어 고려해운의 사세는 크게 확장되었다. 이에 대응하기 위해 해운공사에서 선장으로 뛰어난 역량을 발휘하고 있던 조판제(항해과 12기)를 선장으로 영입했다. 그는 선장으로서도 탁월한 능력을 발휘해 육상직으로 전환했다. 양영한(기관과 21기)과 김경재(기관과 21기)도 각각 1970년대 초반에 고려해운에 합류해 공무감독으로서 제 능력을 발휘했다. 서울대를 졸업한 전문준도 1973년 입사해 고려해운 사장까지 승진했다.

아무리 우수한 인재가 모였더라도 서로 화합하지 않으면 모래처럼 흩어져 제 역량을 발휘할 수 없게 된다. 이는 회사의 생존과 성장에는 가장 큰 장애요인이 된다. 따라서 나는 '깨끗한 사풍 조성'을 최우선 경영과제로 삼았다. 고려해운에는 다양한 출신과 사람들로 구성되어 있었다. 이들이 끼리끼리 집단을 지어 타 집단을 따돌리게 되면 불평불만이 나올 수밖에 없다. 따라서 나는 능력과 실적에 따른 공정한 평가와 인사를 하는 데 최선을 다했다. 물론 이는 경영진 모두가 이에 공감하고 따랐기에 가능한 것이었음은 두말할 나위 없다.

아무리 '깨끗한 사풍'을 강조한다고 하더라도 경영진이 이를 따르지 않고 직원들에게만 준수하기를 강요한다면 이는 공허한 메아리에 지나지 않는다. 나는 나부터 '정도 경영'에 앞장서 공과 사를 철저히 구분했으며, 해외 출장 가는 길에도 소속 선박에 승선해 가능하면 비용을 절감하려고 노력했다. 이렇듯 경영진인 나부터 깨끗하고 공정하게 경영하려고 노력하니 직원들도 제 능력을 다해 회사일을 해주었다. 그 결과 고려해운은 이렇다 할 해양사고나 화물사고가 발생하지 않았다.

해상 직원 우대

나는 해기사 출신으로 선장직까지 승선생활을 했다. 따라서 어느 해운경영자보다도 선원들의 노고를 잘 알고 있다. 나는 인천에 배가 들어오면 직접 방선해 선장과 기관장 등 해기사들을 만나 애로사항을 청취하곤 했다. 부득이한 사정으로 방선할 수 없을 때는 반드시 선장을 본사로 불러 점심을 대접하며 의견 청취하는 것을 즐겨 했다.

신양 호의 정호언 선장이 본사에 들릴 때면 만사를 제쳐두고 함께 식사하면서 본선 현황과 문제점을 청취했으며, 정 선장의 요구사항을 들어주려고 했다. 나는 출신에 따라 편 가르기 하는 것을 몹시 싫어한다. 같은 회사나 배 안에서 출신에 따라 패가 갈리게 되면 인화가 깨져 선박이든 회사든 잘 굴러갈 수가 없기 때문이다.

내가 출신을 가리지 않고 실력을 높이 평가한 사람이 양원석 선장이다. 양원석 선장의 리더쉽과 인품은 우리나라 해운계 뿐만 아니라 일본 해운계까지도 잘 알려져 있을 정도였다. 1970년 대 초 일본 항만의 항만근로자 부족으로 하역 지연사태가 빈발하곤 했다. 대부분의 선박들은 외항에서 대기해야 했지만, 양원석 선장이 승선한 우리 선박은 일본의 항만하역업자들로부터 특별 대우를 받아 바로 접안해 하역작업을 제시간에 마칠 수 있었다. 나는 양원석 선장의 이와 같은 리더십과 인품을 높이 평가해 그가 1977년 6월 코스모스 호를 끝으로 퇴직한 뒤에도 3년 동안 선원교육담당자로 근무하도록 했다.

해기사로 기억에 남는 사람으로 이강일이 있다. 그는 한국해대 항해과 14기 출신으로 1964년 신양 호의 첫 번째 3항사로 승선하였다. 당시 일본으로 출장을 가게 될 때는 신양 호에 편승해 가곤 했다. 나는 항해 중 선내를 살펴보곤 했는데, 특히 해기사들의 방을 찾아 그들의 노고를 치하하고 애로사항을 청취하곤 했다. 어느 날 이강일 3항사의 방에 들어가게 되었는데, 봉투에 담긴 누룽지를 발견하게 되었다. 그게 뭐냐고 이강일 3항사에게 물으니, '누룽지과자인데, 버터를 바르고 설탕을 쳐서 우유 통에 넣어 구워 먹으면 아주 맛있다'고 대답하는 것이었다. 나는 누룽지과자를 하나 얻어 먹어보고는 기발한 아이디어라고 칭찬해 주었다.

이강일이 2항사로 진급하고 얼마 안되어 질병으로 하선해 1년 이상 요양을 해야 할 상황이 생겼다. 나는 치료에 돈이 들텐데 휴직으로 급여까지 못받게 된다면 더욱 어려워질 것으로 생각해 월급을 그대로 지급하도록 했다. 이강일은 치료를 마치고 선장까지 8년간 승선한 뒤 LG화재 선박보험부장으로 스카우트되어 우리 회사를 떠나게 되었다. 나중에 들은 얘기로는 어려울 때 배려해 준 덕분에 나를 하늘같이 모시고 따랐다고 한다. 그가 이스턴 에이스(Eastern Ace) 호 선장으로 재직시 만재흘수선을 약간 초과해 화물을 만재해 싣기도 했다고 한다. 한마디로 나의 해상직원 우대 덕분에 목숨을 걸면서까지 회사에 충성한 셈이다.

이론과 실천의 조화

나는 해양대학을 나와 선장까지 승선생활을 했으니, 선박운항에 대해서는 최고의 전문가라고 자부할 수 있다. 하지만 선박운항은 해운경영의 일부에 지나지 않는다. 나는 이 사실을 고려해운을 시작하면서부터 절실하게 깨닫고 있었기에 1967년에 고려대 경영대학원에서 다양한 강의를 들으며 보완하고자 했다.

고려해운의 사세가 성장함에 따라 다루어야 할 경영상의 문제들이 점점 복잡해지고 어려워져 갔다. 나는 고려해운 부사장으로 있던 1978년에 서울대 경영대학원 과정을 이수했다. 두 번씩이나 경영대학원 과정을 수료한 것을 두고 의문을 가질 수 있겠지만, 나로서는 '기술계 대학을 나온 내가 부족한 부분을 배워서 채우지 않으면 안되었기 때문에 그럴 수밖에 없었다.'

사실 경영대학원에서 배운 지식도 중요했지만, 무엇보다도 각계각층의 인사들과 교분을 맺게 되어 경영에 큰 보탬이 되었음을 두말할 나위 없다. 서울대 경영대학원 동문들은 수료 후에도 오랫 동안 매주 금요일 모임을 갖고 친분관계를 유지해 왔다. 그때 동문 중 한 분이 당시 두산그룹 정수창 회장이었다. 그가 1980년에 대한상공회의

정수창

소 회장으로 선임되자 1982년에 나를 상공회의소 상임위원에 임명했다. 정수창은 1988년까지 대한상공회의소 회장으로 재임했는데, 나는 상임위원을 1997년까지 재임하면서 경영계의 핵심인사들과 친분을 나눌 수 있었다.

선원 해외취업 제한과 정영훈과의 인연

정영훈

1960년대 중반부터 우리나라는 선원, 파독 광부와 간호사 등의 인력송출을 통한 해외취업이 크게 성장하였다. 달러가 부족하던 시기에 이들이 송금하는 달러 임금은 국가경제에 큰 보탬이 되었음은 두말할 나위없다. 해운업계에서는 선원 송출사업을 통해 선박을 확보할 수 있는 밑바탕이 된 것도 사실이다. 그러나 1970년 대에 접어들면서 국적취득조건부나용선과 계획조선 등으로 국적선사들이 선박을 확보하기 시작했다. 해외취업선과 국적선간 선원 임금의 차이가 컸기 때문에 해양대 졸업자와 부원들이 모두 해외취업선에 승선하기를 선호하게 되자 국적선에 승선할 선원이 부족하기에 이르렀다.

이에 선주협회를 중심으로 교통부에 한국선원의 해외취업을 제한해 국적선원을 확보해 달라고 건의했다. 이에 교통부는 1970년 해양대학 설치령 제26조의 취업의무규정을 '해양대 졸업생은 졸업 후 3년간 국내선사에 근무하지 않으면 해외취업을 할 수 없다'고 개정하였다. 이어 1972년에는 교통부 고시 제36호로 '해외취업선의 신규 인수 자체를 조정할 수 있도록' 강화하였다. 나아가 1972년 12월에는 을종 해기사의 해외송출을 전면금지하는 조치를 1973년 1월1일부터 실시한다고 고시하였다.[142]

이러한 조치에 선원송출회사들이 청와대 민정비서실과 중앙정보부에 '주요 외화수입원의 하나인 선원수출사업을 선주들로부터 로비를 받은 젊은 해운

---

142 해운항만청, 『한국해운항만사』, 한국해사문제연구소, 1980, pp.1068-1069.,

국장이 선원수출금지고시를 발표해 외화를 벌어들이지 못하게 되었으니 부정공무원을 조사해 달라'는 진정서를 내며 맞대응했다. 당시 교통부 해운국장을 맡고 있던 정영훈(1932-2011)은 중앙정보부의 정보원에 끌려가 하룻밤동안 모 호텔에 감금되어 문초를 받아야 했다.

당시 대한해운을 경영하고 있던 이맹기와, 나도 당국에 불려가 '선원의 송출제한'이 우리나라에 도움이 되는 조치였는지 아니었는지 해명해야 했다. 나는 선원의 해외송출로 벌어들이는 것은 임금 뿐이지만, 국적선 한 척으로 벌어들일 수 있는 운임이 그 보다 훨씬 많기 때문에 해운국장의 행정조치는 해운업계와 국가에 훨씬 이익이 된다고 진술했다. 다행히 정영훈은 하룻만에 풀려나 업무에 복귀했다. 이 인연으로 나는 1976년 해운항만청이 출범하고 나서 해운자문위원회의 위원으로 활동하며 정책입안자들에게 탁상공론이 아닌 살아있는 해운 관련 정책을 자문해 주었다.

6회 해운의 날 기념연(1982. 3)
중-정영훈(해운항만청 국장), 우-박효원(조양상선 부사장)

정영훈은 공직을 떠나 두 차례 국회의원(1992-2000)을 역임하며 유력정치인으로 성장하였다. 그는 1992년 경기도 하남-광주 선거구에서 처음으로 국회의원으로 당선되고 해운정책 입안과 집행에 적극적으로 지원해 준 것에 감사하며 직접 만든 도자기를 선물해 왔다. 정영훈 의원은 가고 없지만, 그가 선물한 도자기는 지금도 내 집무실 한 자리를 차지하고 있다.[143]

고려해운의 항로 확장

1. 한일 항로

고려해운은 1964년 신양 호와 동양 호를 한일부정기항로에 취항시킨 데 이어, 1966년 보리수 호를 한일 부정기 항로에 취항시킴으로써 단 시일 내에 외항해운업계의 상위선사로 도약했다. 한일항로의 영업이 호실적을 기록하자 1968년에 라이트, 호프, 에이스, 상록수 등 중고선 4척을 매입해 추가로 케이힌 및 한신 정기항로를 개설하였다. 아직 컨테이너선이 도입되지 않았던 1960년대 후반 우리나라 최초의 정기항로는 한일항로였다. 이때 고려해운은 신조선 3척과 중고선 6척으로 운항 스케줄을 준수하는 정기선 서비스를 제공함으로써 한일 정기선항로의 주도권을 잡게 되었다.

2. 동남아항로

고려해운은 여기서 그치지 않고 동남아항로까지 진출하였다. 1966년부터 파고다 호와 오리온 호 2척을 대한해운공사의 산하배선(傘下配船)[144]방식으로 동남아 정기항로 취항을 시도하였다. 그러나 합의를 이루지 못해 일본의 오야

---

143 정영훈, 『정치는 절대로 하지 않겠습니다』. 클레버, 2008, pp.174-183.

144 업계에서는 보통 underwing이라고 얘기하는데 해운동맹에 가입이 인정되지 않는 선주가 정식회원인 선주 밑에 들어가 배선하는 것을 말한다. 영국식 봉쇄적 해운동맹(Closed Conference)의 경우 이러한 케이스가 발생한다.

마(大山)해운과 공동운항 서비스 형식으로 2년간 일본-한국-홍콩-싱가포르-인도네시아-말레이시아를 순항하는 정기항로를 운영하였다. 정기항로 외에 동남아 부정기항로에도 진출해 1967년에는 보르네오(Borneo) 호와 수마트라(Sumatra) 호 등 6천dwt급 원목운반선 두 척을 남양재 원목수송에 배선하였다.

Korean Sunshine 호 갑판 위에서(1984)

3. 원양 부정기항로

이와 같은 항로 확장 경험을 바탕으로 원양 부정기 항로에도 취항하였다. 1974년에 핸디사이즈급 선박인 코리안 펄(Korean Pearl, 18,000dwt) 호등 중고선 4척과 신조선 로얄 사파이어(Royal Saphire, 16,000 dwt) 호 1척 총 5척을 원양부정기항로에 투입하였다. 1984년에는 삼성중공업에서는 처음으로 파나막스급으로 신조한 코리안 썬샤인(Korean Sunshine, 6만 5,000 dwt) 호를 취항시켰다. 그러나 당시 제2차오일쇼크로 인한 해운시황 불황으로 고전하였으나 한국전력㈜의 호주 석탄운송을 위한 전용선 계약을 맺어 전용선 운항을 함으로써 안정화 되었다.

한국해운의 컨테이너화

1. 북미서안항로

로얄 사파이어 호

1960년대 후반에 이르러 본격화된 컨테이너화 움직임에 따라 국내에서도 대한해운공사가 최초로 정기항로의 컨테이너화를 추진하였다. 1972년 12월 7일 SCI(Sea Container Inc.)사와 컨테이너 장기임차계약을 체결하고 1972년 말 뉴욕항로 정기선인 코리안 파이오니어(Korean Pioneer) 호의 미주향 항로에 10개의 컨테이너를 갑판상에 선적 운송한 것이 한국해운사상 최초의 컨테이너 운송이라고 할 수 있다.[145]

그 이후 본격적으로 모선에 의한 원향항로 컨테이너 서비스는 1975년 대한해운공사에 의해 시작되었다. 대한해운공사는 1975년 국적선사 최초로 1,444 teu급 코리안 리더(Korean Leader) 호를 도입한 데 이어 1977년, 1,658 teu급 K. 커맨더(K. Commander) 호, 1978~1981년에 걸쳐 K. 주피터(K. Jupiter), K. 제이스원(K. Jacewon), K. 제이스진(K. Jacejin), K. 워니스 세븐(K. Wonis Seven) 등을 도입하여 OOCL과 공동으로 태평양 항로에 4척, 유럽항로에 2척을 투입 Ace 그룹 선사들과 공동운항체제를 갖추었다.

이어 1978년 3월 정부가 컨테이너사업의 경쟁력 강화를 명분으로 컨테이너 4사 체제 도입을 선언하였고 유럽항로에는 조양상선, 북미 서안항로에는 한

---

145 『한진해운60년사』, p.13.

진해운과 고려해운이 진출하였다. 당시에는 선박의 투입, 기항지 변경 등 항로운영과 관련된 제반사항이 정부의 인허가 대상으로서 컨테이너 4사간의 이해관계로 인해 선사와 선사간 및 선사와 정부간 갈등의 소지가 항상 내재되어 있었다.

2. 한일항로 컨테이너화

한일항로의 컨테이너화는 피더 서비스에서 시작되었다. 당시 한일 항로는 1968년에 일본 해운의 원양컨테이너화가 시작된 이후 외국선사에 의한 한일간 피더(Feeder) 서비스가 먼저 선을 보였다.

고려해운 종무식(1976. 12)
청해(좌측 두 번째)와 이학철(중앙)

1970년 3월 미국 시랜드(Sea-Land)사의 피츠버그(Pittsburg) 호가 부산에 기항하였고, 10월에는 US 라인(US Line)의 피더선 아메리칸 마크(American Mark) 호가 한일 항로에 투입되었다.

이에 자극을 받은 한국 해운계가 피더 컨테이너의 도입과 건조를 서둘렀다. 고려해운은 1972년 6월 2,394총톤의 뉴 오리온 호를 피더선으로 개조해 처음으로 한일항로에 배선하였다. 그리고 당시 일본 NYK의 대리점을 맡고 있던 대진해운(한진그룹)이 한국개발금융으로 일본에 188 teu급(3,459총톤) 인왕 호를 발주해 1972년 9월에 인수해 투입하였고, 조양상선은 코리언 쉬퍼(Korean Shipper) 호를 나용선으로 도입하였다.

이렇게 국적선으로 한일항로 피더 컨테이너 서비스가 개시된 것은 1972년이었다. 그 이후 천경해운, 세방해운, 흥아해운 등이 가세하며 매년 5척 내외의 피더 선이 추가 투입되면서 1977년 당시에는 한일 항로에 12개사가 피더 서비스를 운영하게 되었다. 당시 고려해운이 투입한 선박들은 뉴 오리온(New Orion), 클로버(Clover), 코스모스(Cosmos), 썬 플라워(Sun Flower), 칸나(Canna), 모닝 썬(Morning Sun), 써니 로즈(Sunny Rose) 등 7척이었다. 한일항로의 피더 서비스에 이어 국적 모선의 부산항 직기항이 증가하면서 피더 물량의 증가세는 크게 둔화되고 있었다. 이에 반해 한일항로의 선복은 크게 증가하다 보니 모종의 대책이 필요하다는 공감대하에서 한일간 컨테이너 서비스의 합리화를 모색하였으나 첨예한 이해관계의 대립으로 별 성과를 보지 못하였다.[146] 1984년에 이르러서는 여러 국적선사들이 총 27척의 피더선을 투입하여 한일정기항로가 과당경쟁이 일어나게 되었다. 이에 고려해운이 주축이 되어 1983년 2월에 '한일간 컨테이너 수송 협정'(pool system)을 결성하여 시행함으로써 과당경쟁을 방지하고 항로안정화를 기하는 데 크게 기여하였다. 정부도 이 협정의 운영성과를 큰 것으로 평가해 협정 자체를 합리화로 간주하였다.

---

146 『한진해운60년사』, pp.512-513.

3. 고려해운 북미서안항로

세계 주요 정기선 항로에서 컨테이너화가 급속히 진행됨에 따라 우리 정부는 1978년부터 1981년까지 풀컨테이너선 21척을 확보해 주요 정기선 항로에 배선하기로 했다. 이를 실행하기 위해 정부는 고려해운, 한진해운, 대한해운공사, 조양상선을 풀컨테이너선사 4사로 지정했다. 고려해운은 미국 서안항로에 NYK와 스페이스 차터(space charter) 방식으로 공동운항을 시작하였다.

고려해운은 1978년 11월 1차선 퍼시픽 트레이더 (Pacific Trader, 1,035 teu) 호와 퍼시픽 익스프레스(Pacific Express, 1,200 teu) 호 두 척을 투입하고, 1980년 코리안 브릿지(Korean Bridge, 1,034 teu) 호를 신조해 퍼시픽 트레이더(Pacific Trader) 호를 대체하였다. 1985년 3월 5일 고려해운과 한진해운 간 공동운항 협정을 맺어 정부방침에 따라 국적 선사간 공동운항을 시행하기도 하였다.

고려해운의 선복량 추이

	척	GT		척	GT
1965	2	3,199	1975	18	6만 1,139
1966	5	1만 5,512	1976	21	8만 9,722
1967	5	1만 5,515	1977	22	9만 6,148
1968	5	1만 5,515	1978	24	12만 6,159
1969	5	1만 5,515	1979	18	10만 3,143
1970	5	1만 3,480	1980	16	8만 7,120
1971	7	1만 8,450	1981	18	10만 9,843
1972	10	2만 5,443	1982	14	9만 9,416
1973	15	4만 1,939	1983	14	12만 5,593
1974	15	3만 5,713			

자료: 한국선주협회, 『한국선주협회30년사』, 1990, 2장.
주: 1971년부터 BBCHP 선박 포함.

5장
해운산업
합리화

도산의 공포와 싸우는 세계해운기업

바다는 이른바 세계의 공용도로이며, '해운자유의 원칙'이란 말이 상징하는 것처럼 해상운송산업은 기본적으로 진출입이 매우 쉬운 분야로 참여의 길이 항상 열려있다. 그러다 보니 때로는 선복량이 필요 이상으로 증가하면서 공급과잉 현상이 나타나는가 하면 해운 외적 요인으로 갑자기 수요가 급등하게 되면 수요과잉으로 시장이 과열되기도 한다. 1970년대에 있었던 1~2차 석유 파동에 의한 세계경제의 혼란도 해운계를 강타한 대표적인 사례라고 할 수 있다.

중동발 1~2차 석유파동에서 비롯된 글로벌 무역의 구조적 변화에 따라 70년대 후반부터 시작된 해운시장의 침체가 80년대 중반까지 진행되면서 세계적인 해운기업들의 연쇄도산 사태가 발생하였다. 1984년 5월 그리스의 대형선사인 Hellenic Lines의 도산을 시작으로 같은 해 연말에는 스웨덴의 최대선사인 Salem Investment사가 도산되었고 1985년 8월에는 일본의 Sanko Kisen이 도산되었다. 같은 해 8월, 홍콩의 CH Tung 그룹 산하 선사의 위기론에 이어 대만의 Evergreen까지 위험하다는 소문이 확산되었는가 하면 당시 기준으로 초대형 컨테이너선인 4,200 teu급을 운항했던 US Line도 도산하였다.

석유파동과 산업구조의 변화

세계 해상물동량이 급격히 감소하며 장기정체에 빠지게 된 근본원인은 석유파동이다. 제4차 중동전쟁을 계기로 20여년간 유지되어 온 배럴당 1.5~2달러 수준의 국제 원유가격이 일거에 10달러로 급등하였는가 하면 두 번에 걸친 원유가 인상조치로 현물시장 가격이 배럴당 41달러로 무려 20배까지 치솟았다.

에너지는 산업활동 및 소비생활의 기초이기 때문에 이러한 사태는 유사 이래 혁명적인 대사건이 아닐 수 없었다. 석유가 에너지 소비량의 절대적 부분을 (78%) 점하고 있고 그 전체를 수입에 의존해야만 하는 극히 취약한 체질을 갖고 있는 한국경제는 석유가격이 일거에 20배로 급등하였음에도 불구하고 산업의 구조상 석유소비를 대폭 줄일 수 있는 처지가 아니다 보니 극심한 혼란에 빠져들 수밖에 없었다.

해운산업합리화 이전의 국제해운시장

1974년 제1차 석유파동이 발생하기 전까지 10년에 걸친 기간동안 석유화학, 철강, 비철(非鐵), 시멘트 등의 소재산업과 각종 플랜트, 기계산업, 자동차, 조선 등 원자재를 많이 소비하는 2차 산업이 발전하였다. 그 결과 석유, 철광석, 석탄, 곡물 등 주요 대량화물의 해상물동량이 급격한 증가를 보이면서 글로벌 해상물동량도 연평균 7.9%라는 괄목할만한 성장세를 보였다.

이러한 산업구조의 변화로 인해 개도국의 원자재 수입이 증가하는 한편, 생산지로부터 소비지로 이어지는 제품의 원거리 수송이 활성화되는 해상물동량의 흐름이 변화되었다. 이에 따라 글로벌화가 가속화 되면서 국적과 소속을 초월한 글로벌 경쟁시대가 본격화되기에 이르렀다.

그러나 1~2차 석유파동으로 인해 에너지 절약시대, 탈석유시대로 전환되면서 석유수요는 크게 하락하였다. 1979년~1984년 사이에 해상물동량은 매년 2% 이상의 감소세를 기록한 반면, 선복량은 1982년까지 오히려 계속 증가세를 보였다. 경제학 교과서에 의하면, 소비력의 증가와 생산력의 증가간 상대적 격차가 공황을 유발한다고 한다. 해운의 경우 물동량(수요)의 증가와 선복량(공급)의 과도한 불균형, 즉 공급과잉의 폐해가 초래되었던 것이다.

엔고와 일본 해운

당시 일본의 경우 급격한 엔고로 인해 일본인 선원을 승선시킬 경우 선원비가 외국적 선원의 선원비 대비 3배 이상 높았다. 그럼에도 불구하고 엔고가 계속되면서 선원비의 차이가 최고 5~6배에 이르렀다. 엔화 건조선의 경우 가격 측면에서 외국적선 대비 40% 이상 높았다. 이 때문에 시황이 회복되더라도 단 기간 안에 해운기업의 재무구조가 개선되기를 기대하기는 어려운 상황이었다.

결국 이러한 일본의 해운원가 문제를 해결하기 위한 방안의 하나로 선박을 나용선(BBC) 형태로 인근 국가에 용선해주고 다시 이를 정기용선하는 방식으로 선원비 부담을 완화하였다. 당시 양적 확장을 추진하고 있었던 한국 정책과 맞아 떨어지면서 한국해운업계는 일본 선박의 용선과 중고선 매입을 급격히 증가시키게 되었다. 결국 시기적으로 글로벌 해운경기는 이미 침체에 국면에 진입하였음에도 불구하고 한국해운은 국제적 추세를 외면 한 채 양적 팽창에 주력하였다.

전후 일본의 해운산업

일본의 해운 민영환원기와 함께 1950년 한국에서 발생한 6.25전쟁으로 일본은 군수물자를 조달하는 배후기지로서 각 산업분야는 특수경기를 맞게 되었다. 1956년 7월 나세르 대통령에 의한 수에즈 운하 국유화 선언과 이어진 영국, 프랑스 군의 이집트 침공으로 수에즈 운하가 폐쇄되면서 우회항로로 전환에 따른 선복수요가 급격히 증가했다. 해상운임이 크게 상승하였고 일본 해운도 이례적인 호황을 맞게 되었다. 1959년 기준으로 일본 상선대는 628만 총톤으로 증가해 전쟁 전의 수준으로 복귀하였다.

1960년대 이후 세계 경제는 '황금의 60년대'로 표현될 정도로 빠른 성장세를 보였고, 일본의 무역량도 크게 신장되었다. 1961년 일본 정부는 국민소득배증계획을 발표하고 10년 안에 국민경제 규모의 실질가치를 배로 늘릴 계획은 수립했다. 당시 이 목표를 달성하기 위해 건조해야 할 선복량만 970만총톤에 이를 것으로 추산되었다. 그러나 해운계는 선복과잉으로 인한 불황에 대해 우려를 표명하고 목표달성을 위한 해운기업의 기반강화와 기업이 자주적으로 선박을 건조할 수 있는 체질 개선의 필요성을 강조했다.

일본의 해운집약화정책

이에 따라 1963년 6월 '해운재건정비 2법'이 일본 의회에서 통과되었다. 이 법의 적용을 받게 되는 각 해운기업은 1963년 12월 20일까지 재건정비계획('海運集約'이라 함)을 제출해야 했다. 재건정비계획에 의거 제1차 집약에 참가하는 선사를 다음의 3 그룹으로 집약하고 해당기업은 다음과 같은 요건을 충족하도록 하였다.

① 합병회사 : 주력해운회사('중핵체'라 함)로 합병에 의해 보유하는 외항 선

복량은 50만중량톤을 초과해야 하며, 계열회사 또는 전속회사가 소유하는 외항 선복량의 합계가 100만중량톤을 초과할 것.

② ①의 계열회사 : 중핵체가 30% 이상의 주식을 보유하고 그 사업활동을 지배하는 운항사업 또는 선박임대업을 운영하는 회사.

③ 전속회사 : 특정 중핵체 또는 그 계열회사에 소유 외항선의 전부를 5년 이상 빌려주거나(정기용선 포함) 운항을 위탁하는 회사로 상호 밀접한 관계를 갖고 있는 회사.

여기서 밀접한 관계라 함은 ⓐ 중핵체 또는 계열회사가 전속회사의 주식의 10분의 1 이상을 보유할 것, ⓑ 중핵체 또는 계열회사가 전속회사의 선박 건조, 매입, 개조자금의 채무에 대하여 1/5 이상을 보증할 것, ⓒ 중핵체 또는 계열회사의 임원이 전속회사의 상급임원으로 파견될 것 등이다.

이상의 조건하에 건조자금 지원, 장기차입금 유예, 이자보급강화 등 재정지원하에 일본선사간 과당경쟁의 방지, 국제경쟁력 강화를 목적으로 합리화(해운기업집약조치)를 추진한 결과 최종적으로는 6개 중핵체 그룹으로 집약체제가 성립되었다. 전체 일본 선복량의 90%에 상당하는 94개 외항선사의 선복량 658척, 936만중량톤이 기업집약에 참가하여 1964년 4월 1일부로 기업집약이 완성되었다.

일본 해운산업의 재편

1964년 해운집약에 의해 중핵 6사 체제가 완성되었고, 그 이후 컨테이너화의 도입, 1979년 2차 석유파동, 1984년 미국 신해운법 발효, 1985년 플라자 합의(Plaza Accord) 등 외항해운의 내외적 환경이 바뀌면서 글로벌화와 함께 경쟁력 강화를 위한 해운기업간 재편이 계속되었다. 일본 해운도 중핵 6사 체제에서 1989년 YS Line과 Japan Line이 Navix Line으로 합병했다가 1999년 MOL로 흡수되었고, 1998년 Showa Line이 NYK로 합병되면서 일본 해운사는 1964년 중핵 6사 체제가 2000년 현재 NYK, MOL, K-line의 3사 체제로 바뀌면서 선사 수가 반으로 줄어든 이후 현재에 이르고 있다.[147]

일본 해운업계의 평가

1960년대에 행해진 일본 해운의 집약과 재편에 대해 일본 해운계는 일본해운의 성장기반을 구축한 과감하고도 성공한 해운정책으로 평가하고 있다. 다음은 집약과 재편이 끝난 후 1979년 당시 일본선주협회 오노 신(小野 晋) 회장이 집약과 재편의 성과에 대해 평가한 요지다.

해운집약 재편은 당시 위험에 처한 일본 해운을 구하기 위한 마지막 수단으로 취해진 것이다. 하지만, 각각 나름의 역사를 갖고 있는 주요 선박회사를 법률의 힘을 빌려 합병시킨다는 산업사상 희소하게 보이는 과감한(drastic) 것으로 놀라운 일이며 전쟁 전과 전후를 통해 일본 해운의 가장 큰 이벤트였

---

[147] 篠原陽一, 『現代の海運』(税務経理協会, 1985)과 森 隆行 編著, 『外航海運概論』(成山堂書店, 2004)을 참조해 정리하였다.

다는 점에서 누구도 이의가 없을 것으로 생각한다.

집약 후 일본 해운은 주기적으로 이어지는 고도성장의 물결을 타고, 급성장을 이루면서 실질적으로 세계 제1위라고 말해질 정도가 되었다. 하지만 그 발전의 기반은 뭐니 뭐니해도 이 집약과 재편성, 이에 대한 정부의 본격적인 조성에 있다는 것은 모든 사람들의 일치된 의견이다.

1978년 6월의 '해조심 해운대책본부(海造審 海運對策本部)' 중간보고는 산업계, 매스컴 대표 등 각계를 망라한 컨센서스로서 해운집약체제의 의의를 오늘에도 인정하며 기본적으로 이 체제를 유지해야 한다고 한다. 연구자들은 "다시 한번 이러한 집약 재편성은 일어나지 않을 것이며, 또 일어나서도 안되는 것"이라고 말하고 있다. 그러기 위해서는 무엇보다 우리 해운인으로서 그만큼의 각오와 노력이 필요하며 또한 적절한 해운정책의 추진과 관계 각 방면의 두꺼운 지원과 협력을 필요로 한다는 것은 두말할 필요도 없다.[148]

우리나라 해운 현황

한국이 보유한 선복량은 1965년 12만 9,000총톤에 불과했으나 1970년대 수출주도형 경제개발로 수출입 물동량이 증가하였다. 이에 선복증강의 필요성을 느낀 정부는 1975년 계획조선제도의 시행과 함께 1980년 외항해운 육성정책 등 적극적인 해운육성지원에 의해 국적선복량이 크게 증가하였다. 그 결과 한국해운선사의 수(數)는 1976년 77개사에서 1983년 115개사로, 선복량

148　小野 晋, 序文, 代田武夫, 『日本海運死闘の航跡 : 集約と再編成史』, シッピング ジャーナル, 1979.

은 1983년 703만 총톤으로 늘어나는 등 불과 18년 사이에 60배 정도로 급성장하였다.

이와 같은 선복량의 급격한 성장의 원동력은 ① 저렴한 선원 인건비, ② 경제의 고도성장에 의한 수출입화물의 급성장, ③ 일본으로부터 차관에 의한 중고선의 대량 매입 등을 들 수 있다. 그러나 70년대에 들어서면서 선원들의 해외취업이 크게 증가하자 국내에서도 고급선원의 부족과 함께 선원임금이 대폭 상승하면서 일본에 이어 한국도 급등한 선원비 부담 등으로 이중고를 겪게 되었다.

한국해운의 선복량이 빠른 속도로 증가하고 있는 와중에 1981년부터 전 세계적인 불황으로 인한 해상물동량의 감소로 인해 해운시장도 심각한 공급과잉과 함께 장기 침체의 늪에 빠지게 되었다. 이와 같은 내외적 부담에도 불구하고 한국해운계는 여전히 저금리의 정책금융을 통한 중고선의 도입과 외국으로부터 용선 확대 등 선복량 확대조치를 1981년 하반기까지 멈추지 않았다.

선복량은 급증하는 반면 석유파동으로 인해 물량증가세가 둔화되고 있는 와중에 설상가상으로 해외에서는 기술혁신과 함께 에너지절약형 선박이 출현하기 시작하는 등 글로벌 시장에서의 경쟁은 갈수록 심화되고 있었다. 이러한 시장상황과는 별개로 당시 한국해운계는 1970년대에 일본으로부터 대량으로 구입한 중고선의 대부분이 노후화 되면서 유지비가 날로 증가하는 등 비경제선화가 빠르게 진행되면서 경쟁력이 크게 약화되고 있었다.

결국 1970년대 후반에 이르자 한국해운은 ① 고도성장의 정체로 인한 물동량 성장의 둔화, ② 영세선사들의 난립에 의한 국적선사간 과당경쟁, ③ 선원의 해외 송출로 인한 고급선원의 부족과 그로인한 선원비 상승, ④ 일본으로부터 대량 구입한 고가의 중고선에서 비롯된 경쟁력 저하 등으로 인해 한국해운의 구조적 취약성이 노출되기 시작했다.

선대의 구성을 포함해서 경쟁력 차원에서도 취약한 한국해운의 타격은 선진 해운국과 비교할 때 훨씬 더 심각한 상황이 되었다. 결국 급속한 양적 팽창으로 인해 경쟁력이 크게 저하된 한국 해운계는 국내선사간 과도한 경쟁으로 적자경영이 수년간 이어지면서 심각한 재정난에 봉착하게 되었다.

그렇다고 운항중단이나 계선(lay-up)도 쉽지 않다 보니 적자운항인 것을 뻔히 알면서도 운항을 계속할 수밖에 없는 상황이었다. 1983년에 이르러서는 고선가로 구입한 선가 상환요구까지 겹치는 설상가상의 상황이 되었다. 하지만 당시 해운계의 사정은 선가상환은 고사하고 운항비도 감당하기 어려운 처지였다. 결국 지급불능사태로 일부 선사가 도산하는가 하면 자금사정의 악화로 해외에서 한국선박이 압류되는 등 글로벌 시장에서 한국해운의 국제적 신용도가 크게 추락하는 사태가 발생하기에 이르렀다.

해운산업합리화 준비

좁은 한국시장에서 70여개 해운회사가 난립해 있는 현상은 구조적으로 국내선사간 과당경쟁을 하기 십상이었다. 그러한 상황이 한동안 지속되다보니 한국해운선사들의 사정이 개별선사 단위로 불황을 탈출하는 것이 불가능할 정도로 극심한 재정난에 처하게 되었다.

결국 어려움에 직면한 한국해운계는 1982년부터 정부에 불황극복정책을 몇 차례 건의했지만 한동안 반응이 없었다. 그러나 1983년 후반부터 부도와 도산사태가 발생하는가 하면 운항 중의 선박이 해외에서 압류되는 사태까지 나타나자 정부도 더 이상 두고만 볼 수 없는 상황에 이르게 되었다. 결국 정부와 은행이 나서서 적극적인 지원책으로 기업을 살리거나 아니면 도태시키거나 둘 중의 하나를 선택하지 않을 수 없는 절박한 상황에 처하기에 이르렀다.

긴급대책의 불가피성 인식한 정부는 종합대책의 수립에 착수하게 되었고 3개월여에 걸친 험난한 준비작업을 거쳐 1983년 7월 '해운산업 종합육성 대책'을 수립하고 해운산업의 안정기반 구축이란 이름하에 1983년 10월 경제장관회의를 거쳐 1983년 12월 29일 '해운산업합리화계획'을 수립하기에 이르렀다.

그러나 정부는 합리화 계획 추진에 앞서 "해운산업이 직면해 있는 난감한 상황을 구체적으로 살펴볼 겨를도 없이 서둘러 지원이 불가피하다는 점에 대해서는 인정하지만 해운업계가 우선 합리화 계획에 포함된 지원을 받아들일 수 있는 태세를 먼저 갖추지 않으면 안된다"는 점을 분명히 했다. 사실상 통폐합 조치를 원안 그대로 수용하라는 우회적 요구이자 합리화 실행에 앞서 정부가 제시한 선행조건이라 할 수 있다.

해운산업합리화의 실행

경제장관 협의회와 산업정책심의회의 의결에 따라 1983년 10월에 불황대책반을 중심으로 합리화란 이름하에 통폐합 작업이 진행되었다. 1차적으로 선사의 통합을 추진하되, 화물확보 지원, 계획조선사업 시행, 금융지원 등을 보완책으로 하는 합리화계획에 의거 70여사에 달하는 외항선사 가운데 63개사가 합리화계획을 제출하였다. 참가선사들은 원양항로 6개사, 동남아 항로 4개사, 한일항로 9개사, 특수선 분야 1개사 등 20개 그룹으로 나누어 해운업계의 재편을 통한 구조조정이 시작되었다. 통폐합의 과정에서 불가피한 사유로 조정이 필요한 사유가 발생할 경우 정부와 해운계의 대표로 구성된 '산업정책 심의회'의 논의를 거쳐 기본 계획을 수정하였다.

해운산업합리화를 일반적으로 해운기업의 통폐합 계획으로 이해하는 경우가 많으나 통폐합 그 자체만으로 해운산업의 합리화가 달성되는 것은 아니다. 통폐합은 어디까지나 해운산업 합리화를 추진하기 위한 여러 수단 중 하나일 뿐이지만 여러 가지 조치 중 기업에 가장 충격을 주는 방안이 통폐합인 것도 사실이다. 그럼에도 불구하고 기업의 통폐합은 기업별 이해관계와 통폐합의 과정에서 수반될 수 있는 부작용 등을 감안해 과당경쟁을 방지하는 최소한의 범위에서 이루어지는 것이 바람직하다. 따라서 정부도 합리화 계획을 인정할 때 가능한 한 업종별, 항로별 통폐합을 장려하는 방향으로 추진하였다.

합리화의 목적이 해운기업의 재건과 육성인 만큼 정부가 일단 합리화 대상기업으로 선정하면 어떤 수단을 동원해서라도 해당 기업의 도산방지를 위해 지원해야 한다. 즉 지원에는 ① 우선 기업 스스로의 자구노력을 하되, ② 자구노력만으로 안 되는 부분은 정부 또는 은행이 지원하며, 다만 지원받은 부분은 경영합리화 후에 반드시 상환한다는 것을 전제하였다. ③ 선대의 개선을 통한 국제경쟁력 강화와 이를 위한 에너지절약형 선박에 대한 과감한 신규투자정책의 추진, 그리고 ④ 합리화 기업을 지원하기 위한 적정 수준의 운임과 화물의 안정적 확보를 위한 정책차원의 대책 등이 그 핵심이다. 물론 일정기간에 걸쳐 적정 화물량과 운임을 보장하는 COA(Cotract of Affreightment, 장기운송계약) 체결을 위해서는 정부, 화주, 선사간 공동노력이 선행되어야 한다.

당시 합리화 과정의 특징을 든다면 ① 합리화의 실무적 작업은 해운관련 당국에서 담당했다 하지만, 합리화 실행에 앞서 범정부 차원에서 해운업의 실태를 선 파악하고 금융적 지원조치의 수위를 결정하겠다는 취지하에 재무부가 대책반 반장을 자임했다는 점, ② 합리화 추진작업은 철저히 업계 자율에 의해 수행되었으며, ③ 당초 예상보다 많은 해운사들이 합리화에 참여했다는 점 등이 다른 사례와는 차이가 있었다. 이는 산업합리화의 대상이 되는 한국해운계가 당면하고 있는 상황이 해운관련 부처만의 영역을 넘어 범정부 차원의 초강도 조치가 필요할 정도로 심각했음을 의미하는 것이다. 따라서 합리화 계획에 참여하지 않고서는 기업의 지속가능성을 담보할 수 없다는 정부의 확고한 입장을 분명히해 두었다. 이와 동시에 합리화 착수 이전에 강조한 합리화 조치의 선행조건을 이행하지 않고서는 합리화 추진이 어려울 것임을 사전에 밝혀두기 위함인 것으로 추정된다.

합리화계획의 마무리

합리화는 원안대로, ① 원양 8개 그룹, ② 동남아 4개 그룹, ③ 한일 4개 그룹, ④ 특수선 1개 그룹 등 17개 그룹으로 재편하는 방향으로 시작되었다. 그러나 진행과정에서 변경사유가 발생함에 따라 몇 차례에 걸친 '해운산업 합리화 추진계획조정'을 결의하고 원안을 수정했다. 해운항만청이 편집한 「해운산업 합리화 관련 주요정책 의결록」(1983 ~ 1989)을 보면 당시 정부가 해운산업 합리화 계획을 여건 변화에 맞춰 얼마나 자주 수정했는지 알 수 있다.

1. 해운산업의 산업합리화 계획(1983. 12. 23 제출, 제출자 손수익 교통부
   장관)
2. 해운산업 합리화 추진계획 (1984. 5. 12 제출, 상 동)
3. 해운산업 합리화 추진계획조정(1985. 2. 26 의결, 상 동)
4. 해운산업 합리화 추진계획조정(1985. 7. 19 의결, 상 동)
5. 해운산업 합리화 추진계획조정(1986. 7. 11 의결, 상 동)
6. 해운산업 합리화 추진계획보완대책(1987. 4. 4 의결, 제출자 차규헌 교
   통부장관)

1차적으로 의결록 1안에 따라 17개 그룹으로 통폐합을 의결하고 추진 중이었다. 그러나 예상보다 불황기간이 장기화되고, 자금난의 가중으로 일부 선사들이 합병안과 달리 선박을 매각하는 등 합리화 대상기업의 합병과 경영정상화의 조기 실현이 어려워짐에 따라 시황 호전시까지 합리화 계획의 일부 조정이 불가피해졌다. 이에 따라 원안에서 의결한 ① 원양 8개 그룹, ② 동남아 4개 그룹, ③ 한일 4개 그룹, ④ 특수선 1개 그룹 등 17개 그룹에서 ① 원양 6개 그룹, ② 동남아 4개 그룹, ③ 한일 9개 그룹, ④ 특수선 1개 그룹 등 총 20개 그룹으로 조정되었다.

의결록 4에 따른 합리화 추진 과정에서 일부 해운회사의 경우 예정되었던 비업무용 부동산 처분이 어려워짐에 따라 처분시기 조정을 위해 5의 조정안이 의결되었다. 이어 정부는 불황의 장기화와 공급과잉의 심화로 해운경기가 계속 악화되고 있음을 감안해 근본적인 대책수립의 필요성을 느끼게 되었다. 이에 적정 선복의 유지, 노후 비경제선의 처분, 추가 자구계획 등을 전제로 금융지원의 강화와 국적선의 수입증대를 통한 자생력 배양 등을 위해 보완대책을 수립하기에 이르렀다. 이 시기에 대한선주의 경우 재생이 불가하다는 판단하

에 별도의 대책으로 대한선주 합리화 계획(사실상 한진그룹으로의 경영권 양도)이 확정되었다.

그 후 1989년 2. 17일 산업정책 심의회에 「해운산업 합리화 시책 마무리와 향후 해운정책 방향」이 의결(제출자 교통부 장관 김창근) 되면서 사실상 한국해운 산업합리화는 마무리 되었다. 뒤이어 1989년에는 「1989년도 선박확보계획」이 다시 산업정책 심의회에서 결의되면서 한국해운계는 '합리화'라는 이름하에 통폐합이라는 긴 터널을 벗어나게 된 것이다.

해운합리화와 고려해운

1980년 전반에 취해진 정부 주도의 해운산업 합리화는 한국해운사상 전무후무한 대변혁의 조치이자 해운산업에 대한 강력한 구조조정이었으며 개별 기업차원에서 보면 1960년 초 부터 항로 확장과 사업 다각화를 추진 중이었던 고려해운으로서는 창업이래 직면하게 된 최대 시련이자 위기의 과정이었다. 당시의 글로벌 해운환경과 국내의 해운 내 외적 요인들을 감안할 때 해운산업 합리화라는 거대한 시험대를 현명하게 통과하지 못할 경우 해운회사로서의 기반이 뿌리 채 흔들릴 수 있는 위기이자 기회의 관문이었다고 할 수 있다.

70년 고려해운 역사를 좌우할 수도 있었던 당시의 시련을 어떻게 돌파해 왔는지 돌이켜 보면 그 근원은 시대의 흐름에 순응하는 가운데 회사의 위기를 돌파하기 위한 현명하고 차분하면서도 일사 분란한 임직원들의 일치단결의 노력이었다고 생각하며 그러한 노력이 오늘의 고려해운으로 성장시킨 원동력이 되었다는 점에서 늘 감사한 마음이다. 창업에서 오늘에 이르기까지 고려해운의 그늘을 떠난 적이 없었던 한 사람으로서 그 당시의 어려웠던 상황을 정리해 두는 것도 의미가 있을 것 같아 기억을 되살려 정리해 보았다.

1984년 3월에 마감된 해운선사의 해운산업합리화 계획서에서 고려해운은 원양항로에서 참여선사의 보유선박을 수탁운항하는 운영선사그룹으로 지정되었다.[149] 이 계획서에 따르면, 고려해운은 한바다해운을 합병하고, 협성선박, 천경해운, 세양상선, 동서해운의 선박을 매입하며, 삼원선박을 계열사로 두는 운영선사가 될 예정이었다.

그러나 현대상선이 풀컨테이너선 6척(1,552 teu 급)을 건조하고 북미항로 면허 발급을 해운항만청에 지속적으로 신청했다. 해운항만청으로서는 해운산업합리화 계획이 추진되는 상황에서 현대상선에 원양정기항로면허를 허락하면 원양풀컨테이너 5사 체제가 될 수밖에 없었다. 이는 과당경쟁을 유발해 국적선사의 대외경쟁력을 저하될 것이 예상되었다. 따라서 해운항만청에서는 '원양정기선 부분을 현대상선에 넘기고 한일항로에 집중하는 것이 어떻겠느냐'고 고려해운에 제안해 왔다.

고려해운으로서는 최대의 위기를 맞게 되었다. 그러나 냉정한 판단으로 중대한 결단을 내릴 수밖에 없었다. 당시 고려해운의 경영실적은 한일항로는 흑자였으나 해운 불경기로 부정기선 부분이 적자이고, 북미정기선 부분도 1980년 최대 선사인 SEA-LAND가 운임동맹을 탈퇴하고 운임경쟁을 시작함으로써 적자로 전환되었다.

---

149 『한국선주협회30년사』, p.215.

주주들과 협의 끝에 고려해운이 가장 경쟁력이 있고 흑자가 나는 한일컨테이너 항로에 집중하고 원양컨테이너 항로는 현대상선에 매각키로 결정하게 되었다. 1985년 8월 고려해운의 원양정기선 부분을 현대상선에 매각하였다. 이로써 고려해운은 법적으로 소멸되어 1985년 9월 신고려해운이라는 새로운 회사로 거듭나게 되었다. 신고려해운은 내가 대표이사 회장, 이동혁 사장 체제로 한일항로에 집중하게 되었다. 신고려해운은 1988년에 고려해운으로 환원되어 현재까지 흑자경영을 이어가고 있다.

지금에 와서 결과를 보면 그때 현명한 판단을 한 것으로 생각된다. 당시 고려해운을 포함하여 상위 7개 대형선사 중에 유일하게 고려해운만이 그대로 경영이 지속되고 있다. 대한해운공사, 한진해운, 현대상선, 조양상선, 대한해운 등은 도산하거나 은행관리 또는 법정관리를 거쳐서 주인이 바뀌게 되었다.

고려해운의 연혁(1)

1950년대

1954. 4. 17   창립
　　　　　　　은파 호(400 dwt) – 전매청 소금 연안 수송
1959　　　　　은양 호(1,600 dwt) – 대일 항로 취항

1960년대

1963. 2. 28   제1차계획조선사업자에 선정
1964. 2. 22   계획조선 1차선 '신양' 호 준공
　　　5. 11   계획조선 2차선 '동양' 호 준공
1966. 8. 26   계획조선 4차선 '보리수' 호 준공
　　　　　　　동남아 서비스 개시
　　　　　　　일본–한국–홍콩–싱가포르–인도네시아–말레이시아 항로 취항
　　　　　　　Pagoda, Orion 2척을 일본의 오야마(大山)해운과 조인트 서비스 개시(약
　　　　　　　2년간)
1967. 4　　　 한국 최초 세미컨테이너선 배선
　　　　　　　Borneo, Smatra(6,000 dwt) 2척을 남양재 원목운반선으로 운항
1968.　　　　 중고선 Ace, Light, Hope, 상록수 도입
　　　　　　　초기 – Semi Liner : 68년부터 케이힌 & 한신 정기선을 분리해 스케줄
　　　　　　　엄수

1970년대

1970. 8　　　 대통령 표창 수상
　　　　　　　Isewon Kailin Joint 8*8*10 컨테이너 50개 제작
　　　　　　　Orient해운(주) 설립–Star Shipping총대리점
1972. 6　　　 한일간 컨테이너정기선 개시

1972.6	New Orion
1973. 6	Clover(2,700톤, 128 teu), Cosmos(2,700톤, 150 teu)
1973. 11	Sun Flower(5,500톤, 250 teu)
1975	Canna(2,700톤, 150 teu), Morning Sun
1978	Sunny Rose(4,000톤, 330 teu) 7척 투입
7	동남아지역 부정기 서비스 개시
	YS Line 총대리점(1972-1973)
1973. 6	한국-일본 국내 최초 풀컨테이너 서비스 개시
7.20	고려콘테이너터미널(주) 설립 – NYK Off-dock CY 운송 전담
8	일본 NYK Line 한국 총대리점 개시
1974.	Tramp Business 개시
	중고선 도입 : Korean Pearl(18,000dwt), K. Emerald(16,000 dwt),
	K. Crystal(16,000 DWT), Royal Ruby(13,000 dwt)
	신조선 도입 : Royal Saphire(16,000 dwt, Imabari조선)
1975. 2	월드와이드 부정기선 서비스 개시
1977. 3	철탑산업훈장 수훈
1978. 3	원양 풀컨테이너선 4사 지정
11	극동-북미 풀컨테이너선 서비스 개시
11	한국선사 최초 컴퓨터 온라인 시스템 도입
11	KMTC-NYK Joint Service 취항(S/C방식)-Korean Trader(1,200 teu) : 한-미서안 컨테이너 정기항로 투입
1979. 3	은탑산업훈장 수훈

1980년대

1980	Korean Express(1,200 teu, 조선공사 신조), Korean Bridge(1,034 teu, Namura조선 신조) – 한-미서안 컨테이너 정기항로 취항

1981. 5	한국전력 발전용 석탄 장기운송 계약 체결
1982	한일간컨테이너수송협정 결성(1983. 2.1부터 시행)
1983. 9. 1	소양해운(주) 설립(NYK 대리점 역할 수행. 이후 NYK Korea로 독립)
1984	Korean Sunshine(65,000 dwt) 석탄전용선 신조, 한전 호주 석탄수송 장기계약
	선복량 26척, 307,665 GT, 컨테이너 수송능력 4,223 teu
1985. 5.26	KMTC-HJCL 공동운항 개시
8.30	현대상선에 고려해운 주식(73.9%) 매각
9.19	고려해운의 원양 정기선 면허 – 현대상선에 매각

6장
신고려
해운

신고려해운으로 출발

1985년 9월 새로운 이름으로 출발한 신고려해운은 클로버(128 teu), 칸나(150 teu), 코스모스(150 teu), 써니 로즈(270 teu) 호 등 4척으로 한일항로에 집중하게 되었다. 이때부터 2007년 6월까지는 고려해운의 재건기로 이동혁 사장, 전문준 사장, 최영후 사장, 해무 박기진 부사장, 경리부 박규 전무의 헌신적 노력으로 한일항로의 다변화와 아시아 전역 서비스, 즉 대만, 홍콩, 싱가포르, 인도네시아, 말레이시아, 필리핀, 태국, 인도까지 서비스 범위를 확대하였다. 이로써 고려해운은 동남아 전역의 주요 항구를 직기항하는 컨테이너 정기선 서비스를 완성하게 되었다.

2006년 고려해운의 컨테이너 운항선대는 27척, 50만 2,019 GT, 4만 6,756 teu로서 년간 수송실적 86만 6,020 teu, 매출 4,520억원을 달성하였다.

고려해운의 도약

2007년 7월 이동혁 회장에 이어 박정석 사장 그리고 2016년 3월 신용화 사장으로 2세경영체제가 원만하게 이루어졌다. 이 기간은 고려해운의 도약기로 KMTC 21세기 VISION으로 'SUPER LINER COMPANY'로 정하고 전임직원들의 열정적인 노력으로 크게 도약하게 되었다. 2022년 운영선대는 65척, 147만 1,828 GT, 운송능력 14만 9,883 teu에 달해 선복량은 세계 14위, 아시아 역내항로에서는 8위, 국내 국적선 Intra-Asia 항로에서는 1위 선사로 도약하였다. 2022년 컨테이너 수송실적은 256만 5,819 teu, 매출은 4조 8,618 억원을 달성하였다. 도약기기인 2007-2022년간 수송실적은 3배 증가하였으며, 연매출액은 약 11배 증가하는 최고의 성과를 이루었다.

이러한 결과는 고려해운의 전통을 살려 인재 중심, 선원 우대, 그리고 깨끗한 회사, 자랑스러운 회사를 만들기 위한 임직원 선원들 피나는 노력의 산물이다. 그 결과 고려해운은 38년간 해상에서 무사고 운항, 연속 흑자경영을 실현한 훌륭한 회사로 성장하게 된 것을 보면 감사할 따름이다.

고려해운은 동업을 시작하여 1세대와 2세대에 걸쳐 큰 어려움 없이 운영되고 있다. 일반적으로 한국에서는 동업이 어렵다고 말하고 있다. 나는 이 점을 유념해 파트너십의 유지와 최고의 경영실적 달성을 위해 최선의 노력을 기울여 온 것이 큰 보람이자 자랑으로 생각하고 있다.

고려해운의 주주 변화

고려해운은 비상장주식회사로서 창립 이후 현재까지 흑자를 실현해 오고 있다. 1980년 대 중반 잠시 선가 상환에 어려움이 있었지만, 사업에서는 흑자를 보였다. 그 동안 주주 구성에도 큰 변화가 있었다. 1970년 경 신중달이 보유지분 전량을 태광산업의 이임용(1921-1996)에게 매각했고, 양재원도 자기 사업에 집중하기 위해 보유지분 전량을 서주산업의 윤석민에게 매각했다. 1980년에는 이학철이 사망함에 따라 그의 지분은 그의 아들 이동혁에게 상속되었다. 그 뒤 이임용은 보유지분을 지인인 이상문에게 매도했다.

1985년 해운산업합리화 때 고려해운의 자산을 현대상선에 매각하게 되었는데, 윤석민은 지분을 매각하지 않고 그대로 보유하고 있었다. 1985년 8월 고려해운은 현대상선에 윤석민의 지분을 제외한 총주식의 73.9%와 원양정기선 면허를 매각했다. 이 과정에서 고려해운은 법적으로 현대상선에 흡수 합병되어 소멸하게 되었다. 이로써 윤석민의 보유주식은 가치를 상실하게 되었다.

이로써 새로운 고려해운은 잔존한 주주들의 지분을 100% 기준으로 재산정해 지분율을 조정하게 되었다. 그에 따라 신고려해운 잔존 주주들의 지분율은 약간씩 상승하게 되었다. 이렇게 25년 가량 이어져 오던 고려해운 주주들의 지분은 1988년 12월 24일 이상문의 보유지분 전량을 내가 인수함으로써 크게 변화되었다.

이임용(중), 이맹기(우)와 함께

신고려해운으로 재출범 시 6.24%의 지분을 보유했던 나는 이상문의 지분을 인수해 최대주주가 되었다. 이는 내가 박현규 이사장과 합병할 때 '모든 것을 동등하게 하겠다'는 약속에서 크게 벗어나는 것이었다. 그래서 박현규 이사장과 동등한 지분이 되도록 이상문으로부터 인수한 지분의 절반을 그에게 매도했다.

고려해운의 지분 변화

	2008	2011	2012
이동혁	40.87	40.87	40.87
신태범	18.20	18.20	
박정석	13.17	13.17	2.80
박주석	12.07	12.06	2.07
기타	15.69	15.70	12.27
고려HC			42.00
합계	100	100	100

자료: 금융감독원 공시자료.

2023년 현재 고려해운의 지분 현황 (%)

이동혁	고려HC	기타
40.87	42	17.13

고려해운의 재창업 당시 계획조선사업으로 신조한 신양 호, 동양 호, 보리수 호 3척을 고려해운으로 합병하게 한 것은 나의 확고한 신념으로 이루어졌다. 그리고 정부의 경제개발 5개년 계획의 성공적인 성과와 1965년 한일 국교 정상화가 이루어져서 한일항로에는 물동량이 급증하고 있어 선복 수요가 크게 증가하고 있었다.

때마침 고려해운은 가장 경쟁력이 있는 신조선 3척을 적기에 투입함으로써 단시일 내에 한일 간 항로의 선두주자인 조양상선과 경쟁에서 유리한 입장에 서게 되었다. 이를 토대로 영업실적이 호전되어 추가로 라이트 호 등 6척의 중고선을 투입하여 케이힌과 한신 정기항로를 운영함으로써 한일정기항로의 주도권을 잡게 되었다. 1966년 한국선주협회 회원사 18개사 가운데 대한해운공사, 조양상선에 이어 3위에 해당하는 선복보유회사로 급성장하는 데 결정적인 계기가 되었다.

만약에 신양, 동양, 보리수가 각각 별개 회사로 1척씩 운영이 되었다면 이러한 성과는 기대하기 어려웠을 것이다. 지금에 와서 회고해 보아도 그때 신조선 3척을 고려해운에 합병하게 한 것은 내가 경영에 참여한 이래 가장 잘한 일이라 생각된다.

고려해운의 연혁(2)

1980년대

1985. 9	신고려해운(주)으로 변경
1985.12	사선 4척
1986. 3	해상화물운송주선업 개시
1988. 4.16	고려해운(주)으로 환원
11	항공화물운송대리점 개시

1990년대

1990. 9	부산–니가타 개설, Camerlia Line 설립
11	부산–도쿄에 이어 센다이, 후쿠시마 항로 취항
12	한일간 부산–하카타 카페리 'Camellia' 호 취항(NYK와 합작 법인)
1991. 9	일본 서안 컨테이너 항로 개설
1992. 2	(주)고려해운항공 설립
6	한국–대만 풀컨테이너선 서비스 개시
8	울산항 최초 풀컨테이너선 정기항로 개설
11	한국–대만–홍콩 항로 개설
1994. 2	한국–중국 풀컨테이너선 서비스 개시
3	은탑산업훈장 수훈
1995. 8	한국–인도네시아 컨테이너선 서비스 개 시
1996. 5	한국 – 싱가폴, 말레이시사 컨테이너선 서비스 개시
1997. 1	한국–필리핀 컨테이너선 서비스 개시
6	한국–인도, 방글라데시 컨테이너선 서비스 개시
1998. 5	ISO 9002, ISM Code 인증 획득
9	한국–태국 컨테이너선 서비스 개시
12	제6회 한국물류대상 대통령 표창 수상
12	한국–토요하시 컨테이너선 서비스 개시

1999. 1	한국-닝보 컨테이너선 서비스 개시
5	한국-미즈시마 컨테이너선 서비스 개시
6	정보시스템 부문 Y2K 인증 획득
6	캄보디아 피더선 서비스 개시
6	일본 큐슈(구마모토, 야쓰시로, 나가사키) 컨테이너선 서비스 개시

2000년대

2000. 4	한국-베트남 컨테이너선 서비스 개시
5	철탑산업훈장 수훈
6	한국-수라바야 컨테이너선 서비스 개시
8	한국-스리랑카 피더선 서비스 개시
2001. 3	무역협회, 화주협회 선정 근해선사 중 최우수서비스 선사
3	한국-시아먼 컨테이너선 서비스 개시
7	한국-와카야마, 요카이치, 시미즈 서비스 개시
8	일본 서안-중국 상해를 연계하는 펜듈럼 서비스 개시
2002. 6	일본 서안-중국 대만, 청도를 연계하는 펜듈럼 서비스 개시
2003. 7	한국-마쯔야마, 이마바리 서비스 개시
11	일본-한국-중국-태국을 연계하는 서비스 개시
2004. 2	인천-상해항로 서비스 개시
12	사선 17척과 용선 11척 총 28척 컨테이너선대 운영
	매출 4,916.4억원, 영업이익 140.5억원, 당기순이익 209.79억원
	아시아 전역 서비스 : 대만, 홍콩, 싱가포르, 인도네시아, 말레이시아, 필리핀, 태국, 인도까지 서비스 범위 확대 및 동남아 전역의 주요 항구를 직기항하는 컨테이너 서비스
2005.11	두바이 직항로 서비스 개시

2006.11	종합물류기업 인증 획득
11	제43회 무역의 날 수출 2억불탑 수상
12	러시아 서비스 개시
2007. 8	중국-한국-동남아-인도 항로 서비스 개시
2008. 2	하이퐁 직기항 서비스 개시. 파키스탄 서비스 개시
11	중국상해 법인 설립
12	제45회 무역의날 수출 3억불탑 수상
2009. 4	국내 해운사 최초 AEO(Authorized Economic Operator, 종합인증우수 업체) 인증 획득
5	인천-베트남 서비스 개시

2010년대

2010. 3	토탈하버서비스(THS) 설립
4	태국법인 설립
8	한국-블라디보스톡 항로 개설
11	100만 TEU 달성
12	한국해운신문『올해의 인물-외항선사』부문 수상
12	인천항 물동량 1위 선사로 선정
2011. 1	고려SM(선박, 선원 관리 전문회사) 설립
2	중국 청도분공사, 심천분공사 설립
4	일본-동남아 직기항 서비스 개시(JPI항로, 한진, CNC)
7	일본-한국-중국(청도, 대련) 펜듈럼 서비스 개시(KJCQ항로)
12	인천항 물동량 1위 선사로 선정(2년 연속 선정 수상)
2012. 1	부산신항(BNCT) 2-3단계 개장(지분 11.5% 투자)
1	AEO 'AA' 등급
9	베트남-태국 서비스 개시(VTS)
12	매출 1조원 달성

2013. 2	2,800teu급 신조선 KMTC Ningbo 호 취항
5	2,800teu급 신조선 KMTC Shenzen 호 취항
5	제16회 한국로지스틱스학회 물류대상 기업부문 수상
6	하이퐁 서비스 개시(KHP)
7	중국 천진분공사, 닝보분공사 설립
7	한국-중국-태국 서비스 개시(KCT)
8	한국-중국-말레이시아 서비스 개시(KCM)
11	인도법인 설립
12	사선 47척 운항

2014. 2	한국해운물류학회『해운물류경영대상』수상
4	창립 60주년
6	5,400teu급 신조선 KMTC Mumbai 호 취항
7	중국 광저우분공사 설립
8	디지털경영혁신대상 미래창조과학부 장관상 수상
12	제21회 기업혁신대상 국무총리상 수상
12	한국경제신문 올해의 CEO대상 수상
12	제51회 무역의날 수출4억불탑 수상

2015. 6	5,400teu급 신조선 KMTC Dubai 호 취항, 한국-중동 직기항 서비스 개시
12	AEO 'AA' 등급 유지
12	4년연속 매출액 1조원 및 31년 연속 흑자 달성
12	대표이사 동탑산업훈장 수훈
12	제52회 수출5억불탑 수상
12	부산항 물동량 3위 선사 선정
12	울산항 물동량 1위 선사 선정

12	인천항 물동량 1위 선사 선정(6년 연속)
2016. 3	신용화 대표이사 사장 취임
2017. 2	홈페이지 리뉴얼
2019.12	TMMS(토탈 마린 앤드 마케팅서비스) 설립
12	제14회 인천지역물류발전대상 기업부문 본상 수상

2020년대

2020. 6	하나쉬핑 설립
12	KM Cargo Services Sdn.Bhd(말레이시아, Off-dock) 설립
12	'KMTC 21세기 VISION : SUPER LINER Co.'(아시아 역내 항로에서 NO.1 선사로) 선포
12	선박 62척, 161,179teu(세계14위) 매출 1조 8,852.2억원, 영업이익 1,602.9억원, 당기순이익 1,543.7억원
2021. 5	해양진흥공사 우수선화주 선정
6	케냐 몸바사항 서비스(MFX) 개시
7	KM Cargo Services Haiphong Co. Ltd.(하이퐁, Off-dock) 설립
7	울산항 대기질 개선 기여 우수선사 선정
8	중국 샤먼분공사 설립
9	중국 대련분공사 설립
12	매출 3조원 달성
2022. 1	토탈다큐서비스(TDS) 설립
2	부산항 물동량 증대 감사패 수상

6	신규 e-KMTC 홈페이지, KMTC Mobile App 개시
6	중국 난징분공사 설립
2023. 2	대표이사 박정석 회장, 한국해양대학교 명예박사학위 영득
8	고려해운 디지털 세일즈 플랫폼 KMTC-ON 신규 개시
11	동아프리카항로(EAX) 신규 서비스 개시
11	고려해운항공, KMTC Logistics로 사명 변경
2024. 3	부산항 발전 기여 선사(최대 물동량 수송선사 : 181만teu) 감사패 수득
3	인천항만공사 인천항 선박저속운항프로그램(VSR, Vessel Speed Reduction Program) 최우수선사 선정
4	창립70주년

7장
KCTC

창업기(1973-1982)

컨테이너화가 해운업계의 대세가 되어 감에 따라 1973년 7월 20일, 고려콘테이너터미날(주)를 창업했다. 창업의 주체는 나와 박현규 이사장이었으며, 초대 대표이사는 박현규 이사장이 맡았다. 고려콘테이너터미날은 창업 10년이 채 안되어 ODCY 업계 4위, 내륙운송업계 4위로 급성장을 이뤘다. 특히 ODCY는 4곳 중 동래를 제외하고는 3곳이 부산항에 인접한 우암과 감만 그리고 부산진역 구내에 위치하고 있기 때문에 절대적 경쟁력을 갖고 있었다. 이는 박현규 사장의 탁월한 경영능력과 인적 관계에서 이루어 낸 큰 성과였다.

고려콘테이너터미날은 창업 5년만인 1978년 9월 29일, 수권자본금 19억원, 납입자본금 16억원으로 기업을 공개하였다. 1979년 6월 20일 주식의 액면가를 500원으로 분할할 때 수권자본금을 다시 50억원으로 증액하였다. 기업공개를 통해 막대한 자금이 소요되는 항만운송업의 산업특성상 봉착했던 자기자금조달의 한계를 제거하게 되었다.

창업 초기부터 고객으로 세계 최대선사인 NYK를 확보하고, 모회사인 고려해운의 적극적인 협조로 경영이 안정화되어 흑자를 지속하게 되었다. 이렇게 박현규 사장은 KCTC의 창업기의 기초를 빠른 시일 내에 공고히 하고 앞으로의 성장기반을 구축하였다.

성장기(1982. 9 - 2007. 2)

1980년 8월 박현규 사장이 고려해운 대표이사로 가면서 고려해운의 전무를 맡고 있던 내가 KCTC 대표를 맡게 되었다. 나는 1985년 2월 26일까지 사장으로 재임한 데 이어, 1988년 2월에서 현재까지 KCTC 회장으로서 모든 경영을 총괄하고 있다. 1985년부터는 전문경영인이 사장을 맡아 왔다.

동탑산업훈장 수훈(1982.3)
당시 고려종합운수 대표

나홍진(1985. 2. 26 - 1989. 2. 24)
이승은(1989. 2. 24 - 2001. 3. 16)
박철환(2001. 3. 16 - 2007. 3. 23)
이윤수(2007. 3. 23 - 2016. 3. 25)
이준환(2016. 3. 25 - 2022. 3. 25)
류주환(2022. 3. 25 - 현재)

이 분들이 경영능력을 십분 발휘해 회사의 성장을 이끌어 주었으며, 이들의 경영성과를 바탕으로 우리 회사는 전문경영인체제로 정착되었다. 이분들에게 감사할 뿐이다.

나는 1982년 사명을 고려종합운수(주)로 변경했는데, 그 이유는 컨테이너의 육상운송과 보관이라는 단순업무에서 탈피해 새로운 종합물류기업으로 탈바꿈해야 한다고 생각했기 때문이었다. 컨테이너화 이후 국제복합운송이 일반화되고, 여러 가지 운송 수단을 결합해 하나의 운송으로 통합하는 일관운송체제가 일반화되었다. 이에 따라 종전까지의 운송 개념인 구간별 및 운송수단별 운송의 개념이 복합운송, 일관운송 또는 종합운수라는 개념으로 발전하고 있었다. 또 '터미널'이라는 정적이고 한정적인 개념보다는 '종합운수'라는 용어가 보다 폭넓고 동적인 느낌을 주어 우리나라가 지향하는 기능과 역할을 잘 포괄하고 있기도 했다.

이후 고려종합운수는 ODCY 운영, 항만하역, 보세장치장 운영, 컨테이너 내륙운송, 중량물 육해상운송, 소화물 보관배송(TPL) 국제복합운송, E-BUSINESS 등의 사업영역 확장을 통해 완벽한 일괄수송체제를 확립하여 국내 굴지의 종합물류회사로 성장하였다.

● 사업확장의 주요 내역

① UTC(우암터미날) (1996.3.20 설립)

우암터미날은 중소형 컨테이너선 전용부두를 건설하면서 그 실수요자를 선정하게 되었는데 회사의 운명을 걸고 그 운영권을 따내는 데 성공하였다. 우암터미날은 부산7부두 인접 해안을 매립 축조해 약 CY 18만 4,230㎡와 선석 500m를 조성해 연간 처리능력 40만 teu, 360개 reefer plug, 8,000 teu를 일시 장치할 수 있는 CY를 갖추고 있다. 우암터미날은 국내 최초의 민영 컨테이너 전용터미날로서 KCTC의 숙원사업이 이루어졌다.

② 항만하역

부산·마산·울산항에 항만하역사업 수행

450톤 부두크레인, 시간당 20 VAN 처리

250톤급 해상크레인 확보

③ 중량물 운송

중량물 및 연안해송을 위한 최신 첨단 장비인 모듈트레일러, 4포인트 리프팅 시스템, 바지선 보유로 한국전력, 한화에너지, 두산중공업 등 발전설비 및 다양한 중량물 운송

④ 컨테이너 운송

250대의 트랙터, 900대 각종 샤시, 53량의 컨테이너 전용철도화차를 경부선을 비롯해 주요 간선철도에 투입해 컨테이너는 물론 일반화물에 대해서도 화주의 공장에서 수출입 항만까지 체계적으로 연계해 완벽한 일괄 운송 서비스 제공

⑤ 물류센터 운영

양재물류센터와 용인물류센터는 최신의 장비를 갖추고 다양한 고객의 요구에 대응해 최상의 물류 서비스 제공

생산성 향상 워크샵(1991.10, 조선호텔)

⑥ 제3자 물류(TPL)

최근 기업에서는 경쟁이 심해짐에 따라 핵심역량사업에 집중하고 기타 업무는 아웃소싱하는 경향이 있다. 기획에서 물류시스템까지 전체적인 물류운영을 아웃소싱하는 3PL 사업으로 이어지고 있다. KCTC는 고객의 다양한 물류요구에 전문적이고 오랜 경험에 의한 최적의 물류전략과 운영지식, 첨단의 IT를 보유해 고객에게 통합된 정보를 제공한다. 또한 고객의 파트너로서 물류아웃소싱 요구에 주의 깊게 대응해 최고의 물류시스템을 지원한다.

KCTC는 1987년 회사 노조가 결성되었다. 노조 설립 이후 많은 갈등과 어려움이 있었지만, 노사가 협력적인 관계를 구축해 1999년도에는 노동부로부터 노사협력 우수업체로 지정되는 영광도 누렸다. 노조원을 포함한 직원들의 복지 향상을 위해 2001년 사내근로복지기금을 설치해 매년 세전이익의 5%를 출연하고 있으며, 이를 기반으로 직원들에 대한 다양한 복리제도를 운영하고 있다. 이후에도 노사간 갈등은 상시 존재했지만 "회사가 존재해야만 노조도 존재할 수 있다"는 노사간 합심 단합으로, 현재는 동종사 중가장 협조적인 노사관계를 구축하고 있다. 매우 이례적인 경우다.

● 자회사

1987.   고려복합운송(주) (KITC)설립.

1993. 10   고려종합국제운송(주)로 변경

1988. 8. 20 고려기공(주) 설립

1994   양산ICD 와 경인ICD 참여

1996. 3   우암터미날(주) (UTC) 설립

1999. 1   평택항만(주) 설립 참여

도약기(2007 - 현재)

2002년은 KCTC가 글로벌 종합물류기업으로의 도약을 다짐하는 한해였다. KCTC는 사명을 고려종합운수㈜에서 ㈜KCTC로 변경하였다. KCTC라는 이름은 창업 초기 사명의 영문표기로 계속 사용하던 것이었다. 변경의 이유는 글로벌 경제체제의 도래에 따라 이에 적극적이고 능동적으로 참여하겠다는 KCTC의 결의를 그대로 결집한 것이었다. 즉 KCTC는 더 이상 국내기업이 아니라 비록 국내에 본사를 두고 주요 영업을 하고 있지만, 사업은 어디까지나 글로벌로 영위하는 것이며, 세계경제 속에서 핵심적인 한 부분을 담당하고, 전 세계를 고객으로 삼고, 글로벌 물류네트워크를 형성해 나가겠다는 의지의 표현이었다.

KCTC는 1990-2006까지 17년간 매출 연평균 16% 증가, 영업이익률도 연평균 3.45%로 순조로운 성장을 해왔다. 그러나 1997년 IMF 외환위기로 한국경제는 심각한 불황을 맞게 되었으며, KCTC도 1999-2006년까지 8년간 매출 성장율은 2.3%로 하락하고 2006년 영업이익은 1.9억원으로 하락하여 영업이익률이 1.2%에 지나지 않는 등 창사 이래 가장 큰 위기를 맞게 되었다.

한편 부산항에 컨테이너 전용부두건설이 계획대로 추진되어 북항은 21개 선석이 완공되고 신항개발도 순조롭게 진행이 되어 2006년에는 대형 외국선사들이 신항으로 이전하고 온-도크화가 이루어졌다. 이로써 30여년 지속되어 온 ODCY 역할은 없어지게 되었다.

KCTC의 주 고객인 NYK도 온-도크로 전환했으며, 고려해운도 UTC와 자성대 부두로 나누어 온-도크를 사용하게 됨으로써 KCTC ODCY의 제 역할을 하지 못했다. 그러나 내륙컨테이너 운송은 두 회사 모두 KCTC가 업무를 수행함으로써 다소 충격을 완화할 수 있었다.

그러나 2006년 KCTC 사업부분별 매출구조로 보아 컨테이너 사업부분이 전체매출의 61.5%를 점하고 있어서 새로운 성장 동력을 찾아야 하는 최대 위기사항이 도래해 왔다. 우리 회사는 컨테이너 사업에만 편중된 사업구조로서 수익성 악화가 장기화 될 상황이었다.

2007년 우리나라 물류환경은 부산 신항의 운영 개시로 선사들의 신항 이전 및 온-도크 기능 전환, 2010년경에는 신항에 21개 선석이 가동될 예정이었다. 이에 따라 공급과잉으로 선사 위주 시장으로 전환되어 요율인하 압력 가중, 조선· 플랜트 등 중량화물 운송시장 성장, 3자물류사업의 시장확대, 물류업체의 해외진출 등 물류환경이 급변하는 중이었다. 이에 KCTC는 위기를 극복하고 새로운 도전과 혁신을 추진키 위하여 중기경영계획(KCTC 비전 2010)을 수립하였다. 그 후 KCTC 2015/2020/2025를 계속 추진하면서 새로운 도약기를 맞고 있다.

당면한 과제는 다음과 같다.
첫째, KCTC 주력사업의 경쟁력 강화와 사업다각화를 이루고, 이를 위해 기업혁신을 해야 한다.
둘째, 국내의 새로운 물류정책과 세계물류산업 변화추세에 대응하기 위해 종합물류기업으로 성장할 수 있는 기반을 구축해야 한다.
셋째, KCTC 장기 VISION을 만들고 해외에도 진출하여 GLOBAL LOGISTICS 회사로 도약하고 지속 성장해야 한다.

기업혁신 추진에 있어서는 첫째, 기업생산성과 효율성 추구, 둘째, 투명성과 성과주의 강화, 셋째, 세계화 대응능력 강화를 목표로 꾸준히 추구해 왔다. 특히 인재육성을 위해 2008년부터 충원개념이 아닌 KCTC 글로벌화를 위해 매년 정기적으로 5명 이상의 신입사원 공개모집을 실시해 왔다. 이를 통해 물류·해운의 전문지식과 글로벌화에 적응 가능한 외국어 실력에 중점을 두어 우수한 인재를 채용해 왔다. 소위 'KCTC 꿈나무'를 길러내는 노력으로 이들 꿈나무들이 이제는 차장까지 승진하여 회사의 발전에 큰 역할을 발휘하고 있다.

한편, 기업문화의 정립을 위한 가치관 경영의 실시로 KCTC의 VISION과 MISSION 그리고 CORE VALUE를 모두 함께 만들어 100년의 GREAT KCTC를 위한 공유가치를 착실히 내재화 하고 있다. 뿐만 아니라 사가를 만들고 회사 뱃지도 제작하여 달아서 KCTC 직원의 자부심을 마음껏 빛내고 있다.

현재까지 추진 결과를 보면 전 임직원이 하나 되어 혼신의 노력을 다한 결과 매출과 수익성 모두 대폭 성장했으며 컨테이너사업에 편중되었던 사업구조는 벌크사업과 TPL사업의 성장으로 균형적인 사업포트폴리오와 안정적인 사업기반을 이루어 냈다. 2023년 경영실적은 매출액 6,317억원 영업이익 244억원의 양호한 성과를 내고 있으며, 연결결산으로는 매출액 8,231억원, 영업이익 368억원의 대기업으로 도약하고 있다.

● **사업확장의 주요 내역**
① 온-도크 터미널 사업 참여
  2007년 부산신항 2-3단계 BNCT 민자부두 사업에 지분참여 12%, 하역은 인터지스와 합작한 INK가 전담

② TPL 사업

　2015년 덕평수도권 통합물류센터 완공. 500억원을 투자해 16,000평 물류센터 구축. 현재 20개 물류센터 6개의 CDP 등 연 면적 114,000평을 운영 중

③ 중량물 사업

　2008년 자항선 사업에 투자 - INTERREX, HMT, ITW, TPL MEGA LINE에 지분투자. 이들 4개사는 각각 자항선 1척 씩 총 4척을 운용 중에 있다.

　· Mega Trust(19,200 dwt)

　· Mega Passion(53,000 dwt)

　· Mega Caravan Ⅰ(17,700 dwt)

　· Mega Caravan Ⅱ(17,700 dwt)

　2008. 3. 1. KAMAG 2400 SPMT 100축 도입

　2012. 3. 1. 견인용 중량물 운송트랙터 2대 도입

　2013. 3. 1. KAMAG K-24 SPMT 72축 도입

　2014. 5. 1. GOLDHOFER SPMT 24축 도입. 평택지점 우양HC 물류운영 개시

　2019. 5. 1. GOLDHOFER 모듈트레일러 22축 도입

　2021. 3. 1. KAMAG K-24 SPMT 32축 도입

　2024.　　　국내 최초로 축당 70톤의 SPMT 72축 도입

④ 벌크사업부

　2007. 7. 10 : 평택당진중앙부두(주) 설립 참여

　2015. 11 .1 : 광양항 배후부지 물류창고 인수.

　　　　　　광양항 배후부지 30,000평에 물류센터 건립으로 호남권 기반

을 구축했으며, 전주지점과 연계운송기반을 만들었다.

2017.　　: 마산항 5부두 고려강재장(주) 설립.

　　　　　삼성중공업 입고 후판의 하역, 선별, 전처리 독점시설 안정적

　　　　　수익확보

2022. 2. 1 : 울산 이영산업 부지 인수

　　　　　온산 제1야적장 개장

　　　　　온산공업단지 1만평 부지에 물류센터

　　　　　현대 일렉트릭과 장기계약 물량 확보

⑤ 해외법인 설립

2007년부터 인도, 중국, 베트남, 태국, 인도네시아 법인 설립을 통해 해외 진출 노력을 계속하고 있다. 그 동안 인도, 인도네시아 법인은 여러 사정으로 철수하였다. 베트남은 국내 동종업계 중 가장 견실하게 성장을 지속하고 있다. 2019년 까이맵 지역 2만평 부지 매입

태국은 람차방 지역 부지 1만평 및 임대부지 2만평을 CD로 운영. 현재 방콕 지역에 약 2만평의 부지 매입을 추진 중

2023년 중동지역 사업 진출을 위해 법인 설립. 영업 진행 중

● **자회사**

2007.　　　평택항 중앙부두 지분 및 운영 참여

2007. 10.　부산신항 K&N LOGISTIC 설립

　　　　　부지 10,000평 물류센터 5,000평

2011.　　　부산양곡부두 운영사로 선정-고려사이로(주) 고수익 사업, 이

후 2023년 부산신항 양곡부두 민자사업자로 선정되었다.

2017.   삼성중공업 후판 하역, 전처리, 절단을 위한 고려강재장 인수

나는 KCTC의 창립을 주도하고, 약 45년 동안 KCTC의 경영을 총괄하면서 국내 굴지의 종합물류기업으로 성장시켰으며, 해외사업의 적극적 추진을 통해 KCTC가 글로벌 종합물류기업으로 발전하는 데 그 초석을 만들었다.

8장
에필로그

나의 해운경영관

나는 한국해양대학에 입학한 열여덟 살부터 현재까지 70여년을 해운업계에 몸담았다. 항해사와 선장으로서 선박운항을 온몸으로 배우고 실천했으며, 이후 계획조선으로 신양 호를 건조해 해운경영을 시작했다. 한평생 해운업계에 종사한 사람으로서 내가 생각하는 해운경영관을 밝혀두는 것도 다음 세대 해운인들에게 도움이 될 듯해 여기에 문답형식으로 정리해 둔다.

1. 전문경영과 가족경영

나는 기본적으로 전문경영체제를 선호한다. 다만 이 경우 전문경영인이라 함은 문자 그대로 관련 분야에 대한 전문지식과 경험, 경륜을 갖춘 주주가 아닌 사람을 의미한다. 중요한 것은 기업의 일반적 경영업무는 전문경영인에게 위임하되 경영 전반에 관한 내 외적 환경을 평가할 수 있는 안목과 경영의 건전성을 평가할 수 있는 주주대표 혹은 이사회 등을 갖추고 있을 것을 전제로 한다. 전문경영인 체제 하에서 경계해야 할 것은 특정 기간의 실적, 즉 흑자와 적자만을 기준으로 전문경영인의 인사를 좌우하는 대주주의 전횡이다.

2. 고려해운의 사업다각화

이 사안은 획일적으로 호 불호를 논할 대상은 아니라고 생각한다. 중요한 것은 해당 국가 혹은 역내(region), 세계경제와 무역의 동향과 전망에 따라 다각화 할 분야가 정해질 수 있다고 생각한다. 해운산업의 경우, 정기해운과 부정기해운, 일반화물선, 탱커, 특수선으로 나눌 수 있다. 각 분야별로 주기성이 강하기 때문에 경영의 안정성 확보 차원에서 다각화는 필요하다. 하지만 다각화를 위한 다각화, 팽창위주의 다각화는 바람직하지 않다고 생각한다. 회사의 조직과 책임자들이 결정할 문제이지만 2024년 현재를 기준으로 해운시장의 내 외적 환경과 전망을 고려할 때 개인적으로 지금은 사업의 다각화를 고려할 시기는 아니라고 생각한다.

3. 고려해운의 장단점

답변하기가 매우 조심스러운 주제다. 그러나 창업이후 70년 가까운 기간 동안 고려해운과 함께 해온 경영자의 한 사람으로 강조하고 싶은 것은 전 직원과 경영진 모두가 정도경영, 도덕경영 그리고 인재와 조직위주 경영의 필요성에 대해 폭 넓은 공감대가 형성되어 있다는 점을 강점으로 들고 싶다.

반면, 그러한 기업문화가 지나칠 정도로 안정을 지향하고 실패를 두려워하는 신중경영으로 이어질 경우 강력한 리더십과 도전정신의 결여를 초래할 수 있다는 점도 경계해야 할 것으로 생각한다.

4. 동남아 정기선사의 집약화

1980년대 해운산업합리화과정에서 경험했듯이, 해운에서 특히 경계해야 할 상황은 국적선사간 과당경쟁이다. 특히 컨테이너 정기해운의 경우, 국경을 초월한 불특정 다수의 고객을 유치하기 위해 해외선사들과의 경쟁이 불가피하다. 이를 위해서는 국제시장에서의 경쟁력 확보가 핵심 관건이라고 생각한다. 규모가 크지 않은 한국 발·착 화물을 놓고 경쟁력 측면에서 별 차이가 없는 국적선사간 경쟁은 곧 운임경쟁을 의미한다. 과도한 운임경쟁이 어떤 결과를 초래하는지는 한국해운합리화 과정에서 이미 경험했다.

동-서를 연결하는 원양항로 분야가 소수 대형화되면 자연스럽게 화물의 집적현상이 나타나게 되고 결국 (모선을 통해) 대량 물량이 일시에 입항 또는 출항하게 되면 연결하는 피더도 그만큼 대형화되고 투입 척수는 감소될 수밖에 없다. 태평양과 유럽항로의 거점이라 할 수 있는 한일/한중/아시아 역내 항로에 취항하는 선박들도 단계적으로 대형화가 불가피해 질 수밖에 없다. 현재의 아시아 역내 항로 상황과 전망에 비춰볼 때 우리나라 아시아 역내항로 취항선사는 '집약화'의 필요성이 있다고 생각한다. 다만 인위적인 '집약화' 보다는 시장논리와 시장기능에 의한 자율적인 집약화가 바람직하다고 생각한다.

5. 불황시 정부의 지원정책

불황의 원인과 충격의 정도에 따라 달라질 수 있다고 생각한다. 불황이나 장기침체가 전 세계적인 원인일 경우, 혹은 한국만의 문제라 하더라도 정부의 정책을 수행하는 과정과 관련이 있거나 불황의 충격이 해운업계 전체의 명운을 좌우할 정도로 심각할 경우 한국의 지정학적 여건상 해운 재건을 위한 정부의 지원은 불가피하다고 생각한다. 그렇지 않을 경우, 시대의 흐름에 비춰볼 때 선별적으로 개별선사를 지원하는 것은 어렵지 않을까 생각한다.

6. 1980년 대와 같은 상황이 재현된다면

당시의 불황이 석유파동 등 국제적 원인에 일차적 원인이 있었다면 정부의 양적팽창정책도 2차적 원인이 되었다고 할 수 있다. 당시에는 선박의 매매, 항로개설은 물론 심지어 용 대선까지도 정부의 인허가 대상으로 사실상 해운경영 활동의 핵심영역까지 정부의 관리감독하에 있었다. 따라서 당시 한국해운의 위기상황에 대한 책임에서 정부도 자유로울 수 없었다고 생각한다. 바꾸어 말하면 정부의 의지에 따라 한국해운의 재건에 책임의식을 갖고 지원에 나설 수 있는 명분이 있었다.

지금은 시대적 배경과 해운기업의 수준도 80년대와는 다르다. 불황의 정도와 원인에 따라 달라질 수 있다고 생각되지만, 21세기 글로벌화된 국제환경을 감안할 때 해운산업합리화와 같은 정부주도의 구조조정이나 지원은 어렵지 않을까 싶다. 설사 불황이 닥치더라도 해운계도 80년대의 합리화 조치와 같은 그런 기대는 하지 않을 것으로 생각한다.

7. 정부가 해운기업의 경영활동에 개입할 수 있는 경우

국가 비상시에는 법이 허용하는 범위 내에서 민간기업의 경영에 개입할 수 있는 것으로 이해한다. 이외에도 정부가 아니면 할 수 없는 일이나 정부가 하는 것이 더 효과적인 과제, 한국 해운의 차별적 대우를 방지하기 위한 조치, 안전과 안보 관련 사항에 대해서는 행정명령이나 적절한 절차를 거쳐 개입하는 것은 불가피하다고 생각한다. 동시에 어떤 정당한 근거에 의해 민간기업을 지원할 경우에는 지원에 따른 일정 수위의 개입은 당연한 것으로 생각한다.

8. 한국 해운의 강점과 약점

해운산업의 질서유지와 발전이나 불황 타개 등 공동의 이익을 위해서는 서로 협력하고 필요할 경우 법이 허용하는 범위 내에서 공동 대처하는 것이 필요하다. 그러나 과거 한국해운사를 돌이켜 보면 종종 공생과 협력이 부족했던 사례들이 있었던 것도 사실이다. 현재 세계 해운시장의 여건상 규모의 경제를 이유로 한 공조와 파트너십이 매우 중요한 시기라고 생각한다. 한국해운계도 모두 승자가 되는 공생은 매우 중요하다고 생각한다.

한국해운의 강점을 든다면 우리는 해기사를 포함해서 우수한 인적자원을 확보하고 있을 뿐 아니라 해운국가 중 해양수산부라는 중앙부처를 갖고 있는 몇 안되는 나라 중의 하나라는 점이다. 현대한국해운사에 비춰볼 때 한국해운은 개별 기업의 노력도 있었지만, 보호와 육성을 기본으로 한 정부정책에 힘입어 짧은 기간 안에 해운강국으로 올라서게 된 것도 사실이다. 해운 육성을 위한 정책적 뒷받침과 우수한 인력은 한국해운의 가장 큰 강점이라고 생각한다.

9. 해운기업의 재테크

선가가 쌀 때 배를 사두었다가 비쌀 때 팔아서 차익을 취한다는 의미로 이해되는데, 기본적으로 재테크 자체를 부인할 생각은 없다. 이론상으로는 그럴듯해 보이지만 현실적으로 매입 시기와 매각 시기를 포착한다는 것이 결코 쉬운일이 아니다. 그럴 정도의 안목이 있다면 재테크를 마다할 이유가 없다. 과연그런 정도의 시장에 대한 통찰력을 가진 사람이 얼마나 될 지 의문이다. 대체적으로 그리스 해운인들은 노후선박을 싼 값에 매입해 정비를 한 후 한 동안운항을 하다가 어느 시기가 되면 매각하는데, 대체적으로 성공적이라고 한다.반면, 일본의 해운인들은 재테크를 그렇게 선호하지 않는 경향이 있다. 컨테이너 정기해운 분야보다는 부정기 해운, 대규모 선단을 운영하는 해운사보다는 소수의 중소규모의 선사에 재테크가 더 많은 것으로 알고 있다.

재테크는 기본적으로 개별 성향의 문제라고 생각하며, 나는 개인적으로 재테크를 권하고 싶은 생각은 없다. 경영실적이 좋아 자금의 여유가 생기면 재무구조 개선, 해운업에 재투자 혹은 어려운 시기에 대비하여 유보자금으로 비축하는 것이 정도라고 생각한다. 물론 이들 중 어느 한 곳에 집중 투자하는 것보다는 적정 수준에서 안배할 필요는 있을 것 같다.

10. 고려해운의 3대 주주간의 협력관계

고려해운 창업 이후 오늘에 이르는 성장과정에서 주역 세 사람(이학철, 박현규 이사장, 나) 간의 의견이나 이해관계의 차이 유무와 그 조정과정에 대한 질문으로 이해한다. 물론 경영과 관련해서 3인 간의 시각과 견해에 차이가 없을수 없다. 그러나 그러한 차이가 있더라도 경영에 걸림돌이 될 수 없었던 가장 큰 이유는 세 사람 사이에는 초기부터 상호 존중과 배려라는 묵시적인 합의가 있었다. 그리고 합의하에 의도적으로 세 사람 간에 직무와 직책상 중복을 피하고 조직의 위계질서를 서로 존중해 왔다.

그럼에도 불구하고 견해 차이가 있었을 때 조차 경영에 걸림돌이 될 수 없었던 이유는 담당 임원들이 중지를 모아 대안을 제시하였고, 이를 대폭적으로 수용하여 경영에 반영해 온 고려해운의 기업문화의 영향이 컸다고 생각한다. 우리 모두가 초심을 망각하지 않았기에 밖에서 상상하는 그런 일들은 없었던 것 같다.

11. 한국 해운의 현안과 장래에 대한 소회

나는 고려해운의 초창기에 계획조선을 통해 2척(신양 호와 동양 호)을 확보하였고, 규모의 실익차원에서 계획조선 4차선인 풍국해운의 보리수 호를 통합 운영하며 한일 정기항로에서의 경쟁우위를 확보, 3척으로 고려해운의 기반을 구축하였다. 소규모이지만 협업과 규모의 경제를 실현한 결과라고 생각한다.

규모의 경제논리는 오랜 기간 컨테이너 정기해운의 근간으로 작용해 왔다. 21세기 글로벌 컨테이너 해운의 재편과정에서 규모의 경제논리는 원가절감을 위한 선박의 대형화와 소석률 향상, 과당경쟁을 최소화 하기 위한 공동배선(Alliance)이었으며, 이는 변덕스러운 해운시장을 헤쳐나가는 기본전략이었다.

컨테이너 선사의 경우, 지난 20년 사이에 전체 운항선사의 60%가 사라졌는가 하면 최근 10년에 걸쳐 글로벌 선복량은 거의 배로 확장되었고, 선사간 공동운항(Alliance/VSA)도 현재의 소수 얼라이언스와 초대형 선박으로 구성된

3개 그룹에서 2025년부터는 그룹별 참여선사와 선단을 축소한 4개 그룹으로 재분화되고 있다. 늘어난 선복량과 대형화의 한계, 관련규제와 시장의 다변화 흐름에 대처하기 위한 전략으로 생각된다.

2019년까지 존립을 위해 고전 중이었던 글로벌 해운시장이 팬데믹 특수(特需)라는 매우 이례적인 상황을 통해 다시 체력을 보강하였고, 도산 직전에 처했던 일부 선사들까지 재건에 성공했다. 선사들은 팬데믹 기간에 비축한 여유자금을 동원하여 최근 2년동안 대대적인 선복확충에 나섰다. 그 영향으로 최소 2027년까지는 매년 8% 정도의 선복량 증가가 예정되어 있다. 반면 톤-마일수요는 탈중국화, Near-shoring 등의 영향으로 년 평균 3% 전후의 완만한 증가세에 그칠 것이라는 전망이다.

정상적인 수급상황하에서 수요의 2~3배에 달하는 공급증가가 무엇을 의미하는지는 우리 해운인 모두는 잘 알고 있다. 2023년부터 다시 하락세를 보였던 해운이 지정학적 리스크로 인해 일시 혼조세를 보이고 있지만, 중동 및 홍해 사태의 향후 방향성과 무관하게 시장은 만성적인 공급과잉의 늪에 빠질 것이라는 것이다.

도전과제는 여기서 그치지 않는다. 선박의 물리적 수명과 무관하게 기후위기 대책의 일환으로 기존 화석연료선들은 무탄소 혹은 저탄소 대체연료체제로 전환해야 한다. 문제는 다가올 공급과잉과 지정학적 이유로 인한 수요의 감축, 친환경 선박의 대거 출현에 이어 해상물동량의 40%에 달하는 석유, 석탄 그리고 가스가 사라진 이후 해운시장의 향배다.

이러한 세계적인 흐름에 비추어 보면 한국 해운의 재편 동향은 무언가 미흡

한 측면이 있어 보인다. 금융위기가 발생했던 2008년부터 팬데믹 직전이었던 2018년에 이르는 10년 사이 글로벌 컨테이너선사는 22개사에서 12개사로 줄었지만, 선복량은 각선사별로 최소 2배(Maersk)에서 5.7배(COSCO)까지 확장되었다. 반면 동 기간 한국 해운회사들은 이름만 바뀌었을 뿐 11개사가 그대로 유지되어 왔다. 10년 사이에 글로벌 선복량은 78.8% 증가하였지만, 한국의 선복량은 불과 7.6% 성장에 그쳤다. 글로벌 성장세의 1/10 수준에 그친 정체상태라 할 수 있다.

동-서 간선항로 비해 경쟁의 강도가 더 큰 Intra-Asia 항로의 2018년 당시 선사의 분포를 보면 참여하고 있는 11개국의 25개 선사 중 한국이 7개사, 중국과 대만이 각 5개사, 나머지 일본, 러시아, 프랑스, 스위스 등 8개국 선사는 각각 1개사에 불과하다. 선사 수로는 전체의 28%를 점하고 있지만 선복량은 전체(280만 teu)의 10%에도 미치지 못한다. 즉 I/A에 취항하는 한국 선사의 수는 가장 많은데 시장 점유율은 매우 낮다.

과거 전쟁으로 궤멸상태에 빠진 일본에서 상선대의 재건작업이 20여년간 계속되면서 양적 팽창에 치중한 나머지 국적선사간 경쟁이 심화되자 일본 해운계는 재편과 집약(集約) 정책을 통해 일차 중핵(中核) 6사 체제를 거쳐 NYK, MOL, K-Line의 3사로 재편되었다. 그 후 세계 제2위 해운대국이자 150년 가까운 역사를 자랑하던 일본의 대표선사들도 2017년에는 글로벌 해운계의 M&A 흐름에 따라 3사가 다시 통합하여 싱가포르에 ONE이라는 합작법인을 설립, 제6위의 해운회사로 다시 태어났다. 1980년대 해운산업합리화란 이름으로 한국에서 추진했던 선사간 통폐합의 기본 취지도 제한된 시장에서 과도한 선사간의 경쟁을 막아보자는 것이었다.

한국의 대표선사이자 한국 컨네이너 선복량의 3/4 정도를 점하고 있는 HMM의 경우 지배구도 개편작업은 이렇다 할 진전을 보이지 못한 채 제자리 걸음을 하고 있다. 이 시점에 개별 기업의 시각과 한국해운의 미래라는 시각의 간격을 좁혀보는 시도가 필요해 보인다. 해운의 초심으로 돌아가서 그 중심에 HMM을 두고 여러 가지 방안을 강구해 볼 수도 있어 보인다. 만일 한국 해운계의 장래를 위해 HMM의 안착이 필요하다는 인식에 공감한다면 HMM의 지배구도 개편과 관련하여 한국 해운계가 HMM과 최소한의 연결고리를 마련하는 방안에 대해 중지를 모아 한번 고민해 볼 필요가 있다고 생각한다.

대외 활동

나는 누구 앞에 나서는 것을 그다지 좋아하지 않는다. 그래서 한국해양대 동창회장(1976-1978)이나 거창신씨 대종회회장(1993-1996)과 같이 어쩔 수 없이 맡아야 하는 직함 외에는 어떤 대외적인 직함을 맡는 것을 꺼려 했다. 특히 선거를 통해 경쟁해야 하는 직에는 일체 관심이 없었다. 그럼에도 나는 업계의 발전을 위해 맡아야 할 직함이 있다면 맡는 것을 마다하지 않았다.

내가 처음으로 맡은 대외직함은 한국해상운송주선업협회 회장(1984-1985)이었다. 1977년에 창립된 이 단체는 해상포워딩업단체로서 우리나라 경제급성장기에 수출입화물의 적기 수송에 중요한 역할을 했다. 이 단체는 항공화물운송주선업협회와 함께 한국복합운송주선업협회로 합병되었다가, 현재 한국국제물류협회로 이어지고 있다.

1988년에는 한국관세협회 회장으로 취임해 컨테이너 통관 및 유통의 원활화를 위한 제도개선에 일익을 담당했다. 관세협회는 컨테이너 운송업의 발전을 위해 1979년에 창립된 단체였다. 3년간 관세협회장으로 재임 중 컨테이너 운송 및 CFS 조작요율, 컨테이너내륙 운송요율 등의 인상, 인천항운 노조의 항운노조원 고용 분규 중재, 일본 관세제도 실무수첩 번역 배포 및 일본 항만 보세구역 연수 등을 실시해 우리나라 관세 제도의 선진화를 위해 노력했다. 협회 차원에서는 자체 회관을 서울 용산의 한강그랜드오피스텔빌딩 2층에 마련했다는 점이 재임 중의 성과였다.[150]

1999년에는 한국항만하역협회 회장으로 취임해 2004년까지 봉사했다. 재임 중 부산항의 ODCY 특허기간 연장, 임금채권보장법상 사업주의 부담금 반환 소송 승소 등 업계의 현안을 해결했다. 이밖에도 항만업계의 무쟁의 선언을 이끌어내고, 항만하역노무공급체계 개선을 위한 연구를 실시해 고질적인 우리나라의 항만노무공급체계개선방안을 제시했다.

취미 활동과 건강 관리

나는 백 년에 가까운 세월을 살아왔음에도 비교적 건강한 편이다. 나의 세대에서는 비교적 큰 편임에도 먹는 것을 그리 탐하지 않고 소식(小食)을 즐기며, 젊었을 적 체형을 유지하고 있다. 이것은 내가 젊었을 적부터 하루도 거르지 않고 꾸준히 운동을 해 온 덕분이라고 생각하고 있다. 내가 젊었을 적부터 운동을 게을리 하지 않았던 데는 그만한 사연이 있다.

---

150   한국관세협회, 『한국관세협회20년사』, 2001, pp.179-183.

고려해운 상무로 재직 중이던 1960년대 후반 어느 날 집에서 벽에 못을 막던 중 그만 팔꿈치를 다치고 말았다. 병원에 가서 진료를 받는데, 의사가 '차만 타고 다녀서 건강이 좋지 않은 것 같다'면서 운동을 하라고 권유했다. 그 이후 매일 운동을 하기 시작해 아흔 살까지 꾸준히 등산과 헬스를 해왔다. 등산을 워낙 좋아해 전국의 이름있는 산들은 다 올라 보았다. 80대에 들어서는 헬스클럽에서 2시간 정도 걷고 뛰기를 반복하며 땀 흘리는 것으로 등산을 대신하고 있다. 이렇게 하면 950칼로리 정도를 소모하기 때문에 군살이 붙을 틈이 없었다.

나는 취미로 바둑을 즐겨 왔다. 한국 바둑계의 원로인 조남철 국수로부터 아마 3단 증서를 받았으니 아마추어로서는 기력이 높은 편이다. 해운계에서 바둑이라면 나를 빼놓고는 얘기할 수 없을 정도다. 원로해운인들의 바둑모임인 '해기회(海棋會)'를 만들어 회장을 맡기도 했다. 해기회는 매월 1회씩 일품기원에서 모여 기력을 겨루곤 했다. 정회원은 9명이었는데, 대개 6-7명이 출석해 매월 기력을 겨루었다. 해기회의 회원으로는 박종규(KSS해운 전 회장), 장두찬(KSS해운 전 회장), 최재수(전 한국해대 교수), 박재혁(전 동남아해운 사장), 최규영(전 해운조합 이사장), 배주원(전 흥아해운 사장), 조영훈(전 해운항만청 국장), 배병태(전 해운산업연구원 원장) 등이었다.

후세대와의 교류

이승은 KCTC 전 사장

청해 신태범 회장님의 회고록 출간을 진심으로 축하드립니다.

내가 신태범 회장님을 처음 만난 것은 1963년 신양호 건조 시 조선감독을 발령 받은 때이니 어언 61년이 되는 것 같습니다. 따라서 저에게는 대학 선배 이전에 또 직장의 상사 이전에, 내 인생의 표본이고 삶의 지주였습니다.

특히 회사 업무에 있어서는 근검절약, 공정성실, 창의도전, 물류혁신 등의 회사 경영의 대원칙을 세워 놓고 흔들림 없는 리더의 역할을 수행하였습니다. 공정하고 깨끗한 회사, 일하기 좋은 분위기의 회사, 누구도 억울함이 없는 인사를 강조하시고 모든 직원이 자기의 업무를 성실히 책임 있게 마음 놓고 일만 하면 된다는 신뢰를 만들어 주셨기 때문에 오늘날의 고려해운㈜과 KCTC가 이루어졌다고 생각합니다.

1988년 노태우 대통령의 6.29 선언으로 산업계 전반에 노동조합이 우후죽순처럼 생겨 노동조합과의 어려운 협상을 할 때에도 '원칙과 신뢰를 가지고 한 3년 정도 설득하면 회사의 어려움과 노조의 요구를 수용 못하는 이유를 이해하지 않겠느냐'고 '전력을 다해서 노력하자'고 격려해 주신 결과 큰 대과 없이 지난 것 같습니다.

또한 신태범 회장님은 대한해운공사에서 육상 및 해상 근무를 하셨고, 기업에 대한 남다른 안목과 식견을 가지셨으며, 박정희 대통령 정부 초기 해운조선 산업의 계획조선을 착안, 정부에 건의하여 시행하게 하는 등 우리나라 해운 조선 발전에 큰 족적을 남기셨습니다. 그런 의미로 볼 때, 이 회고록은 우리나라 해운 조선 근대사에 훌륭한 자료가 될 줄 믿습니다.

이 훌륭한 회고록이 모든 이에게 귀감이 될 것으로 믿으며 다시 한번 회고록 발간을 축하드립니다.

후세대와의 교류

이윤수 KCTC 전 부회장

우선 청해 신태범 회장님의 회고록 출간을 진심으로 축하드립니다.

제가 신태범 회장님과 만남은 1966년 7월 신 회장님이 저를 고려해운 영업과장으로 스카우트해서 입사함으로써 시작이 되었습니다.

그 후 고려해운에서 전무로 퇴임하기까지 19년 4개월 그리고 소양해운 사장으로 19년, 마지막으로 KCTC 부회장으로 9년간 총 47년 이상을 신 회장님 곁에서 회사의 상사로 모시고 일해 왔습니다.

저의 사회생활 전 생애를 같이 하면서 너무나 큰 은혜를 받았으며 행복한 직장생활을 할 수 있어서 항상 감사할 뿐이다.

회사에서는 상사로서 개인적으로는 대학교 대선배로서 그리고 저에게는 집안의 큰 형님 같은 따스함과 사랑의 큰 은혜를 베풀어 주신 분이었습니다.

신태범 회장님은 고려해운 재창업시부터 회사경영에 가장 중요시한 것은 우수한 인재확보와 정도경영, 깨끗한 회사를 만드는 데 남다른 열정을 가지고 끝까지 성과를 이루어 내신 분이었습니다.

육상직원들은 물론이거니와 해상직원, 즉 선원들도 당시 해운계에서는 남들이 부러워할 정도의 가장 우수한 인재를 확보하고 있었습니다.

그리고 끝까지 신뢰하고 배려하는 모습은 우리들 자신도 모르는 사이에 느끼고 회사를 위하여 자발적으로 최선을 다하도록 하는 분위기를 만들었습니다. 한편 회사 성장발전을 위해서는 지칠 줄 모르는 열정과 도전을 통해 고려해운을 업계의 상위권으로 올려놓았습니다. 우리나라 해운발전을 위해서도 선주협회 활동에 적극적 참여, 그리고 해운당국에도 정책건의와 업계의 애로사항을 거침없이 건의하는 적극성을 보여 주셨습니다.

또 가장 기억에 남는 일은 1985년 10월 고려해운이 북미컨테이너 항로와 부정기 원양부분을 현대상선에 양도하고 나머지 한일정기선항로만으로 신고려해운을 설립했던 것으로 그때를 잊을 수 없습니다.

고려해운으로서는 최대의 위기 상황이었습니다. 최고경영자로서 어려운 여건 속에서 현명한 판단과 이에 따른 용단, 잔존회사의 재기, 임직원들의 재배치 등에서 보여준 철저한 원칙주의, 임직원에 대한 인간적인 애정과 배려에 깊은 인상을 받게 되었습니다.

이것이 오늘날의 고려해운그룹 성장의 밑거름이 되었다고 생각합니다.

2007년 초에 신 회장님으로부터 연락이 와서 이력서 한 장을 아무 말씀 없이 달라고 하여 갖다 드렸습니다. 그리고 며칠이 지나고 식사를 하자고 해서 만났는데 "실은 금년 3월부터 KCTC CEO를 맡아 주어야 하겠다"고 말씀하셨습니다.

당시 기업환경으로는 1997년 IMF 외환위기로 한국경제는 심각한 불황을 맞고 있었으며, WTO체제하에서 대외개방이 가속화되고 모든 산업들이 새로운 글로벌 경제체제에 맞도록 재편되고 있었습니다.

부산 신항도 개발이 순조롭게 진행되어 2006년에는 대형 선사들이 신항으로 이전하고 On-Dock화 함으로서 ODCY 기능은 제 역할을 못하게 되었습니다.

KCTC도 그동안 순조로운 성장을 이어 오다가 최대의 위기를 맞게 되었습니다. 위기를 극복하고 새로운 도약을 해야 하는 중요한 시기였습니다.

저는 회사의 현안문제를 철저히 분석하고 장래도약을 위한 VISION을 만들어 중기경영계획 KCTC 2010을 온 임직원이 합심하여 노력한 결과 새로운 도약기를 만들어 성장하는 데 조금이나마 기여한 것이 가장 큰 보람으로 느낍니다. 이 과정에 신 회장이 전적으로 저를 믿고 묵묵히 지원해 주신 큰 리더십에 깊이 감사하고 있습니다.

내가 본 신태범 회장님은 한마디로 인간적으로 존경받는 선배입니다. 개인생활이나 회사 일에나 또는 학교 동창회 그리고 사회생활에 있어서 언제나 앞에서 나서지 않으면서 뒤에서 남모르게 전체를 위하여 솔선수범하고 자기 양보를 할 줄 알면서 대의를 위해서는 물불 가리지 않고 추진하는 용기 있는 훌륭한 선배라고 생각합니다. 그리고 후배들을 아껴 주고 키워주는 지도자로서도 매력이 있는 분입니다.

이제는 우리나라 해운업계의 원로로서 그간에 쌓아온 업적과 경륜은 후배 해운인들에게 귀감이 되고 길잡이가 될 것이 의심의 여지가 없을 것입니다.

후세대와의 교류

전문준 고려해운 전 사장

내가 신태범 회장님을 처음 만난 것은 경력직원 입사 인터뷰에서였습니다. 회사에 할 일이 많으니 빨리 오라는 말씀에 실은 직급도 급여수준도 모른 체 고려해운 기획실에 1973년 8월 1일 입사하였습니다. 방계회사를 포함하여 40여년간 근무하면서 신 회장님의 경영방침을 실행하는 실무자와 임원을 지내면서 많은 교훈을 얻었습니다.

회장님은 고려해운 창립 초창기부터 회사경영에 참여하고 정부의 계획조선 1차선을 건조하면서 우리나라 해운, 조선의 육성정책에 기여했을뿐만 아니라 고려해운을 벌크선대 확충 및 정부의 풀컨테이너 4사 원칙에 따라 북미원양항로를 개척해 원양선사로의 성장을 주도하셨습니다. 그러나 1980년대초 부터 불어 다친 국제해운불황으로 정부의 해운산업합리화정책에 따라 회사를 부득이 타사에 양도하는 쓰라린 아픔을 겪는 등 회사의 흥망을 몸으로 맞이한 산 증인이십니다.

나는 1985년 8월 고려해운이 현대상선에 인수(회사주식 전량이 매도) 당시에 신태범 사장의 지시에 따라 회사의 양수도 업무와 새로운 회사를 설립해 재도약의 기틀을 준비해야 하는 기획담당 임원으로서 겪었던 어려움과 도전을 잊을 수가 없습니다.

타 회사 인수경험이 많은 대기업 현대상선과 맞서서 상대적으로 작고 경험도 없고 약자가 된 우리회사로서 주식양수도계약서를 작성하고 실행하는 데 어려움이 많았습니다. 하지만 회장님은 세부적인 협상항목을 직접 작성해 주셨습니다. 나는 호텔방에서 현대상선 임원과 며칠간 협상하면서 매일 저녁 회장님께 보고하고 함께 입원 중인 변호사를 만나 자문을 구했습니다.

당시 현대상선과의 주요 협상내용은 다음과 같이 상호간에 첨예한 것이었습니다. 1) 주식평가는 장부가격으로 한다. 2) 고려해운 자산 중 한일간 운항선박은 양도자가 다시 인수한다(신고려해운주식회사 설립하여 인수후 몇 년 후 상호를 고려해운으로 되찾음) 3) 현재 근무직원은 모두 인수한다. 해외 주재원은 주재기간을 보장한다. 4) 고려해운의 방계회사와의 계약내용은 그대로 승계한다. 즉 KCTC와의 하역 및 운송계약 등 5) 고려해운의 은행채무에 대한 고려해운 주주나 임원들의 채무보증을 해지한다. 6) 고려해운의 대외 계약은 그대로 준수한다.

상대측에서는 '주식회사의 주주가 주식전량을 매각하는데 무슨 조건이 그리 많으냐'고 회유와 겁박도 있었습니다. 하지만 결국 대부분 우리 의견이 받아들인 것은 회장님의 뚝심과 협상력 덕분이라고 생각합니다.

고려해운은 기존 운항선박과 매출액의 십분의 일도 안되는 한일간 소형 피더선 4척을 다시 구입했습니다. 이렇게 재창업된 고려해운은 현재까지 40년간 계속하여 성장하고 연속흑자경영을 달성하고 있으며, 국내 2위의 정기선사로 키우고 해운관련 방계회사를 설립해 성공적으로 성장시켜 왔습니다. 오늘날 대기업집단으로까지 지정될 만큼 성장하게 된 것은 신 회장님을 위시한 모든 임직원이 절치부심 노력한 결과라고 생각합니다.

신 회장님은 항상 대내외적으로 신용을 중시하시면서, 업무 스타일은 보통 때는 조용하면서도 원칙에 입각해 결정을 내리십니다. 특히 중요한 사안에 대해서는 매우 신속하면서도 단호한 결정을 하시고 누구에게나 인간적으로 대하기 때문에 모든 선후배들로부터 존경을 받고 계십니다. 1985년 회사의 재창업은 시의적절한 판단이었으며 오늘의 고려해운이 있게 한 계기를 마련하셨음에 감사드립니다.

신태범 회장님의 회고록을 출간하신다는 소식을 듣고 늦은 감이 있지만 다행이라고 생각했습니다. 후배들이 회장님의 회고록을 읽고 회장님께서 평생 밟아오신 정도경영의 본모습을 배울 수 있을 것이기 때문입니다.

후세대와의 교류

윤민현 한국해사포럼 명예회장

신태범 회장님은 나의 한국해양대학의 대 선배이자 대한해운공사의 최고참 선배다. 내가 해운공사에 입사한 후 승선 근무했던 대한해운공사의 첫배가 대포리 호다. 대포리 호는 동해안 한 항구에서 침몰했던 군산 호를 인양해 대대적인 수리공사 후 대포리 호로 선명이 바뀐 선박으로 수리공사 당시 선박감독이 신 회장님이었다.

후일 대포리 호 감독경험을 통해 조선공사의 잠재된 능력을 확인하고 당시 우리나라에 일본의 계획조선제도의 도입을 추진하였는가 하면 계획조선을 통해 건조한 3척의 선박이 고려해운 제2 창업의 기초 자산이 되었다는 점에서 신 회장님과 대포리 호의 인연은 각별했다고 생각한다. 결과적으로 저는 신 회장님과는 학교와 직장의 후배에 더하여 신 회장님의 일생에 중대한 영향을 미친 대포리 호에서 사회생활의 첫걸음을 뗐다는 인연까지 갖게 되었다. 그러나 대한해운공사에서 한진해운에 이르기까지 짧지 않은 기간동안 한 회사에서만 직장생활을 하였기 때문에 신 회장님을 지근거리에서 모셔본 적은 없고 해운인들의 정례 모임에서 자주 뵈었을 뿐이다.

그러다 어느 날 평소 대한해운공사 시절 오랫동안 회사의 임원으로 재직하셨던 신 회장님의 동기분의 호출로 신 회장님의 사무실에서 바둑을 두시는 두 원로선배님을 예방한 이후 두 분이 자리를 할 때마다 종종 뵙게 되었다. 당시 대국 장면을 곁에서 지켜보면 승패를 다투며 한 수도 양보하지 않으려고 밀당을 하는 두 분을 보면서 대 원로 선배라기 보다는 이제 바둑을 배운 20대 못지 않은 천진무구함이 느껴지곤 했다.

신 회장님은 그 친구분을 수시로 사무실로 초청하여 대국을 하시는가 하면 항상 차를 보내 친구분의 이동에 각별한 관심을 기울이셨다. 그 친구분은 떠나셨지만, 그 직전 두 분이 함께한 자리에서 그 친구분이 내가 없으면 자네는 누구와 바둑을 두겠는가며 걱정하시기도 했다. 그 친구분이 떠나신 후 어느 날 경기도 광주 소재 친구분의 자리에 찾아가 여기저기를 살펴보시기도 했다. 두 분간의 각별한 우정의 일면을 볼 수 있었다.

2000년대 초반 어느 날 신태범 회장님과 박현규 이사장 이사장님을 강북에 위치한 광릉 CC에서 골프회동을 주선한 적이 있다. 박 이사장님은 카트를 활용하시는가 하면 신 회장님은 별 말씀 없이 18홀 전체를 걸어서 이동하실 정도로 체력관리에 열심이셨다.

최근에도 종종 근무하시는 사무실로 뵈려 가보면 여전히 책상 위에 이런 저런 자료가 수북히 쌓여있다. 자세히는 보지 못했지만 대부분이 국 내외 경제동향 그리고 우리나라 주요 그룹들의 실적과 관련된 자료들이다. 이 따끔 우리나라의 대 중국 수출 입 실적이나 일본 해운계의 노사관계등 최근 동향들에 관한 자료를 보여주며 실적의 등락이나 노사관계의 안정상황에 관해 그 원인을 설명하실 정도로 시사에도 관심을 많이 기울이시기도 했다. 2세들에게 경영을 위임하셨으면 이제는 조금 여유를 가지실 법도 한데 일에 대한 욕심은 여전하신 것 같다.

흔히 하는 말로 학교는 물론 해운분야에서 새까만 후배가 원로 선배님에 대해 언급을 한다는 것 자체가 예의에 맞는지 모르겠지만 '내가 본 신태범 회장'이라는 제목을 베일 삼아 감히 원로 대 선배님을 몇 자로 묘사해 본다. 청 장년기에는 유아기와 성장기 사이에 위치해 있는 한국해운의 발전을 위해 이웃 일본의 계획조선제도를 국내로 도입하고 스스로 자원해서 그 시험대에 서는 도전적인 용기, 고려해운의 제2 창업을 주도하는 등 선구자적 역할을 자임하는 열정을 보였는가 하면 척박한 환경하에서 상호 신뢰와 의리를 지키며 70여년 고려해운의 외길을 지켜온 신중함 그리고 친구를 포함해서 주변분 들과의 우정을 중시하는 일면도 갖고 계신 분이다. 차분하고 자상하신 분이지만 비판하실 때는 차가운 분이다. 묵직해 보이지만 또 한편으로는 마음이 여리신 분이다.

후세대와의 교류

권오인 고려종합국제운송(주) 사장

멀리서 그리고 가까이에서 뵙고 느낀 회장님과의 인연을 시간 순서대로 보면 크게 전반부와 후반부로 나눌 수 있는데, 전반부 인연의 시작은 고려해운(주)이었다. 한국해양대학을 졸업하고 해군 복무를 마친 뒤 1983년 12월 고려해운 공채로 입사한 나는, 1985년 2월 박현규 이사장 사장님 후임으로 부임하신 신태범 사장님을 처음 만났다. 회장님과의 첫 만남은 조례에서의 훈시 만남이었다. 지금도 기억 한편에 남아 있는 훈시의 내용은 '경비절감'이었다. 당시 2차 오일쇼크 이후 절체절명의 해운불경기를, 경비절감을 통해 극복해 나가겠다는 회장님의 강력한 의지는 신입사원으로서 업(業)에 대한 위기의식을 느끼게 해 준 계기였다.

두 번째 만남은 그로부터 5년 뒤인 1990년 일본 도쿄에서였다. 도쿄사무소 주재원으로 근무 중이던 나는 주요 거래처 방문 차 도쿄에 출장을 오신 회장님을 다시 만났다. 당시 회장님은 능통한 일본어 실력에도 불구하고, 깊이 있는 용어에 대해서는 확인단계를 거쳤다. 세심한 언어 표현에 익숙하고 한번 뱉은 말의 중요성을 아는 일본인들을 상대하기 위해, 몇 번이고 주의를 기울이시는 절차탁마(切磋琢磨)의 모습은 참으로 인상적이었다.

2007년, 나는 뜻하지 않게 고려해운을 떠나게 되었다. 제3자의 입장이 되자,

고려해운이 역사와 전통이 있는 기업이었음이 명확히 보이기 시작했고, 그 연원이 기업을 경영하시는 주주 분들에게서 비롯되었음을 점차 알게 되었다. 이것이 멀리서 바라 본 회장님과의 전반부 인연의 마무리였다.

2016년 9월 PSA(글로벌 컨테이너터미널회사, 싱가폴)를 퇴직해 쉬고 있을 때 KCTC의 자회사인 고려종합국제운송(주)의 문병도 사장으로부터 본인 퇴직 이후 회사경영을 맡아 달라는 요청을 받았다. 늦둥이 막내가 대입시험을 앞두고 있었고, 한진해운의 법정관리 신청으로 글로벌 컨테이너 물류대란이 한창 진행 중이던 시기였다. 포워딩에 대해 밝지 못하여 정중한 거절 의사를 전했으나, 2개월 뒤 재차 요청을 받고 입사를 결정하게 되었다. 2017년 3월, 고려종합국제운송(주)의 대표이사로 취임한 이래 어려움에 봉착하였을 때 회장님 께서는 "권 사장은 회사 경영을 담당한 지가 오래지 않아 사업 포트폴리오를 만들 수가 없었다."는 이유로 격려를 하시면서도 기업은 적자를 면해야 한다는 사려 깊은 평범한 진리를 잔잔하게 설명하셨다. 회장님과의 후반부 인연이 시작되었다.

회장님은 1966년부터 박현규 이사장님과의 동업관계를 자랑스럽게 여기신다. 동업은 신뢰가 그 기반이고 신뢰는 인격과 경륜으로 완성된다고 볼 수 있는데 늘 그 신뢰의 뿌리가 궁금하였다. 그리고 계획조선 1호 '신양 호'의 탄생 과정에 대해서도 소상하게 설명해 주셨다. 회장님 집무실에는 고향 거창의 요수정(樂水亭)의 그림 액자가 걸려있는데 경치가 절경이어서 기회가 되면 구경을 해 봐야겠다고 마음먹고 있던 차에 2022년 11월 회장님은 오래 전부터 계획하였던 고향탐방에 전, 현직 회사, 관계사 주요 간부들을 초청하였다. 덕유산에서 발원한 위천이 흐르고 수승대(搜勝臺)가 지척인 곳이었다. 고향탐방에서 보고 느낀 것은 유학의 격물치지(格物致知)의 탐구정신, 과유불급(過猶不及)의 절제가 삶의 내면에 스며든 품격 있는 회장님의 신뢰의 인품이 고향의 품에서부터 연원(淵源)되었음을 느낄 수 있었다.

해운산업은 도전적이고 국가적인 사업이다. 회장님의 도전정신의 발아는 거창을 떠나 통영공립중학교로 유학 갔을 때로 사료된다. 거창은 유교의 전통이 살아있는 깊은 산골마을이다. 그에 비해 통영은 바다가 있고, 충무공 이순신의 정신이 이어지며, 삼도수군통제영이 들어서면서 전국의 장인과 예술인이 모여 장인정신과 예술혼이 살아 있는 곳이다. 감수성이 예민할 시기 통영생활의 한 편린은 회장님의 국가관에 뚜렷이 표출된다. 회장님은 한국경제 조감도 (경제편 1956~, 노사편 1970~)를 년 단위로 작성하신다. 국가 차원의 경제흐름을 이해하여 국익에 도움을 주려는 노력의 일환이고 이러한 노력의 과정에서 후일 김영삼 대통령에게 경제자문역을 수행하기도 하였다.

인간의 삶은 만남의 연속이다. 태어나면서 부모, 자라면서 친구, 배움의 스승, 인생의 반려, 배우자 등 수많은 만남이 있다. 회장님은 만남의 달인이다. 박현규 이사장 이사장님을 설득하여 평생의 동업자로, 가까이에 해운의 전문가들을 두고 해운시장의 변화를 경청하고, 임직원에게는 평생의 직장을 그리고 사업상 만나는 다양한 인사들을 그때그때 꼼꼼히 그리고 깊이 있게 챙기신다. 기업인으로서의 회장님은 깔끔한 신사이다. 공사(公私)가 분명하고 맡은 일은 철저하게 끝까지 파고든다. 대한민국 계획조선 1호 '신양 호'는 그러한 회장님의 기업철학의 결과이자 젊은 해운기업가로의 변신을 의미하는 인생행로의 중요한 분수령이 되었다. '신양 호'는 한국조선소에서 국가의 지원으로 건조한 최초의 선박이 되었고 후일 한국에 본격적인 조선 산업의 가능성을 알리는 신호탄이 되었다.

2024년은 회장님을 만나 뵌 지 40년 차가 된다. 때로는 가까이에서 때로는 멀

찌감치 뵈지만 한결 같은 현역이시다. 사업에 일편단심, 만남에 지극정성, 배움에 절차탁마 그리고 생활은 검소하시지만 바둑으로 승부를 즐겨하시는 모습까지. 해운업은 사업의 부침이 심하고 시장의 등락이 천당과 지옥을 오간다. 짐작하건데 회장님께서는 수많은 고난과 번민의 밤을 겪으셨으리라! 그럼에도 회장님께서는 대한민국 해운, 조선업계에 계획조선 1호 '신양 호'와 고려해운, KCTC라는 기업의 족적을 훌륭히 남기셨다. 세계 해운환경은 코로나 기간의 사상초유의 시장폭등과 이익, 친환경 에너지, 디지털, 글로벌 종합물류의 끊임없는 변화의 물결이 거칠게 밀려오고 있다. 그러나 2007년부터 2세경영의 틀이 안정되었다. 회장님의 평생 현역 해운기업인, 반세기를 훨씬 넘긴 해운산업 분야의 '동업'이라는 신뢰의 동행, 그리고 고령임에도 조용히 실천하고 계시는 향기 있는 사회활동에 대해 이 지면을 빌려 깊이 경하 드린다.

참고문헌

1. 자료

공업신문/ 국제일보/ 경향신문/ 남조선민보/ 동아일보/ 대구시보/ 마산일보/ 매일신보/ 매일경제/ 민중일보/ 부산신문/ 산업신문/ 수산경제신문/ 신문명/ 자유신문/ 자유신보/ 조선시보/ 조선일보/ 제삼특보

『인천시사』 하, 인천직할시, 1993.
『해당 이시형과 한국해양대학』, 한국해사문제연구소, 2012.

거창군사편찬위원회, 『거창군사』, 1997.
경상남도해운조합, 『경남해운조합10년소사』, 1959.
교통부 해운국, 『해운10년약사』, 1955.
대한조선공사, 『대한조선공사30년사』, 1968.
전국경제인연합회, 『한국의 조선산업』, 1997.
한국관세협회, 『한국관세협회20년사』, 2001.
한국선급, 『한국선급35년사』, 1996.
한국선주협회, 『한국선주협회30년사』, 1990.
한국은행, 『경제통계연보 1963』, 1964.
한국해기사협회, 『한국해기사협회30년사』, 2014.
한국해양대학교, 『한국해양대학교오십년사』, 1995.
한국해양대학교, 『바다에 남긴 자취: 한국해양대학교실습선75년사』, 2022.
한국해사문제연구소, 『선원열전』, 해양수산부, 한국해기사협회, 한국도선사협회, 한국해사재단, 2004.
한진해운, 『60년사:자료』, 2010.
현대상선, 『현대상선30년사』, 2006.
해군사관학교 편, 『해군사관학교 50년사』, 1996.
해군사관학교 편, 『해군사관학교교사 1946-1981』, 해군사관학교, 1981.
『해성 이맹기』, 이맹기회장추모사업회, 2006.

2. 연구논저

강명숙, 미군정기 대학 단일화 정책 수립에 관한 연구, 『한국교육』, 29권 2호, 2002.
김광희·김현덕, 우리나라와 일본의 해운정책 비교연구-계획조선제도에 대한 회고와 시사점을 중심으로, 『한국항만경제학회지』, 제23권 제3호, 2007.9.
김병륜, 『이성호 제독』, 해군본부, 2016.
김상훈, 해방 전후 중등교육과정의 변화, 『역사와 교육』, 제21집, 2015.10.
김일영, 『건국과 부국』, 기파랑, 2010.
김종길, '물불을 가리지 않고 돌진했던 이대우', 한국해운신문, 2008.5.1.

김재근, '홍세주 회장 : 근면성실한 모범적인 해운인', 『잊혀지지 않는 해운인』, 쉬핑가제트, 1986.

김재승, 『진해고등해원양성소교사』, 진해고등해원양성소동창회, 2001.

김재승, 1945-1948년까지 우리나라 외항선의 현황, 『해운물류연구』, 제40호, 2004. 3.

방수일·최경선, 『해군창설의 주역 정긍모 제독』, 해군본부, 2018.

석두옥, 『해성』, 성암, 1994.

손태현, 『한국해운사』, 효성출판사, 1997.

손태현, 『한국해양대학론』, 다솜출판사, 2015.

송철원, 『개천에서 난 용이 바다로 간 이야기』, 현기원, 2015.

신시범 역, 『역주 황고선생집』, 도서출판 선비, 2012.

신시범, '구연서원중건기,' 위천면지편찬위원회, 『위천면지』, 1998.

오진근·임성근 공저, 『해군창설의 주역 손원일 제독』 상, 한국해양전략연구소, 2006.

오진근·임성채, 『해군창설의 주역 손원일 제독』 상, 해군사관학교, 2014.

윤경호 외, 『대한민국 건군의 주역 손원일 제독』, 해군사관학교, 2014.

이수건, 『영남사림파의 형성』, 영남대학교출판부, 1979.

이종옥, 『초계 왕상은 평전』, 도서출판 패스, 2005.

이훈상, 『조선 후기의 향리』, 일조각, 1990.

정진아, 「장면 정권의 경제정책 구상과 경제개발5개년계획」, 『한국사연구』 176, 2017.3.

정진술, 『해군과 손원일 제독』, 교우미디어, 2015.

今村宏, 一六〇〇總トン型貨物船, 『海運』, 日本海運集會所, 410, 1961.11.

代田武夫, 『日本海運死鬪の航跡 : 集約と再編成史』, シッピング·ジャーナル, 1979.

森 隆行 編著 , 『外航海運概論』, 成山堂書店, 2004.

篠原陽一, 『現代の海運』, 税務経理協会, 1985.

Sungjune Kim, 'A State-run Enterprise : A bane or a boon-A case of the Korean Shipping Corporation, 1950-68-', The Asian Journal of Shipping and Logistics, Vol. 31, No. 3, Sept. 2015.

s. June Kim, 'Overcoming the crisis in Korea's shipping industry, 1980-1988', International Journal of Maritime History, 36(2), April. 2024.

3. 인터넷 자료

https://ko.wikipedia.org/wiki

https://www.geochang.go.kr/

http://geochang. grandculture.net

http://www.tonggo. or.kr/intro/history.php,

https://blog.daum.net/kieury/11300584

http://www.smgnews. co.kr/122596

http://www.navsource.org/archives/09/13/130262. htm

https://en.wikipedia.org/wiki/ USS_Almaack_ (AKA-10)

晴海 신태범(愼泰範)

1928년 1월 15일 거창군 위천면 황산리에서 남

◎ 학력

    1946. 1   한국해양대학교 항해과 1기 입학

    1950. 3   한국해양대학교 항해과 2기 졸업

    1967. 6   고려대학교 경영대학원 수료

    1978. 6   서울대학교 경영대학원 수료

    2001. 4   한국해양대학교 명예경영학 박사

◎ 경력

    1950. 5 - 1962. 10   대한해운공사(항해사, 선장, 해무계장, 선원1계장,

                                선원 과장)

    1962. 11 - 1973. 5   고려해운 상무, 전무

    1973. 6 - 1975. 4   고려종합운수(현 KCTC) 이사

    1975. 5 - 1980. 9   고려해운 부사장

    1976. 2 - 1978. 2   한국해양대학 총동창회회장

    1976. 11 - 1982. 6   해운항만청 해운진흥 심의위원

    1980. 10 - 1985. 2   고려종합운수 사장

1982. 5 - 1997. 4	서울상공회의소 상임위원
1984. 3 - 1985. 2	한국해상운송주선업협회 부회장
1985. 2 - 1988. 1	신고려해운 대표이사 회장
1988. 2 - 2001. 3	고려종합운수 회장
1988. 3 - 1991. 3	한국관세협회 회장
1992. 3 - 2003. 4	한국선급 이사
1993. 2 - 1996. 2	거창신씨 대종회 5대 회장
1997. 4 - 2004. 4	서울상공회의소 감사
1999. 1 - 2004. 2	한국항만하역협회 회장
2001. 3 - 현재	KCTC 회장

◎ 수상

1982. 3	제6회 해운의 날 동탑산업훈장
1990. 11	제14회 육운의 날 교통부 장관상
2003. 12	2003년 자랑스러운 해대인상
2004. 2	제13회 한국해운물류학회 해사문화상

부록

I. 한국 경제와 사회에 대한 회고와 고언

회고록을 마무리하기에 앞서 순탄하지 못했던 우리 경제의 과거와 현재를 몸으로 체험한 경영자의 입장에서 그동안 보고 느꼈던 아쉬움과 몇 가지 바램을 정리해 본다.

1. 한국 경제와 사회에 대한 회고

열악했던 전후의 한국 경제

한국이 세계 제10위권 경제대국으로 부상하기까지 한국경제사를 되돌이켜 보면, 해방 직후 우리 선조들이 때로는 초근목피에 의존해야 할 정도의 기근에 허덕이던 시대도 있었다. 하지만 한국경제의 뿌리는 6.25 전쟁으로 폐허가 된 1950년대 중반에서 시작되었다고 생각한다. 당시 한국은 해외원조에 의존해 식량문제를 해결해야 할 정도로 열악하기 짝이 없는 상황이었다. 하지만 80년 정도의 기간을 통해 오늘의 경제대국으로 성장한 사실에 대해 해외에서는 매우 이례적인 현상으로 받아들이고 있다.

한 국가의 경제흐름도 지정학적 이유로 풍상(風霜)과 함께 끊임없이 진화하고 변해 왔다. 일본을 포함해서 우리 주변에서 확인할 수 있듯이 전쟁으로 폐허가 되는가 하면 전쟁이라는 특수(特需)를 통해 회복하고 부(富)를 축적하기도 한다. 1950년대 이후 태생적으로 부존자원이 부족한 환경하에서 한국경제 건설의 초기 상황을 살펴보면, 민생의 최소 요건인 식량부족은 물론, 산업의 원동력이 될 석유, 가스 등 에너지는 전적으로 해외 수입에 의존하지 않으면 안 될 상황이었다. 하지만 당시 해외 수입대금을 결제할 외환보유고는 거의 'zero'나 다름 없는 상태였다.

1960년대 당시 한국의 주요 수출품목이라고 해 봐야 김, 오징어, 한천 등 일부 수산물과 텅스텐 정도가 고작이었다. 그렇다 보니 한국경제의 기반을 구축하기 위해 필요한 외화획득을 기대하기에는 역부족이었다. 외화 확보가 절실했던 정부는 궁여지책으로 만리 타국인 서독에 광부와 간호사를 파견하고, 해외취업선에 선원을 송출하고, 우리와 직접 관련이 없는 베트남 전쟁에 대규모로 파병하는가 하면 열사(熱砂)의 나라 중동지역에 인력을 수출하는 등 때로는 생명을 담보로 하는 위험을 감수해 가며 인력수출에 의존하여 외화를 비축하는 어려운 시기도 있었다.

중화학 공업을 향한 리더십

1970년대에 진입하면서 정부는 한국의 현실에 맞도록 경제구조와 산업재편의 필요성을 절감했다. 이에 정부에서는 인력수출의 한계를 인식하고 무역을 통한 경제건설을 위해서는 규모와 성장 잠재력 측면에서 가장 유력한 중화학 공업 분야의 육성 정책을 수립하고 기반구축에 나섰다. 그러나 당시 한국의 경제적 여건상 엄청난 투자를 요하는 중화학공업 기반 건설을 위한 재원 마련은 특단의 결심이 없는 한 거의 불가능에 가까운 도전이었다.

당시 열악한 한국의 경제상황과 대외신용 부재에도 불구하고 정부와 경제계의 경제 발전을 향한 열망 하나로 한 국가의 리더로서의 체면도 접은 채 천신만고 끝에 해외차관을 얻어냈다. 이를 활용하여 마침내 중화학 공업기지 건설을 위한 첫 삽을 뜰 수 있었다. 이어 최소한의 산업시설을 갖춘 정부는 부존자원의 부족이라는 장애를 극복하며 해외에서 원목, 철광석 등 원자재를 수입한 뒤 이를 재가공해 수출하는 부가가치 창출형 무역으로 전환하였다. 이후 정부는 수출입국(輸出立國)을, 경제계는 수출보국(輸出報國)을 외치며 정부와 경제계가 한 마음으로 진력(盡力)한 결과 후진 개발도상국에서 이제는 제 10위권 경제대국으로 부상하게 되었다. 현재는 일반 생활 용품은 물론 해외 건설, 해외 원전, 선박 수출에서 반도체에 이르기까지 거의 전 품목에 걸쳐 글로벌 무역시장에서 해외경쟁자들과 어깨를 나란히 하게 되었다.

무역 대국의 길

전세계 무역현황을 보면, 2022년 기준, 수출 23조 달러, 수입 25조 달러로 합계 48조 달러에 이른다. 순위로는 중국 1위, 미국 2위에 이어 5위가 일본이며, 7위 프랑스 다음으로 한국이 제8위에 위치하고 있다. 한국은 수출 6,800억 달러, 수입 7,300억 달러로 그 내역을 보면 중화학 분야가 1위를 점하고 있다.

1997년 아시아 금융위기 당시 39.4억 달러에 불과했던 한국의 외환보유고는 2023년 말 현재 4,200억 달러로 25년 사이에 무려 100배 이상 증가했다 (KOTRA 2022년 통계). 서방의 경제인들은 한국의 이러한 성과를 기적에 가까운 쾌거(快擧)로 평가하고 있다.

이와 같은 열악한 내 외적 도전과 난관을 극복해 나가며 세계 평균 성장률을 크게 앞지르는 급격한 대외무역의 확장을 이루어 낸 주역은 누구인가? 이는 모든 국민들과 정 재계가 합심 노력한 결과이며 국가의 장래를 내다보고 설계하는 경국(經國)의 리더십과 경제건설을 열망하는 국민, 즉 사람이 있었기에 가능했다. 이 과정에서 우리 모두가 부인하거나 잊어서는 안될 사실은 국민의 생명선인 외화가득의 주역은 바로 삼성, 현대차 등 한국의 대기업들이라는 점이다. 우리나라 수출 주력 상품인 철강, 반도체, 전자제품, 자동차, 선박, 석유화학제품 등은 삼성, 현대 등 대기업 제품이라는 점은 우리 모두가 인정하고 있는 현실이다.

대기업의 역할

한국 대기업의 역할에 관한 국내외 통계 자료에 의하면, GDP의 3/4는 10대 그룹이 창출하며, 삼성이 21.9%, 현대차가 12.6%를 차지하고 있다. 삼성, SK하이닉스가 메모리 반도체 분야에서 세계 생산량의 66%를 점유하고 있으며, 스마트폰과 전자제품은 삼성전자, LG전자가 세계 1, 2위를 차지해 한국 기업의 우수함을 증명하고 있다. 현대와 기아차의 2023년 자동차 판매 대수는 710만대로 세계 3위(자료 : Focus2move), 조선(造船)은 수주량 기준으로 중국과 세계 1, 2위를 다투는가 하면 대형 컨테이너선과 LNG 운반선 등 고부가가치선의 건조는 중국을 제치고 단연 세계 1위를 차지하고 있다(자료 : 클락슨리서치, April, 2024).

물론 90년에 가까운 한국경제의 재건 과정에도 이념과 사상의 차이로 인한 갈등과 부(富)의 분배를 놓고 격렬하게 대립하는 어려운 시기가 있었다. 하지만 그러한 갈등은 정도의 차이일 뿐 거쳐야 하는 하나의 과정이며 현재도 지속되고 있다는 것도 엄연한 사실이다. 문제는 그 갈등의 빈도(頻度)와 강도(强度)다. 노사갈등이 장기화되면서 초창기 한국의 대외경쟁력의 원천이 되었던 인건비가 상승하면서 경쟁력 약화를 초래하기도 했다. 이념적 이슈가 강해지면서 경제발전의 속도가 일시 주춤했는가 하면 도를 넘는 노사간 갈등으로 산업 현장이 일시 마비되고 기업경영의 자주성이 위협받는 경우도 있었다.

일부 노조를 포함해서 근로자 단체의 강경노선이 해소될 조짐을 보이지 않자 해외자본의 한국 외면 현상과 함께 국내에 투자했던 해외자본의 탈 한국 현상도 나타나는가 하면 국내자본의 해외투자 현상까지 나타났다. 2011년~

2020년 10년간 국내설비투자 연평균 성장율을 보면 중국 4.3%, 일본 3.9% 인데 비해 한국은 2.5%로 3국 중 최하위다. 해외직접투자의 연평균 성장률을 보면 중국 6.6%, 일본 5.2%인데 비해 한국은 7.1%로 3국중 가장 높게 나타났다(자료 : 전국경제인연합회). 이는 당시 열악했던 한국 기업경영 환경과 그로 인한 일부 국내 생산기지의 탈 한국현상을 반증하는 것이다.

현대경제연구원 자료에 따르면, 해외로의 공장 이전으로 인해 2006년부터 2015년까지 10년간 국내 투자 손실의 규모가 약 344억 달러에 24만명의 일자리가 사라진 것으로 알려지고 있다. 합리적인 노사관계와 정부의 친 기업정책이 정착되면 자본의 탈 한국현상 억제는 물론 해외자본의 국내투자를 통해 저조한 실업률도 크게 개선될 것으로 기대된다.

다극화, 다양화 되어가는 글로벌 환경 속에 시대의 흐름을 예측하고 대비할 수 있는 리더십의 중요성은 기업이나 국가의 경우에도 다를 바 없다. 돌이켜 보면 한국 경제의 기반구축, 경제위기의 극복, 경제대국으로 성장하는 모든 과정에서 권력자로서의 권위와 사적 이익을 탐닉하기 보다는 오직 국가와 국민을 위한 리더십과 이를 신뢰하고 혼연일체가 되어 합심 노력했던 경제계와 근로자들의 노력이 있었기에 가능했다는 것은 이미 확인된 사실이다.

기대와 감사

후발 산업국이었던 한국에서 선진화를 위한 선행조건은 정치와 경제의 리더십이었다. 그 대표적인 리더십의 주인공으로 경제성장의 성과를 일구어낸 박정희 리더십과 복지국가의 토대를 마련한 김대중 리더십을 드는 사람들이 많다. 정치와 경제는 본디 리더십과 제도가 상호작용하는 영역이다. 분명한 것은 리더의 능력이 국가발전의 핵심요소라는 사실이다. 불확실성과 불투명성이 점철되는 가운데 지정학적 갈등이 도처에서 표출되고 있는 글로벌 상황하에서 좀 더 미래를 내다보고 설계하는 정·재계의 리더십의 출현이 그 어느 때보다 필요해 보인다.

사회 구성원 각자가 건전한 상식을 바탕으로 자기의 위치와 직분에 충실하는 조직이나 사회는 쉽게 흔들리지 않는다. 이념의 갈등을 극복할 수 있는 힘의 원천도 '사람'이었다. 이유없는 반 기업정서, 대기업에 대한 반감등이 사회와 조직에 팽배할 경우 그 조직과 기업은 변화에 대처할 능력을 찾아보기 힘들다는 사실은 오랜 역사를 통해 검증된 교훈이다. 조그마한 규모의 기업에서 한 국가에 이르기까지 '국가와 기업의 부침을 좌우하는 것은 오로지 '사람'이다.

개인적으로 식민기에 유년기를 보냈고, 해방과 전쟁으로 어수선할 때 청년기를 보내고 곧 사회에 발을 내디딘 후 70년 가까운 세월을 고려해운과 함께 해왔다. 그동안 몇 차례의 시련과 도전에도 불구하고 오늘의 고려해운으로 성장하게 된 힘의 원천은 바로 '사람과 조직'이라는 믿음을 갖고 있으며 그 점에서 나는 늘 모두에게 감사하는 마음뿐이다.

한국경제조감도는 한국 경제의 시작부터 현재까지의 경제, 노사, 수출에 대한 자료이다. 한국 경제의 실상을 정확하게 나타내고 있다고 본다.

2. 한국경제 조감도-경제편(1956~2023)

年度	貿易收支(億달러)									환율 (평균 환율)	1人當 GDP (달러)	經濟 成長率 (%)	在任 大統領 年平均 成長率(%)
	輸出 금액	輸入 금액	年收支	累計	반도체 수출	자동차 수출	對中國	對日本	對美國				
1956	0.246	3.9	-3.6	-3.6						130.00			
1957	0.222	4.4	-4.2	-7.8						130.00			
1958	0.165	3.8	-3.6	-11.4						130.00			
1959	0.198	3.0	-2.8	-14.3						130.00			
1960	0.328	3.4	-3.1	-17.4						130.00	79	2.3	
1961	0.409	3.2	-2.8	-20.1						130.00	84	6.9	
1962	0.548	4.2	-3.7	-23.8						130.00	90	3.9	
1963	0.868	5.6	-4.7	-28.5						130.00	103	9.0	
1964	1.2	4.0	-2.9	-31.4						255.77	106	9.5	
1965	1.8	4.6	-2.9	-34.3					-1.2	266.58	108	7.3	
1966	2.5	7.2	-4.7	-38.9					0.0	271.13	128	12.0	
1967	3.2	10.0	-6.8	-45.7					0.0	270.53	145	9.1	
1968	4.6	14.6	-10.1	-55.8					0.0	276.66	174	13.2	
1969	6.2	18.2	-12.0	-67.8					0.0	288.33	216	14.6	
1970	8.4	19.8	-11.5	-79.3					-1.9	310.58	253	10.1	
1971	10.7	23.9	-13.3	-92.5				-6.9	-1.5	347.68	290	10.5	
1972	16.2	25.2	-9.0	-101.5				-6.2	1.1	392.92	324	7.2	
1973	32.3	42.4	-10.2	-111.7				-4.9	-1.8	398.33	407	14.9	
1974	44.6	68.5	-23.9	-135.6				-12.4	-2.1	404.53	563	9.5	
1975	50.8	72.7	-21.9	-157.5				-11.4	-3.5	484.00	618	7.8	
1976	77.2	87.7	-10.6	-168.1				-13.0	5.3	484.00	834	13.2	
1977	100.5	108.1	-7.6	-175.7	3.0	0.0		-17.8	6.7	484.00	1,056	12.3	
1978	127.1	149.7	-22.6	-198.4	3.3	1.0	0.0	-33.5	10.2	484.00	1,459	11.0	박정희
1979	150.6	203.4	-52.8	-251.2	4.3	1.0	-0.1	-33.0	-2.3	484.00	1,723	8.7	10.04
1980	175.0	222.9	-47.9	-299.1	4.3	1.0	-0.1	-28.2	-2.8	607.44	1,714	-1.6	
1981	212.5	261.3	-48.8	-347.8	4.5	1.0	-0.7	-29.3	-4.9	681.27	1,883	7.2	
1982	218.5	242.5	-24.0	-371.8	5.9	1.0	-0.9	-19.9	1.6	731.49	1,991	8.3	
1983	244.5	261.9	-17.5	-389.3	8.0	1.0	-0.7	-28.8	18.5	776.15	2,198	13.4	
1984	292.4	306.3	-13.9	-403.1	12.5	2.0	-1.9	-30.4	36.0	806.00	2,413	10.6	
1985	302.8	311.4	-8.5	-411.7	9.7	6.0	-4.4	-30.2	42.7	870.53	2,481	7.8	
1986	347.1	315.8	31.3	-380.4	14.0	14.0	-5.0	-54.4	73.4	881.33	2,835	11.3	전두환
1987	472.8	410.2	62.6	-317.7	20.8	28.0	-6.5	-52.2	95.5	822.41	3,555	12.7	8.71
1988	607.0	518.1	88.9	-228.9	31.8	35.0	-10.1	-39.2	86.5	730.53	4,755	12.0	
1989	623.8	614.6	9.1	-219.8	40.3	21.0	-12.7	-39.9	47.3	671.38	5,818	7.1	
1990	650.2	698.4	-48.3	-268.0	45.4	20.0	-16.8	-59.4	24.2	707.97	6,608	9.9	
1991	718.7	815.2	-96.5	-364.6	56.6	23.0	-24.4	-87.6	-3.4	733.60	7,634	10.8	노태우
1992	766.3	817.8	-51.4	-416.0	68.0	28.0	-10.7	-78.6	-2.0	780.84	8,125	6.2	9.20
1993	822.4	838.0	-15.6	-431.7	70.3	45.0	12.2	-84.5	2.1	802.73	8,884	6.9	
1994	960.1	1,023.5	-63.3	-495.0	106.4	53.0	7.4	-118.7	-10.3	803.62	10,383	9.3	
1995	1,250.6	1,351.2	-100.6	-595.6	177.0	84.0	17.4	-155.7	-62.7	771.04	12,569	9.6	
1996	1,297.2	1,503.4	-206.2	-801.9	152.4	105.0	28.4	-156.8	-116.4	804.78	13,398	7.9	김영삼
1997	1,361.6	1,446.2	-84.5	-886.4	171.6	107.0	34.6	-131.4	-85.0	951.11	12,401	6.2	7.98

年度	貿易收支(億달러)									환율 (평균 환율)	1人當 GDP (달러)	經濟 成長率 (%)	在任 大統領 年平均 成長率(%)
	輸出 금액	輸入 금액	年收支	累計	반도체 수출	자동차 수출	對中國	對日本	對美國				
1998	1,323.1	932.8	390.3	-496.1	170.1	99.0	54.6	-46.0	24.0	1398.88	8,297	-5.1	
1999	1,436.9	1,197.5	239.3	-256.7	188.5	112.0	48.2	-82.8	45.5	1189.48	10,667	11.5	
2000	1,722.7	1,604.8	117.9	-138.9	260.1	132.0	56.6	-113.6	83.7	1130.61	12,261	9.1	
2001	1,504.4	1,411.0	93.4	-45.5	142.6	133.0	48.9	-101.3	88.4	1290.83	11,563	4.9	김대중
2002	1,624.7	1,521.3	103.4	58.0	166.3	147.0	63.5	-147.1	97.7	1251.24	13,164	7.7	5.62
2003	1,938.2	1,788.3	149.9	207.9	195.4	190.0	132.0	-190.1	94.1	1191.89	14,669	3.1	
2004	2,538.4	2,244.6	293.8	501.7	265.2	264.0	201.8	-244.4	140.7	1144.67	16,506	5.2	
2005	2,844.2	2,612.4	231.8	733.5	299.9	293.0	232.7	-243.8	107.6	1024.31	19,399	4.3	
2006	3,254.6	3,093.8	160.8	894.3	373.6	327.0	209.0	-253.9	95.3	955.51	21,727	5.3	노무현
2007	3,714.9	3,568.5	146.4	1,040.8	390.5	371.0	189.6	-298.8	85.5	929.20	24,088	5.8	4.74
2008	4,220.1	4,352.7	-132.7	908.1	327.9	348.0	144.6	-327.0	80.1	1102.59	21,340	3.0	
2009	3,635.3	3,230.8	404.5	1,312.6	310.7	252.0	324.6	-276.6	86.1	1276.40	19,152	0.8	
2010	4,663.8	4,252.1	411.7	1,724.3	507.1	352.0	452.6	-361.2	94.1	1156.26	23,083	6.8	
2011	5,552.1	5,244.1	308.0	2,032.3	501.5	450.0	477.5	-286.4	116.4	1108.11	25,100	3.7	이명박
2012	5,478.7	5,195.8	282.9	2,315.2	504.3	468.0	535.4	-255.7	151.8	1126.88	25,458	2.4	3.34
2013	5,596.3	5,155.9	440.5	2,755.6	571.4	482.0	628.1	-253.7	205.4	1095.04	27,178	3.2	
2014	5,726.6	5,255.1	471.5	3,227.1	626.5	484.0	353.5	-215.8	250.0	1053.22	29,242	3.2	
2015	5,267.6	4,365.0	902.6	4,129.7	629.2	452.0	552.1	-202.8	258.1	1131.49	28,724	2.8	박근혜
2016	4,954.3	4,061.9	892.3	5,022.0	622.3	402.0	374.5	-231.1	232.5	1160.50	29,287	2.9	3.03
2017	5,736.9	4,784.8	952.2	5,974.2	979.4	417.0	442.6	-283.1	178.6	1130.84	31,600	3.2	
2018	6,048.6	5,352.0	696.6	6,670.8	1,267.1	409.0	556.4	-240.8	138.5	1100.30	33,447	2.9	
2019	5,422.3	5,033.4	388.9	7,059.7	939.3	430.0	289.7	-191.6	114.7	1165.65	31,902	2.2	
2020	5,125.0	4,676.3	448.7	7,508.4	991.8	374.0	236.8	-209.3	166.7	1180.05	31,721	-0.7	문재인
2021	6,444.0	6,150.9	293.1	7,801.5	1,279.8	464.7	242.8	-245.8	226.9	1144.42	35,142	4.1	2.34
2022	6,837.5	7,312.2	-474.6	7,326.9	1,292.3	541.0	12.1	-240.7	280.4	1291.95	32,422	2.6	윤석열
2023	6,322.3	6,425.7	-103.4	7,223.5	986.3	708.6	-180.4	-186.6	444.2	1305.41	33,136	1.4	2.00
合計			7,223.5		15,799.2	9,679.3	6,685.0	-7,094.3	4,036.4			444.9	
平均												7.0	
87~23 合計			7,603.8				6,698.6	-6,734.0	3,862.9				

- 해당 표는 정부 별 수출, 수입과 1인당 GDP 및 경제성장률을 정리한 표이다.

- 박정희 정부 당시 연 평균 경제성장률이 약 10%로 비약적인 성장을 하였다.

- 1961년 박정희 정부 출범 당시 U$84에 불과한 1인당 GDP가 1979년 U$1,700을 상회한 결과를 보였다.

- 이후 전두환, 노태우 정부에서도 3저 호황 등에 힘입어 연 평균 경제성장률이 9%를 상회하였다.

- 경제 규모 면에서 선진국의 반열에 오른 한국은 2008년 이후 약 3%의 연 평균 경제성장률을 기록하고 있다.

- 2023년 기준 1인당 GDP는 U$33,000불을 상회하였다

- 급변하는 경제 상황과 글로벌 기업들의 경쟁 속에서 지속적인 경제성장을 도모하여 양적인 성장을 어떻게 유지할 것인지가 후대의 과제이다.

- 또한 한국 사회의 질적 성장과 관련한 양극화와 계층 이동성의 하락, 저출산, 복지와 관련한 문제를 어떻게 해결할 것인가도 우리 사회가 고민해나가야 하는 문제이다.

3. 한국경제 조감도-노사편(1970~2023)

在任 大統領	年度	勞使紛糾		罷業 損失額(億원)		平均年俸 比較		賃金 上昇率(%)	物價 上昇率(%)
		發生件數	勞動損失 日數 (1000日)	現代車	起亞車	現代車 (萬원)	豊田車 (萬円)		
박정희	1970								16.0
	1971							23.5	13.5
	1972							9.5	11.7
	1973							13.0	3.2
	1974							26.9	24.3
	1975	133	14					39.4	25.2
	1976	110	17					34.8	15.3
	1977	96	8					32.3	10.1
	1978	102	13					35.4	14.5
	1979	105	16					28.8	18.3
전두환	1980	206	61					23.1	28.7
	1981	186	31					20.5	21.4
	1982	88	12					16.0	7.2
	1983	98	9					11.0	3.4
	1984	113	20					8.8	2.3
	1985	265	64					9.1	2.5
	1986	276	72					8.3	2.8
	1987	3,749	6,947	2,420	674			10.3	3.0
노태우	1988	1,873	5,401	3,176	1,133			15.2	7.1
	1989	1,616	6,351	670	1,589			21.3	5.7
	1990	322	4,487	2,470	831			18.7	8.6
	1991	234	3,271	1,288	2,688			17.6	9.3
	1992	235	1,528	4,040	145			15.1	6.2
김영삼	1993	144	1,308	4,057	166			12.2	4.8
	1994	121	1,484	–	1,903			12.7	6.3
	1995	88	393	2,385	863			11.2	4.5
	1996	85	893	1,980	3,700			11.9	4.9
	1997	78	445	5,114	–			7.0	4.4
김대중	1998	129	1,452	9,644	2,828	2,625		-2.5	7.5
	1999	198	1,366	1,085	–			8.2	0.8
	2000	250	1,894	6,564	2,937	4,370		8.0	2.3
	2001	235	1,083	10,316	1,961	4,240		5.1	4.1
	2002	322	1,580	12,632	4,731	4,574		11.2	2.8

在任大統領	年度	勞使紛糾		罷業 損失額(億원)		平均年俸 比較		賃金上昇率(%)	物價上昇率(%)
		發生件數	勞動損失日數(1000日)	現代車	起亞車	現代車(萬원)	豊田車(萬円)		
노무현	2003	320	1,299	13,106	5,544		805	9.2	3.5
	2004	462	1,199	3,953	2,862	4,900	822	6.0	3.6
	2005	287	848	6,375	4,933	5,500	816	6.6	2.8
	2006	138	1,201	11,609	8,695	5,700	804	5.7	2.2
	2007	115	536	–	5,472	6,660	799	5.5	2.5
이명박	2008	108	809	9,903	2,293	6,800	829	-4.2	4.7
	2009	121	627	–	10,550	7,500	811	2.6	2.8
	2010	86	511	–	1,649	8,000	710	6.8	2.9
	2011	65	429	–	–	8,900	727	1.0	4.0
	2012	105	933	11,434	8,546	9,400	740	5.2	2.2
박근혜	2013	72	638	10,225	3,189	9,400	751	3.4	1.3
	2014	111	651	10,275	11,771	9,700	794	2.4	1.3
	2015	105	447	4,540	1,544	9,600	838	3.0	0.7
	2016	120	2,035	31,000	21,000	9,390	852	3.8	1.0
문재인	2017	101	862	21,100	4,400	9,163	832	3.3	1.9
	2018	134	552	1,780	585	9,229	852	5.3	1.5
	2019	141	402	–	2,063	9,600	866	3.4	0.4
	2020	105	554	–	9,762	8,800	858	1.1	0.5
	2021	119	471	–	–	9,600	–	4.6	2.5
윤석열	2022	132	343	–	–	105,000	857	4.9	5.1
	2023	223	355	–	–	117,000	895	2.5	3.6
合計		14,627	55,922	203,141	131,007			605.7	353.7
平均		298.5	1141.3	現代起亞車合計				11.4	6.6
87~23合計		12,849.0	55,585.0	334,148				265.3	133.3
87~23平均		347.3	1,502.3					7.2	3.6

- 해당 표는 한국의 노사관계에 대해 노사분규 발생건수와 노동손실 일수, 현대차/기아차의 파업 손실액과 임금 상승률을 정리한 내용이다.

- 한국의 노사분규 발생건수는 민주화 물결과 맞물려서 일어난 것을 볼 수 있다.

- 노사분규 발생에 따라 노동손실 일수가 증가하는 것은 자연스러운 현상이다.

- 우리나라에서 강성노조가 있는 것으로 알려진 현대차와 기아차의 파업 손실액을 살펴보면 그 액수가 상당한 것으로 확인할 수 있다.

- 노사관계에서 중요한 것은 결국 근로자와 기업이 어떻게 상생할 것인지에 대한 고민이다. 사용자가 무조건적으로 근로자의 희생을 바랄 수도 없고 또한 희생을 요구한다고 해서 기업에게 도움이 되는 결과로 이어지는 것도 아니다. 반대로 근로자도 자신의 노동이 기업에 어떠한 영향을 미치고 그 결과가 자신의 조직과 삶에 영향을 미친다는 점을 알고 상생의 길을 도모해야 한다는 것을 보여준다.

II. 1963년 계획조선 관련 문서

1. 조선사업자금융자요강(1962. 4.2 공표)

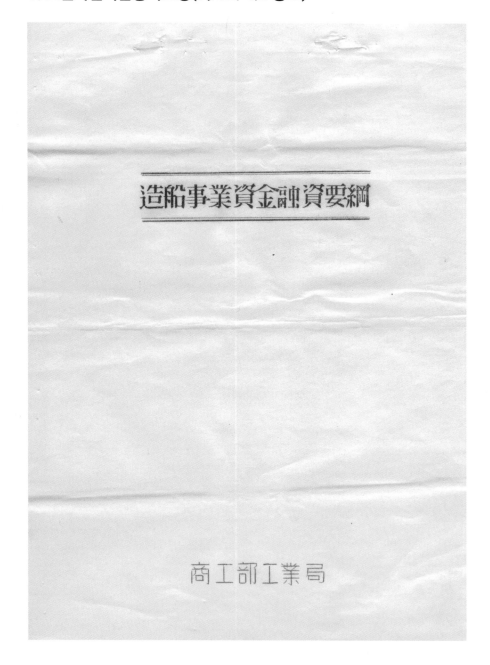

造船事業資金融資要綱

商工部工業局

造船事業資金融資要綱

第一條 (目的) 本要綱은 造船事業資金을 効

率的으로 運用하여 造船事業五個年計劃을

完遂함을 目的으로 한다

第二條 (定義) 本要綱에서 造船事業이라 함

은 船舶建造및 船質改良事業을 말한다

第三條 (融資限度) 造船事業資金의 融資限

度는 다음과 같다

　1. 船舶建造에 있어서는 50% 融資 10% 以上

　　의 自家負擔

　2. 船質改良에 있어서는 80% 以內의 融資 20

　　% 以上의 自家負擔

　3. 商工部에서 定定한 基準船價를 超過한 建

造價差은 自家負擔으로한다

4 主機關의 馬力數는 客船及漁船은 續噸數의

3 倍 貨物船은 15 倍 以下로 한다.

但 特殊船舶은 此限에 不在한다.

第四條 (融資條件) ① 融資期限은 建造期間

을 据置期間으로하고 建造完了後 最長 15年으

로한다

② 融資金利는 年 35分로한다

第五條 (融資推薦申請) 本要綱에 依하여 融資

推薦을 받고저하는者는 別表第1 號書式에依

한 造船事業資金融資推薦申請書에 下記書類

를 添付하여 管轄道方을 経由 商工部長官에게

提出하여야한다

-2-

1. 事業計劃書

2. 收支豫算書

3. 償還計劃書

4. 工事見積書

第六條 (受註建造工場) 本事業遂行對象受

註工場은 船舶管理法施行令 第13條에 依하

여 商工部長官이 免許한 造船造機工場에

限한다

第七條 (實需要者選定) ① 商工部長官은

造船事業資金融資推薦申請書를 接受하였

을 때에는 造船獎勵委員會를 召集하고 實

需要者를 審査選定하여 이를 本人에게 通

知한다

－3－

② 다음 各號의 一에 該當하는 者는 實需要者
로 選定할수 없다.

1. 過去船舶建造資金의 融資推薦을 받은
   者로서 그 工事를 完遂치못한 者

2. 船舶建造融資金償還을 延滯하고 있는 者

3. 造船事業資金融資推薦申請書類에 虛
   僞事實을 記載한 者

第八條 (自家資金積立) 前條에서 選定된 實
需要者는 第三條에 該當하는 自家負担金을
韓國産業銀行에 積立하고 融資申請時에
積立單證을 添付하여야 한다.

第九條 (融資申請) ⑩ 選定된 實需要者는

-4-

韓國産業銀行이 制定한 書式에따라 融資
申請書를 提出하여야한다

㉡ 韓國産業銀行은 前項의 申請에 依하여
融資金貸出이 決定되었을 特는 商工部長
官에 報告하여야한다

第十條 (實際要者資格取消)   다음 各號
의 一에 該當할때에는 實際要者의 資格을
取消한다

1. 第七條의 實際要者 選定通知書를 發付
   한 날로부터 一個月 以內에 造船事業資
   金融資申請書를 提出치 않을때

2. 船舶建造承認日로부터 三個月以內에
   着工하지 않을때.

~5~

3. 實需要者가 造船工場을 賃貸하여 建造

工事를 直營할때

4. 工事怠慢으로 進陟率이 不進할때

5. 監督官廳의 命令에 不應할때

第十一條 (融資金貸出)   事業資金은 商

工部長官主管下에두고 韓國産業銀行이

政府를 代行하며 第十二條 第二項에依하

여 造船工場及 實需要者 共同名儀下에 貸

出케하며 船舶을 竣工引渡할때에 그債務

를 實需要者에게 代替한다

第十二條 (工事監督)   ① 建造工事監督

은 商工部 主管下에둔다.

② 工事進陟狀況率은 別表 工事進陟率表

에 依한다

司 工事進涉狀況과 進涉率은 宣傳監理總 事
가 確認하여야한다

第十三條 (共濟會加入) 該當 引船舶은
沿岸輸送船舶共濟會 또는 漁船共濟會에
加入하여야한다

第十四條 (引渡引繼) 船舶竣工後 銀行
債務가 民間要者에게 兌全代替된後 引受
引繼한다

第十五條 (協調) 本事業에 關聯된 船舶
債務履行에 對하여서 主務官庁 및 造船
獎勵委員은 取扱銀行에 積極協調한다

~7~

工事進陟率表

1. 龍骨据付完了 （船首材船尾柱建造工事已合） 20%

2. 肋骨取付完了　　　　　　　　　　　40%

3. 外板取付完了　　　　　　　　　　　60 %

4. 舷装工事完了進水　　　　　　　　　70 %

5. 機關工事完了　　　　　　　　　　　80 %

6. 艤装工事完了　　　　　　　　　　　90 %

7. 檢査証書委論　　　　　　　　　　　100 %

~8~

2. 조선사업자금 추천 신청서(초안)

造船事業資金融資推薦申請書

申請者 住所 釜山市東大新洞二街二五七
姓名 愼 重 造
住所 釜山市東大新洞一街一七
姓名 梁 在 元

事業計劃書

一. 会社創立

　　造船資金融資申請結果實需要者로서造

　　船이認可된直時資本金2億5千萬圓리

　　株式会社를創立하고自己資金一割該当額

　　을産業銀行에積立하고1600總噸級級貨

　　物船二隻을大韓造船公社에注文建造라다

二. 配船計劃

　1. 船舶의性能

　　　總噸數1600噸　卑量噸數2600噸

　　　速力 11 Knot (滿船)　載用 1800馬力

　2. 航路

　　　韓日間定期航路에就航하고釜山을母

　　　港으로始發하여日本阪神.京浜.阪神.仁川

　　　釜山의航程에따라定期的으로運航함

　3. 配船費用數

　　　가. 一航海当所要日數

(17丁)

① 航海距離　総 2160浬÷速力 11浬 = 188時間

② 航海日数　188時間÷24時間 = 7.8日

③ 碇泊日数　12日　（合の積 3日 積卸場 1日ヲ出港積卸告 3日及動揺 1日ニ到着出港告 2日 合ニ場 2日）

④ 予備日数　2日

　　計　　22日（1航海当所要日数）

ㄴ. 年間航海回数

① 年間 11ヶ月運航ニ 1隻当り日後当年 15航海

② 年間 2隻ニ航海　15航海×2隻 = 30航海

③ 年間 1ヶ月間ニ入渠修理

三. 輸送計劃

1. 水 出貨（積出貨物）

ㄱ. 無煙炭. 土状黒鉛. 鉄鑛石等大宗貨物を
　　每航海当 2,000噸を積載かて

ㄴ. 菫石. 滑石. 蠟石. 雑貨等小口貨物を毎
　　航海当 ~~2500~~ 300噸を積荷計劃

2,000噸 + ~~2500~~ 300噸 = ~~2500~~ 2300噸（每航海当積荷計）

~~2500~~ 2300噸 × 30航海 = 69,000噸（年間出貨積荷計）

2、入貨 (輸入貨物) 42.000噸

가. 京濱積雜貨 1.000噸을 積荷하고

나. 阪神積雜貨 400噸을 積荷計劃

1000噸 + 400噸 = 1.400噸 (每航海當積荷計)

1400噸 X 30航海 = 42.000噸 (年間入貨積荷計)

四、運賃計劃

1. 出荷 (F.I.O 條件)

가. 大宗貨物 (无煙炭、土狀黑鉛、鐵鑛石等)

F.I.O

₩3.800. X 60.000噸 = ₩228.000.000

나. 小口貨物 (F.I.O條件)

F.I.O

₩4.000 X 9000噸 = ₩36.000.000

₩228.000.000 + ₩36.000.000 = ₩264.000.000 (出荷總運賃)

2. 入荷 (Berth 條件)

가. 京濱積雜貨

Berth

$6.00 X 30.000噸 = $180.000 (₩234.000.000)

나. 阪神積雜貨

Berth

$5.00 X 12.000噸 = $60.000 (₩78.000.000)

五 $234,000,000 + $78,000,000 = $312,000,000 (入貨總額)

五. 代理店 計劃

集貨에 있어 代理店의 選定에 따라 業績이 左右되는 銘心하여 日本에 있어서가 장 實力이 있는 代理店과 提携하여 歐美方面 航路와 韓日航路를 連結하여 集貨集貨의 円滑을 期함에 있어 本航路에 있어 競爭立場에 있는 日本商社보담 美商社가 提携코저 計劃임

六. 船員計劃

最優秀 船員을 招聘하여 優遇함으로서 生活의 安定을 圖謀시키는 同時 配船計劃等에 差陜이 없도록하며 船員을 隨時 優遇하고 船員의 安定을 期함

收支予算書			
收入之部		支出之部	
運賃收入	576.000.000	船舶費	171.369.830
損失金	474.160	運航費	296.490.650
		代理店費	46.080.000
		管理費	33.633.200
		創業費	28.900.480
合計	576.474.160		576.474.160

(17枚)

收入之部

款	項	予算額	備考
運賃收入			
	出貨運賃	264,000,000	
	入貨運賃	312,000,000	
合計		576,000,000	

支出之部

款	項	目	予算額	備考
巡期日費			171.369.830	
	融資利息遣		72.335.000	
	今上利子		37.945.840	
	巡期共済会分担金		46.592.000	
	巡期他人費		14.466.990	
運航費			296.490.650	
	船員給与		110.988.800	
		固定給与	71.760.000	
		賞與金	11.960.000	
		昇玉力手当	4.784.000	
		外地手当	16.504.800	
		退職金	5.980.000	
	船員法庫費		1.488.000	
	船員食料		15.162.100	
		主食	3847.100	

(176)

款	項	目	予算額	備考
		副食	11.315.000	
		船員旅費	300.000	
		船舶修理	12.000.000	
		船舶燃料	62.785.250	
		船舶需要品	11.505.000	
		船舶通信費	600.000	
		船舶給水費	960.000	
	荷客費		64.830.000	
		船内人夫賃	35.280.000	
		貨物檢查料	8.190.000	
		運賃差金	15.600.000	
		貨物諸計金	5.760.000	
	港費		12.871.500	
		噸税	580.500	
		埠頭税	2.916.000	
		灯台税	3.840.000	

款	項	目	予算額	備 考
		網取料	585.000	
		水先案内料	3.150.000	
		通船料	1.800.000	
		沖仲仕組昔	3.000.000	
代理店費			46.080.000	
	代理店費		46.080.000	
管理費			33.633.200	
	職員給與		17.854.000	
		固定給與	13.560.000	
		賞與金	2.260.000	
		月年次手当	904.000	
		退職金	1.130.000	
	旅費		3.500.000	
		内国旅費	600.000	
		外国旅費	2.600.000	
		市内交通費	300.000	

款	項	目	予算額	備考
	賃借料		2,400.000	
	照明燈費		320.000	
		電灯料	120.000	
		暖房費	200.000	
	備品費		120.000	
	事務用品費		1,440.000	
		消耗品	240.000	
		用紙印刷費	1,200.000	
	圖書費		120.000	
	通信費		1,999.200	
		電報料	600.000	
		電話料	1,399.200	
	廣告宣伝費		840.000	
		公告料	120.000	
		宣伝費	720.000	
	会議雑誌		3,600.000	

款	項	目	予算額	備 考
	税金と課金		1.440.000	
		税 金	840.000	
		公課金	600.000	
創業費			28.900.480	
	初公納来出費		4.000.000	
	初公納登기税		8.680.192	
	初公納取得税		8.680.192	
	初公級械事費		4.340.096	
	会計設立登해		1.200.000	
	創立雜費		2.000.000	
合計			576.474.160	

(17 h)

融資金償還計劃書

回數	年代	融資金	元金	利子	殘額
1	1963	1.085.024.067			1.085.024.067
2	64		72.335.000	37.975.842	1.012.689.067
3	65		72.335.000	35.444.117	940.354.067
4	66		72.335.000	32.912.392	869.019.067
5	67		72.335.000	30.380.667	795.684.067
6	68		72.335.000	27.848.942	723.349.067
7	69		72.335.000	25.317.217	651.014.067
8	70		72.335.000	22.785.492	578.679.067
9	71		72.335.000	20.263.767	506.344.067
10	72		72.335.000	17.722.142	434.009.067
11	73		72.335.000	15.190.317	361.674.067
12	74		72.335.000	12.658.592	289.339.067
13	75		72.335.000	10.126.867	217.004.067
14	76		72.335.000	7.595.142	144.669.067
15	77		72.335.000	5.063.417	72.334.067

回數	年度	融資金	償還金		殘　額
			元　金	利　子	
16	1978		72.334.067	25.31.692	0
	合計	1.085.024.067	1.085.024.067	303.806.505	0

3. 조선사업자금 실수요자 선정 제 공문

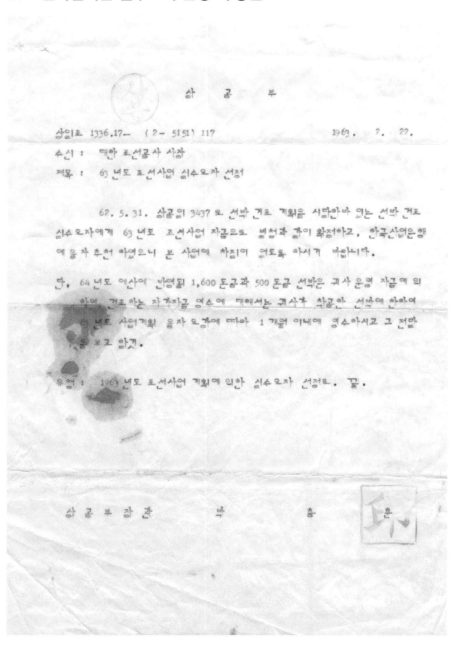

삼 군 부

상임조 1336.17— (2 - 5151) 117   1963. 2. 22.

수신 : 대한 조선공사 사장

제목 : 63 년도 조선사업 실수요자 선정

62. 5. 31. 삼군의 3437 호 선박 건조 계획을 시달한바 있는 선박 건조
실수요자에게 63 년도 조선사업 자금으로 별첨과 같이 확정하고, 한국산업은행
에 융자 추천 하였으니 본 사업에 차질이 없도록 하시기 바랍니다.

단, 64 년도 연산에 반영될 1,600 톤급과 500 톤급 선박은 귀사 운영 자금에 의
하여 건조하는 자가자금 영수에 대해서는 귀사가 차급한 선박에 한하여
(6)년도 사업계획 융자 요강에 따라 1 개월 이내에 영수하시고 그 전말
을 보고 할것.

유첨 : (6)3 년도 조선사업 계획에 의한 실수요자 선정표. 끝.

삼 군 부 장 관   박   충

부   산   시

부산상 1336. 17—27 ((2) 6661—69)   1963 .   2,   28

수신   신 중 당   귀하

제목   6년도 조선사업 실수요자 선정

1963년도 조선사업에 의한 실수요자는 아래와 같이 선정되었사오니

다음 사항을 유의하여 융자 수속은 물론 조기 건조에 노력하여 주시기 바랍

니다 .

1. 지정된 조선공장과 조속히 선박건조공사 계약을 체결할것 .

2. 조속히 한국 산업은행 부산지점에 정부기준 선가표서의 자기자

금과 공사 계약금에 대한 정부기준선가 초과의 전액을 적립예치할것 .

3. 조속히 선박제조 승인 신청서를 제출하여 조기 건조에 필요한조

치를 취할것 .

4. 전기의 자기자금 적립완료즉시 융자 신청을 필할것 .

5. 다음 각항에 해당할 때에는 실수요자의 자격이 취소됨 .

가. 1963. 3, 21 까지 조선사업 자금 융자 신청서를 제출치 않

을때 .

나. 선박제조 승인된 날로 부터 3개월이내에 착공치 않을 때 .

다. 실수요자가 조선공장을 변경하거나 또는 임대하여 건조공

사를 직영할 때 .

2 — 1

274 ━ 청해, 푸른 바다를 넘어

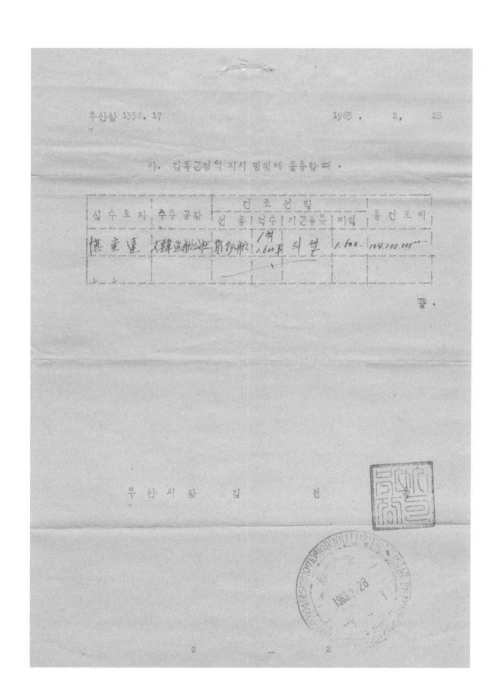

부산상 1336. 17   1963 .   2,   28

　　　라. 감독 공정의 지시 명령에 불응할 때 .

실 수 요 지	수 주 공 장	건 조 선 박				총 건 조 비
		선 종	척 수	기 관 종 류	마 력	
慶 重 亘	大韓造船公社	貨物船	1척 1,600톤	듸젤	1,600	104,100,005

　　　　　　　　　　　　　　　　　　　　　　　　　끝 .

　　　　　부 산 시 장 김   현

상 공 부

상공업 2437   1962. 6. 7.

수신 부산시 동대신동 신 중 달

제목 조선사업자금에 의한 선박건조실수요 예정자 선정

　　1962년도 조선사업자금 융자추천 요강에 의하여 신청한 귀하

의 수요선박을 1963년도 조선계획에 의한 실수요 예정자로 하였사오

니 양지하시고 대한조선공사측과 한 협의면 추진하여 주시기 바랍니다.

끝.

상공부장관   정   내

상　　공　　부

상공일 《728》 ~~~~~ ~ ~ ~ ~　　　　　　1962. 8. 4

수신 부산시 동대신동　　　　　신 종 달

제목 선박용 주기 및 보기 확보

　　1. 제1차 조선계획에 의하여 귀하를 선박수요자로 선정(예정)
한바 있음으로 조선공사와 절충하여 소기독적달성에 노력하고 있는
것으로 믿어옵으나 지금가지 이에 필요한 선박의 주기관 보기
및 기타 의장품등의 미선정으로 계약이 체결되지 못하고 있는 실
정이라 하니 사업계획수행상 유감스러운일이오니 귀하가 요구되는
사항이 있으면 래 8, 16.까지 조선공사에 제시하고 조속 계약체결
하시기 바랍니다.

　　2. 만약 소정기일인 8, 16.까지 주기관, 보기, 의장품등에 대
하아 결정적인 사항이 제시되지 못할 경우에는 조선공사에 의항하
는 것으로 보고 처리하겠아오니 양지하시기 바랍니다.

　　　　　　상공부장관　　　유　　　　상　　　손

상 공 부

상일조 1336.17— (2—3151) 117   1963. 2. 22

수신 부산시 동대신동 2가257
     順重蓮

제목 63년도 조선사업 실수요자 선정

      62, 5, 31. 상공일 3437로 국가를 선박건조 실수요 예정자로 선정
한바 있었으나 63년도 조선사업계획에 의거 다음과 같이 조선자금을
확정하고 한국산업은행에 추천하였으니 융자 추천요강에 의거 시행하시
그 본 계획에 차질이 없도록 하시기 바람.

                         다   음

소재지	조선소명	선종	선질	척수	총톤수	개량마력	마력	총건조비	융자금	보조금	자가자금	비고
부산	대한조선공사	화물선	강	1	1,600	디젤	1,500	104,100,000	52,050,000	41,600,000	10,410,000	

     유첨 조선자금 융자 추천요강.   끝

              상공부장관   박   종   규

4. 조선사업 실수요자 선정 통지 공문

대 한 조 선 공 사
부   산

선박 제 44 호   1963. 2. 26.

수신 : 신 종 달 씨 귀하

제목 : 63 년도 조선사업 실수요자 확정

　　　1. 귀하의 발주로서 현재 당사에서 건조중인 1,600톤급 화물선
1척에 대하여 금반 상공부로 부어 63 년도 선박건조 실수요자 로 확정 되여
다음과 같이 한국 산업은행에 융자 추천 통보 를 하였 다는 공한을 받았읍니다.

선　　명　　현재약금액　　정부책정융자금　　정부책정보조금　　자가 자금

1,600톤 화물선　105,280,000.—　52,050,000.—　41,640,000.—　11,590,000.—

　　　2. 실수요자 확정에 따라 융자금 및 보조금 신청 수속을 완료 후
그 결과 를 상공부에 보고 하여야 하오니 다망 하신중이오나, 선박건조 의 원활
한 추진을 위하여 63. 3. 5. 한 다음 서류 를 당사에 제출 하여 주시기 바랍니다.

　　　　　가. 귀사의 사업 계획서　　　5 부

　　　　　나. 귀사의 사업 수지 예산서 5 부

　　　　　다. 귀사의 대표자 이력서　　5 부. 끝

　　　사 장 육군 대령　이　　　영

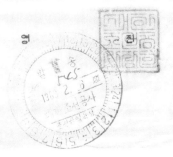

부 산 세

부산세 1336.17 - 27 ((2) 6661 - 69)   1963. 2.   28.

수신 : 대한조선공사 사장 귀하
제목 : 63년도 조선사업 실수요자 선정

　　　1963년도 조선사업에 의한 실수요자는 아래와 같이 선정 되었아오니
다음 사항을 유의하여 융자 수속은 물론 조기 건조에 노력하여 주시기 바랍니다.

　　1. 지정된 조선공장과 조속히 선박건조 공사 계약을 체결 할것.
　　2. 조속히 한국 산업은행 부산지점에 정부 기준 선가로서의 자기자금
과 공사 계약금에 대한 정부 기준선과 노조액 전액을 적립 예치 할것.
　　3. 조속히 선박 제조 승인 신청서를 제출하여 조기 건조에 필요한 조
치를 취할것.
　　4. 전기의 자가자금 적립 완료 즉시 융자 신청을 필할것.
　　5. 다음 각항에 해당 할때에는 실수요자의 자격이 취소됨.
　　가. 1963. 3. 21. 까지 조선사업 자금 융자 신청서를 제출치 않
을때.
　　나. 선박 제조 승인된 날로 부터 3개월 이내에 착공치 않을때.
　　다. 실수요자가 조선 공장을 변경하거나 또는 임대하여 건조공사
를 직영 할때.
　　마. (이하 생략.)　　　　끝.

　　　　　부산세장 김   연

5. 신조선 건조에 수반한 자가자금 예치 공문

대 한 조 선 공 사
부   산

선박 1336.11 - 59   1963. 3. 14.

수신 : 신중달

제목 : 신조선 건조에 수반한 자가자금 예치

　　　　63 년도 선박건조 실수요자의 자가자금 부담금 예치에 대하여는
별첨 상공부 및 부산시 공문에 명시된바와 같이 기일엄수 토록 지시되여
있아오니, 다음 사항을 기일내에 이행 하시와 기일경과로 인한 실수요자
자격상실이 되는일 없도록 각별유의 하시기 바랍니다.

　　　　1. 정부 기준 선가로서의 자가자금과 공사 계약금 에 대한 정부
기준 선가 초과액 전액을 63. 3. 21 전에 산업은행에 적립 할것.

　　　　2. 자가 자금 적립 완료 즉시 융자 신청을 필할것.

　　　　3. 융자 신청서 는 63. 3. 21 까지 제출 할것.

유첨 : 1. 부산시 공문사본 - 부산상 1336. 17 - 27 (2)6661 - 69

　　　　2. 상공부 공문사본 - 1336. 17 (2 - 5151) 117 . 끝

사 장 육군 대령 이   영

6. 1963년도 조선장려금 보조(1963.8.27.)

상 공 부

상저명 제167호   1963. 8 27
수신
　실수요자 주 소   부산시 중구 대교로 2가 257번지
　　　　 기업체명   신 중 달
　　　　 성 명
　제조자 주 소   부산시 영도구 봉래동 5가 29번지
　　　　 기업체명   대 한 조 선 공 사
　　　　 대 표 자   이 영 진

제목 1963년도 조선장려금 보조지령

　　　 1963년도 선박건조 장려보조서금 41.640.000원정을 다음과
같은 조건을 부처 고고에서 보조함.

　　1. 본 보조금은 선박 건조비 총위의 일부를 보조하는 것임.

　　2. 본 보조금은 선박 1.600톤 (기관 디젤 1500마력) 의 건조
비에 충당하고 타에 전용치 못함.

　　3. 본 보조금에 의한 사업은 1963. 11. 30 까지 완성할거이며 사
업진행 상황표 및 사업비 지출증빙서를 정비 보관할것.

　　4. 본 보조금에 의한 선박 건조가 완성되었을서는 소정의 서류를 첨부
한 조선장려금 교부신청서를 제출하여 보조금의 교부를 받을것.

2 ― 1

상지명   1963.   .   .

　5. 본감은 필요 하다고 인정될서는 사업이 관한 보고를 받음은 물론 소관직원을 파견하여 사업의 실상을 검사하고 또는 필요한 처분을 할수 있음.

　6. 본 보조금의 지명조건, 조선장면법 및 동시행령 각 규정과 조선 행정사무 취급 지침을 위반하거나 허위사실이 발견될서는 보조금의 교부를 취소 혹은 삭감하고 이미 교부한 보조금의 일부 또는 전부를 반함시킬수 있음.   끝.

상 공 부 장 관   박   김

2 — 2

7. 도료공급계약서(1963. 9.17)

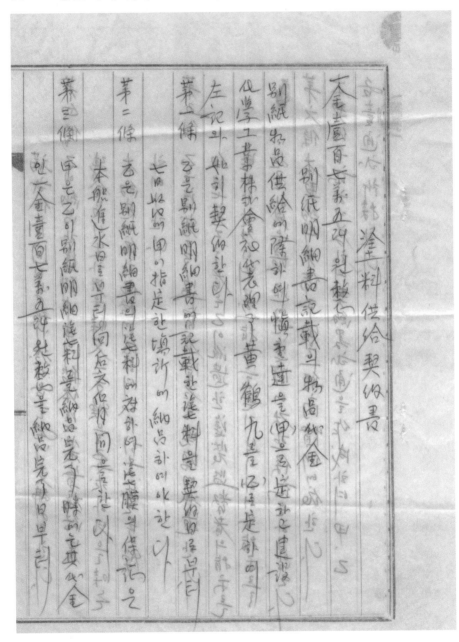

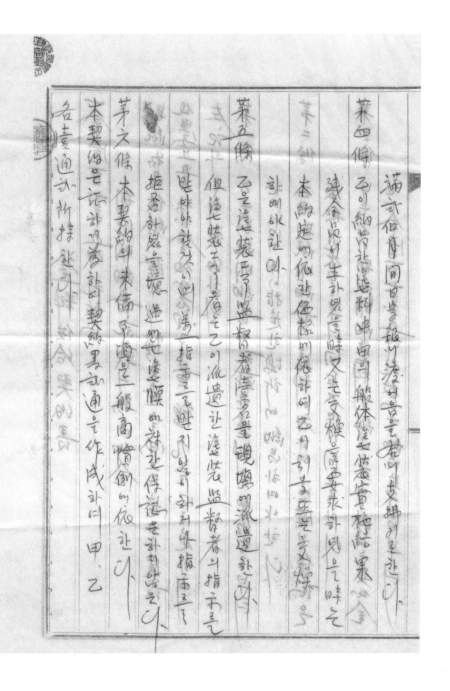

第四條 乙이 納品한 船體造料中 甲이 船體造上佛造資準備結果 殘餘品이 生하였을 時 又는 文様으로 要求하였을 時에 그

第三條 本約定에 依한 價格에 依하야 乙이 하야 生産者가 文様을 하여야 하며 時間을 保하야

第五條 乙은 造裝品의 監督者를 現場에 派遣하야 但 造裝工事에 乙이 派遣한 造裝監督者의 指示로 二指示를 避하여야 하며 先指五 拒否하였을 遺에 此造裝에 依한 保護을 하여야 한다.

第六條 本契約에 未備한 事項은 一般商慣例에 依한다. 本契約은 記하며 此契約을 票한다. 甲乙 各壹通式 所持하여 新規 此에

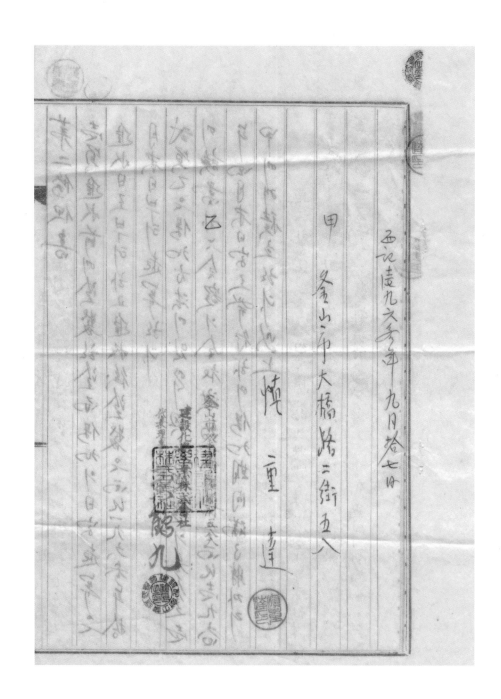

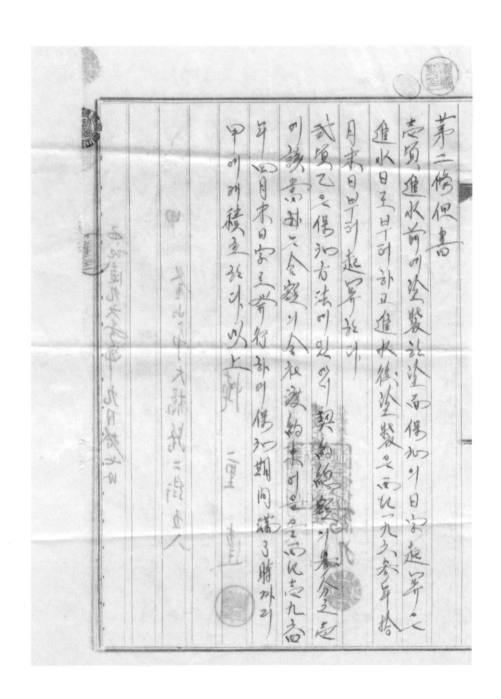

第二條但書

志筧進水前에塗裝하고塗面偶知히日字起算等之

進水日로붓허하고進水後塗裝은西紀一九六參年拾

月末日까지起算하되

武寅乙之偶如方法에된되

에該喬粉之保寃이今般渡納束에全히志九商

年四月末日字로行하여偶知期間瑞3勝까지

甲州州積立하外以上과如

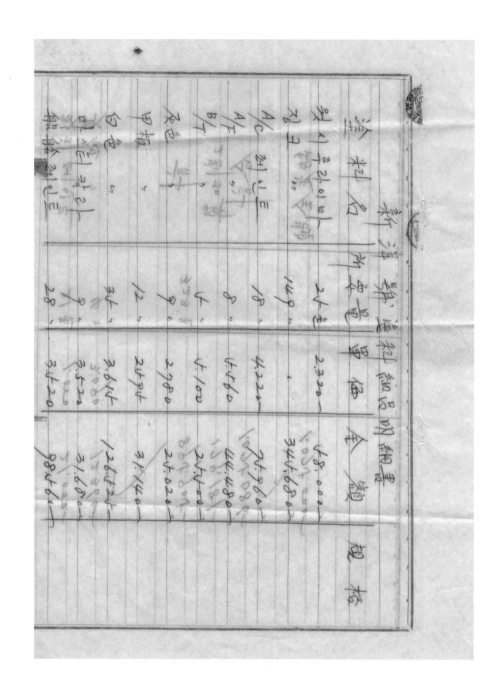

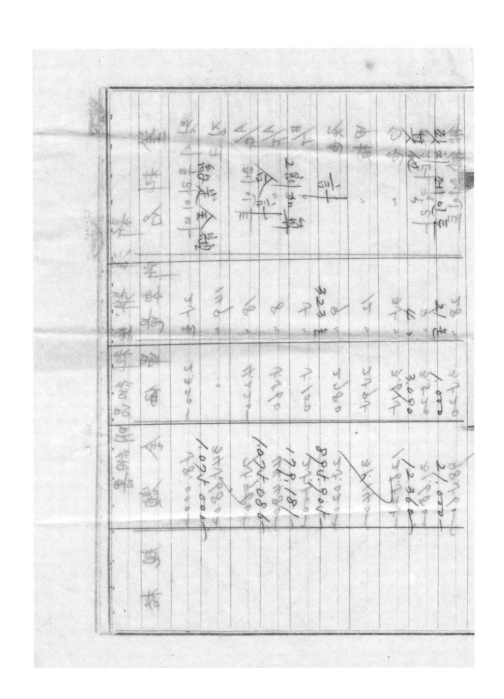

엮은이

김성준

한국해양대학교

항해융합학부·대학원 해양역사문화전공 교수

晴海 신태범 회고록

청해, 푸른 바다를 넘어서

2024년 9월 10일 초판 발행
2025년 3월 10일 2쇄 인쇄

구 술 신 태 범
엮은이 김 성 준
정 리 원 경 주
펴낸이 정 태 순
펴낸곳 한국해사문제연구소
주 소 서울특별시 종로구 세종대로23길 54 세종빌딩 10층
전 화 02-776-9153 Fax : 02-757-9582
이메일 khowload@chol.com

편집·인쇄 제작 문현
주 소 서울특별시 송파구 동남로11길 19(가락동)
전 화 02-443-0211 Fax : 02-443-0212
이메일 mun2009@naver.com
등 록 제2009-14호, 신고일자 : 2009년 2월 23일
출력·인쇄 수이북스 **제본** 보경문화사 **용지** 종이나무

ⓒ 김성준, 2024
ⓒ 한국해사문제연구소, 2024, printed in Korea

ISBN 978-89-969872-9-1 03060   정가 50,000 원